综合运输体系构建的基本性问题与“十二五”建设发展

ZONGHE YUNSHU TIXI GOUJIAN DE JIBENXING WENTI YU SHIERWU JIANSHE FAZHAN

罗仁坚　郭小碚　等著

内 容 提 要

本书以综合运输体系构建发展中需要解决的重大问题为导向，突出综合运输体系在交通运输发展中调整关注的侧重面和主要任务，理论性和实践性都非常强。内容包括什么是综合运输体系、综合运输体系与交通运输的异同、我国与发达国家在发展上有哪些不同、当前存在的主要问题和薄弱环节、我国应贯彻什么样的发展价值观、主要交通模式选择等理论部分，以及综合运输体系框架构建设计和长远发展目标的立足点、“十二五”阶段性目标和主要建设发展任务等规划部分，理论指导实践。

本书适合于交通运输相关专业大学本科以上的学生、教师、科研人员、交通领域的管理工作者使用。

图书在版编目(CIP)数据

综合运输体系构建的基本性问题与“十二五”建设发展／罗仁坚等著．—北京：人民交通出版社，2011.5

ISBN 978-7-114-09065-3

Ⅰ．①综…　Ⅱ．①罗…　Ⅲ．①综合运输－研究－中国　Ⅳ．①F512.4

中国版本图书馆 CIP 数据核字(2011)第 076508 号

书　　名：综合运输体系构建的基本性问题与“十二五”建设发展
著 作 者：罗仁坚　郭小碚　等
责任编辑：张征宇　郭红蕊
出版发行：人民交通出版社
地　　址：(100011) 北京市朝阳区安定门外外馆斜街 3 号
网　　址：http://www.ccpress.com.cn
销售电话：(010) 59757969，59757973
总 经 销：人民交通出版社发行部
经　　销：各地新华书店
印　　刷：北京鑫正大印刷有限公司
开　　本：787×980　1/16
印　　张：14.75
字　　数：302 千
版　　次：2011 年 5 月　第 1 版
印　　次：2011 年 5 月　第 1 次印刷
书　　号：ISBN 978-7-114-09065-3
印　　数：0001－2000 册
定　　价：42.00 元

编写组成员名单

总 编 写 人： 罗仁坚

编写组成员： 郭小碚　吴文化　程世东　赵丽珍

谢雨蓉　向爱兵　宿凤鸣　田　园

陈小鸿

前　言

《综合运输体系构建的基本性问题与“十二五”建设发展》是以综合运输体系构建发展中需要解决的重大问题为导向，突出综合运输体系在交通运输发展中调整关注的侧重面和主要任务，进行关于体系方面的较系统性研究，区别于一般的交通规划。

建设便捷、安全、高效的综合运输体系是我国交通运输发展的目标，但是具体的架构形态、结构模式和政策导向并不明确，基本上是各种运输方式自我发展后的被动结果。虽然交通运输的发展和需求有着自身的规律，但是，综合运输体系在结构上没有统一的模式，它受国情、发展理念、国家经济战略、交通投资政策和消费政策导向等的影响，掌握着交通规划权和绝大多数交通资源支配权的政府在构建什么样的综合运输体系的架构设计和建设发展过程中有着很大的主观能动性及决定性影响力。因此，可以说，综合运输体系归根到底是体现主流价值观发展理念和与这种理念相配合的交通运输发展战略及政策的执行结果，是交通运输发展从国家整体利益和战略角度追求的理想目标。综合运输体系的定义可以概括为：**体现国家经济社会发展战略，充分发挥各种运输方式比较优势，一体化组合协调发展，布局合理，结构优化，系统完善，有效满足客货运输需求的安全、便捷、高效的交通运输有机整体。**

综合运输体系是一项复杂的系统工程，参与的因素多，逻辑关系复杂，体系结构的能动性很强，没有范型的模式，要达到比较理想的优化，不仅需要在建设发展过程中控制，更需要前置性的设计控制。因此，需要抽象出其本质，研究其概念和期望目标，才能进行有效的架构设计和任务的逻辑展开。为此，本书从综合运输体系的定义、交通运输发展的价值观、期望目标等基本性问题着手，结合当前实际发展状况和问题，研究了综合运输体系构建发展的基本方针、交通模式选择、建设发展进程、“十二五”阶段性目标和建设发展任务，提出了相关发展问题的立足点、架构设计的方针和原则、任务实施的主要途径和措施等。综合运输体系架构设计和建设有两大任务，一个是体系结构的优化，其关系到在资源约束条件下交通运输的发展和能力供给能否满足客货运输需求；另一个是一体化的交通衔接和运输服务，其关系到效率和服务质量。本书对结构优化、一体化综合运输服务系统建设以及“十二五”交通基础设施网络的建设发展进行了重点研究，提出了建设性观点和建议。

本书由罗仁坚领导的研究团队在多个课题研究成果的基础上集体编著，罗仁坚为组长和总执笔人，参加编写的人员有郭小碚、吴文化、程世东、赵丽珍、谢雨蓉、向爱兵、宿凤鸣、田园、陈小鸿。他们尽自己的专业知识和经验，力求高质量，期望能为主管部门决策和社会各界较全面了解认识我国综合运输体系的构建发展提供有价值的参考。在附录（案例）《浙江省“十二五”综合运输发展规划思路》研究中贯彻体现了本书部分思想。

综合运输体系构建发展涉及的内容和范围很广，一个课题、一本书不可能涵盖所有问题，对其认识上也是一个随实践发展不断深化和与时俱进的过程，书中肯定会存在诸多不足和争议性观点，敬请行业内外专家和领导批评指正。

罗仁坚

2011年2月

目　录

第一章 综合运输体系基础理论

内容提要：虽然我们都在讲综合运输体系，但由于没有明确的定义和具体目标描述，常被当作一种口号或各种运输方式叠加汇总的行业代名词。综合运输体系归根到底是体现主流价值观发展理念和与这种理念相配合的交通运输发展战略及政策的执行结果，是科学发展的符合国情和交通发展规律的交通运输体系。我国构建综合运输体系是在五种运输方式技术都日趋成熟和有他国经验可供借鉴的情况下进行建设发展的，可以也应该作出更佳的组合模式选择。

第一节　为什么要构建和发展综合运输体系

现代交通运输有铁路、公路、水运、航空、管道等多种运输方式，在运输模式上有公共运输(交通)、私人交通。各种运输方式由于在技术特性、经济特性、网络布局特性、功能特性等方面存在着较大的差异，对于不同区域范围、不同运量水平、不同的运输服务要求有着各自的比较优势或劣势，完成同一运输需求不仅在资源占用、建造成本、运营成本、能源种类及消耗上差别很大，而且在满足时间速度、舒适性、安全性、便捷性要求方面也存在显著差别；此外，不同的运输方式需要彼此间的相互衔接配合，才能完成整个运输过程。因此，在交通运输网络布局与系统构建中，根据与国民经济之间的关系和本身的功能及目标要求，客观上存在着资源合理利用，各种运输方式合理发展规模，不同运输方式间的合理分工、比例结构、布局组合等最佳选择问题，以及各种运输方式之间无缝衔接的一体化系统构建问题。这实质上就是为什么要发展综合运输体系。发展综合运输体系就是要解决以上问题，是针对以上问题制定发展战略和采取的行动，是交通运输按照科学发展观要求的发展方式。

（一）构建和发展综合运输体系是为了促进各种运输方式协调快速发展，适应国民经济发展要求

交通基础设施和交通运输业是社会、经济活动赖以进行的重要基础设施和服务性行业，其发展水平和运行状况直接关系到国民经济的发展和竞争能力以及人们的生活质量。构建和发展综合运输体系可以促进各种运输方式共同发展、协调发展，加快交通基础设施网络布局建设，增加总体运输能力供给，尽快改善交通运输紧张、网络不足的落后局面，使交通运输的发展适应国民经济发展要求，为我国的工业化、城镇化的发展以及现代化宏伟蓝图的实现提供有力的交通运输保障。

（二）构建和发展综合运输体系是为了充分发挥各种运输方式的优势，实现资源综合合理利用与节约，是可持续发展的要求

交通运输是占用资源较多、投资巨大的一个行业部门，不同的交通网络结构组合以及运输市场制度构架，不仅构成对资源占用/消耗的不同需求量[例如：（第一种方式 1000 * 2 + 第二方式 4000 * 2 = 总供给 10000）与（第一种方式 1000 *（2 + 4）+ 第二方式 4000 *（2 - 1）= 总供给 10000），虽然总供给不变，但与前一式子相比，后一个式子中第一种方式数量加二倍、第二种方式数量减一半，它们对资源的总占用需求差别很大]，而且直接关系和影响系统对总体需求的能力适应性以及效率和服务水平，并且对交通运输发展的整体水平和未来在经济合理的代价下可提升的空间产生决定性的影响。构建和发展综合运输体系可以根据运输方式的技术经济特征和自然资源条件进行网络合理规划配置、资源综合利用、相关基础设施整合与共享共用，从而达到综合运输能力的有效供给和资源的节约。

（三）构建和发展综合运输体系是为了提升系统整体功能和效率以及满足全程运输服务需要

水运、铁路、公路、航空、管道等运输方式各有特点和经济适用范围，构建和发展综合运输体系通过对它们合理组合形成的整体，无论在交通运输保障性上，还是在功能、效率以及经济性上都将大大强于单一的运输方式，而且有多种运输方式组成的一体化衔接、分工协作的综合运输系统服务可以更有效率、更加便捷地满足全程“一站式”的服务要求。

（四）构建和发展综合运输体系是为了满足多样化的运输需求

运输活动和服务范围分布的广泛性，需求的多样性，决定了在一个大区域或相对较大区域内以及区域与外部之间单一的运输方式难以经济、高效地满足各种各样的运输需求，需要布局建设多种运输方式，形成比较合理的布局配置和组合，构成各种运输方式功能分工明确、紧密衔接的统一有机系统，才有可能有效适应和满足多种多样的运输需求。此外，随着经济的快速发展和人们生活水平的不断提高，对运输和出行交通多样化的选择有着越来越强烈的需求。构建和发展综合运输体系就是为了在资源、环境条件约束下，通过

各种运输方式的合理发展以及有效的需求引导，较好地满足不断增长以及多样化的交通运输需求。

（五）构建和发展综合运输体系是为了增强经济发展的保障能力和参与国际竞争的能力

不同的运输方式有着不同的功能作用和成本代价，能够适应的自然条件和气候条件有着很大的差别，安全保障性也不同，构建和发展综合运输体系，促进各种运输方式的合理发展和综合运输大通道的布局建设，可以较大程度地提高交通运输的保障性和应对突发事件的机动运输能力。同时，为了适应经济全球化、提高国际竞争能力，既需要通过国内运输系统的优化组合，降低运输成本，也需要有较强的多种运输方式的发展能力以及建立多种运输方式的国际运输通路，才能为我国的产品和所需进口资源提供有力的运输保障。

第二节　综合运输体系的概念定义和内涵

（一）综合运输的提出及理论研究

我国综合运输的提出始于20世纪50年代中后期，在1956年国务院颁布的《国家科学发展十二年规划》中的交通运输方面第1项(3501)提出了开展综合运输研究，其主要任务就是进行综合运输网发展规划研究；在1959年正式成立了综合运输研究所，研究综合运输网布局规划和综合运输发展问题。

我国早期综合运输研究工作的提出和开展是受计划经济思想和发展模式推动的，旨在有计划按比例地发展，虽然提出了综合利用、综合发展的思想，但是受交通运输整体基础水平低、建设投资严重不足所限，实践推动缓慢，直到20世纪80年代初期，对综合运输的理解还处于非常粗浅的阶段，也未形成比较系统性的理论。

我国较大规模地开展综合运输理论的研究和实践主要始于20世纪80年代中后期，在围绕着加快交通运输的发展、改善交通运输与国民经济快速发展的适应关系的理论研究与实践中，决策层和理论研究者越来越深刻地认识到各种运输方式共同发展、合理分工、结构优化、协调配合的必要性和重要性，由此极大地推动了综合运输理论的研究和实践的开展，“综合运输体系”这一概念逐步被业界认同并被政府采纳。尽管“综合运输体系”还没有一个被普遍公认的确切定义，但已被我国作为交通运输发展目标的蓝图描述用语。

对于综合运输体系的认识和理解以及研究是一个逐步深入、与时俱进的发展过程，具有阶段性。随着交通运输发展水平的不断提高和实践效果的不断显现，研究得以不断深化，认识层次不断提高。总体上，由于综合运输发展没有成熟的理论作指导，在我国现行的决策体制和执行机制下，基本上是重要实践在先、系统性理论研究在后，往往是在某一提法被政府肯定或某一事项由领导人决策后，才会被重视和支持开展相应的研究，对其找理由、找论据式的研究较多。随着综合运输理论基础的不断丰富以及开展这方面的研究受到越来越多的重视和支持，比较系统性的理论有望较快形成，也有条件对一些重大问题进行方向性、前瞻性的研究，为指导实践和科学决策提供依据。

（二）综合运输体系的概念定义

在我国，对综合运输体系有各种各样的描述，有的把其当作各种运输方式的汇集，作为整个运输业的代名词，如许多地区性的综合运输体系规划等；有的把其理解为集各种运输方式的综合体，其中强调了各种运输方式的合理分工、连接贯通；有的将其看成是一种现代交通运输的组织形式，将各种运输方式作为一个有机整体进行系统研究、系统规划、系统建设而形成的综合系统；有的将其视为是实现一体化交通运输的设施、技术、经济和制度系统。

在分析总结国外、国内对综合运输体系的各种各样的理解和研究认识的基础上，结合在综合运输体系理论研究与建设实践过程中遇到的具体问题，罗仁坚通过长期深入的系统性思考和研究，认为：**综合运输体系归根到底是体现主流价值观发展理念和与这种理念相配合的交通运输发展战略及政策的执行结果，是交通运输发展从国家整体利益和战略角度追求的理想目标**。综合运输体系主要是从全国整体而言，全国各个地区除了发展水平上存在差异以外，在发展理念以及主体框架性规划设计上应该是一致的，不应存在各自发展理念、自成一体的综合运输体系；综合运输体系的发展战略与政策主要是在国家层面进行研究和制定，地方主要是落实、执行，是在国家相关战略和政策的指导下，结合本区域的实际情况和发展要求以及国家主干网络布局规划，编制本区域交通运输发展的整体规划和对批准通过的规划进行实施。也就是说，综合运输体系的发展思想是自上而下进行指导的，是交通运输每一个部门以及与交通运输发展密切相关的部门要在行动中贯彻实施的；综合运输体系建设不是某一个部门的责任，也不是某一部门单独能够实现的，需要各个部门方向性一致的整体努力和行动。

建设综合运输体系（或叫发展综合运输）的目的，实质上是要根据社会进步和可持续发展的要求，以各种运输方式的技术经济特性和满足多样化的运输需求为基础，在结构优化、节约资源的思想指导下，合理发展各种运输方式和建设一体化的交通运输系统，同时通过供给结构引导、提高系统整体效率等方式增加有效供给，满足不断增长的客货运输需求，使交通运输的发展适应国民经济发展和人们生活水平提高的需要，并与资源、环境相协调。

综合运输体系的定义可以概括为：**体现国家经济社会发展战略，充分发挥各种运输方式比较优势，一体化组合协调发展，布局分理，结构优化，系统完善，有效满足客货运输**

需求的安全、便捷、高效的交通运输有机整体。它有三个层面的要求，第一个层面是构建和发展的综合运输体系要与国家经济社会发展的战略方向相一致，对国家经济社会发展战略的有效贯彻实施提供有力的支持和保障，有效满足经济社会发展需要和客货运输需求；第二层面是要根据各种运输方式的现代技术经济特征和社会对资源消耗、建造成本、运行成本的可承担能力等约束条件，充分发挥各种运输方式的优势，按照功能组合、优势互补、结构优化、技术先进、合理竞争、资源节约的原则进行网络化布局、组合协调发展；第三层面是要建设完善的综合运输服务系统，各种运输方式一体化紧密衔接，运行使用上安全、便捷、高效。

(1) 有效满足客货运输需求，指要根据各种运输方式的现代技术经济特征和社会对资源消耗、建造成本、运行成本的可承担能力，从全社会可持续发展的角度，构建满足人们生活质量提高、节约资源的交通运输模式，通过供给和相关政策引导人们对交通运输方式的选择。

(2) 结构优化，指以体系框架结构优化为目标进行各种运输方式的组合配置以及各种运输方式自身网络的完善，发挥组合优势、组合效率。

(3) 一体化紧密衔接，指在物理上实现基础设施网络的一体化衔接，逻辑上实现运输环节的无缝衔接和良好的信息化服务。

(4) 交通运输有机整体，是指根据交通运输行业特性和系统要求，统一组成的各种运输方式相互联动、相互作用、协同配合、整体性强的功能体。其包括综合运输基础设施网络系统、综合运输运行与服务系统两个层面，以及市场机制和管理体制等内容。

综合运输基础设施网络系统，是交通运输工具得以运行的基础，其发展水平以及各部分的连接关系直接影响着交通运输工具的通达和运输组织方式，其各部分物理上的一体化连接是构建一体化交通运输系统和进行一体化运输组织的基础条件。构建综合运输体系在该层面主要有两大任务，一个是根据功能需求和各种运输方式的优势进行优化组合，解决结构比例问题；另一个就是促进各种运输方式协调发展、有效衔接，基础设施网络各组成部分物理上的一体化连接正是其主要内容。

综合运输运行与服务系统，是交通运输发挥功用、为人类服务以及效率效益产出的系统，是综合运输体系最终成果和效率的体现，其各部分和环节的一体化逻辑衔接是实施连续、无缝的一体化运输组织和服务的关键，也是提高交通运输效率和服务水平最具有效力的手段。构建综合运输体系在该层面的任务，就是要在制度、机制以及市场构架和规则上消除各种障碍和进行相应的建设，促进各种运输方式分工协作、紧密配合，提供一体化的全程运输服务。

（三）综合运输体系的主要内涵

综合运输体系，不是五种运输方式各自发展简单的叠加，是一个有明确目标，在政府引导下构建形成的有机组合整体，有着深刻的内涵，应体现以下几个发展方向和效果：

（1）发挥比较优势、优化组合、合理利用资源、引导运输需求。不同运输方式具有不同的技术经济特征和适应不同层次的需求，交通运输的发展应根据资源条件和需求引导的要求，充分发挥各种运输方式的比较优势，进行规划布局和优化组合，在有效满足运输需求的情况下，实现资源的最合理利用和节约。

（2）各种运输方式之间、基础设施与使用系统之间协调发展和有机配合。各种运输方式在布局和能力衔接上要协调发展，同时各种运输方式的运行使用系统与交通网络供给系统要形成有机匹配，实现系统整体高效用和高效率。

（3）连续、无缝衔接和一体化运输服务。交通基础网络在物理上要形成一体化连接，运行使用系统在运输服务、市场开放、经营合作、技术标准、运营规则、运输价格、清算机制、信息以及票据等方面要形成一体化的逻辑连接，运输全过程实现一体化的运输组织和服务。

（4）现代先进技术的应用，信息化、智能化。以先进技术、信息化、智能化提高系统整体发展水平和管理及服务水平，实现能力供给增加、安全保障性提高以及经济、环保等。

（5）提高人们生活质量与统筹协调、可持续发展的平衡。一方面，要建立发达的、完善的现代化交通运输系统，适应经济发展和人们生活质量提高的需要；另一方面，综合运输体系的发展结构和规模要坚持和贯彻可持续发展的理念和战略，与经济、社会、环境发展相协调，要通过供给系统和使用政策以及宣传教育等引导人们树立更加注重资源节约的交通消费观念和交通行为。

第三节　综合运输体系名称的规范表述

发展综合运输、建设综合运输体系是我国交通运输发展的方向和目标，但是，“综合运输体系”、“综合交通体系”、“综合交通运输体系”的不同叫法和在不同文件中的不同表述，不仅造成概念名称混乱和含义区别不清，也影响任务范围和工作重点的界定以及对实践的指导。当然，世界上也很少有关于“综合运输”或“综合运输体系”的统一叫法，但是，根据技术经济特征和资源条件综合发展不同的运输方式，促进各种运输方式紧密衔接和多式联运的发展，提高客货运输效率和便捷性的发展方向是一致的。

（一）概念名称沿用要有连贯性、规范性

我国最早提出“综合运输”是20世纪50年代中后期，当时的主要任务是进行综合运输

网发展规划研究。1987 年党的“十三大”报告中正式采用了“综合运输体系”的表述，此后，在党和国家政府的重要文件中都采用“综合运输体系”这一概念。1988 年政府工作报告中的表述是“积极发展综合运输”，1991 年《国民经济和社会发展十年规划和第八个五年计划纲要》的表述是“搞好综合运输体系的建设”，1996 年《国民经济和社会发展“九五”计划和 2010 年远景目标纲要》的表述是“加快综合运输体系的建设”，2001 年《国民经济和社会发展第十个五年计划纲要》的表述是“建立健全畅通、安全、便捷的现代综合运输体系”，2006 年《国民经济和社会发展第十一个五年计划纲要》的表述是“建设便捷、畅通、高效、安全的综合运输体系”，2007 年党的“十七大”报告的表述是“加快发展现代能源产业和综合运输体系”。

在国家发展改革委和地方政府的交通运输主要规划文件中，有用“综合运输体系”的，有用“综合交通体系”的，规划的重点主要是交通网络布局和重大项目建设，对于运输生产和服务、运输市场等方面内容涉及很少；目前，也有规划用“综合交通运输体系”的。但是，对于这些不同的叫法，在含义和内容上到底有哪些实质性的差别，哪一种更符合我们构建发展的出发点和目的，以及更具系统逻辑性、与其他概念名称不冲突，并没有对这方面深入研究，大部分是一种意会理解。

（二）“交通”与“运输”在所指和含义上有区别

按照词义，“交通”的主要含义是指通行、往来，“运输”的主要含义是指运送、搬运，前者主要是对于交通（载运）工具的运行而言，后者主要是对于人和物的位移而言，它们既有区别，又是紧密联系的。前者运行的目的是为了完成后者的任务和为后者服务的，后者必须依靠前者才能产出“位移”的产品，它们在“位移”产品生产的主体过程中是统一的、一体的。二者的差别主要在于侧重的对象不同，包含的内容范围不完全一致。

“交通”和“运输”分别都有广义和狭义的含义，广义上都包括线路基础设施、交通（载运）工具、运行状况及管理、服务等。狭义上，“运输”是指在既有交通基础设施网络上通过使用各类载运工具和装卸设备等完成人和物目的地位移的整个生产过程和服务；“交通”主要是指在实现人和物位移过程中某类载运工具在路网中的整体运行形态，对应不同种类的“交通”实现的位移，除了部分“门到门”的全程位移外，并不都是目的地的全程位移，而是分段位移居多；如果从生产角度，相对于“运输”的全生产和服务，“交通”是对应本方式的纯位移生产。但是，在现实的口语化习惯性表述中，并没有严格按着二者含义的差别进行区分，比较混乱。在口语化习惯性表述中，将旅客在出行时间、班次选择中拥有更大自由度以及各种服务自助程度较高的运输方式用“交通”方式表述；交通的涵盖范围被扩大，不仅指交通（载运）工具流，如公路交通、水上交通、铁路交通、空中交通，而且将本属于运输范畴的客运出行载运生产方式也用“交通方式”表述，如私人交通、城市公共交通、城际交通，将关注的重点从运输生产（如城市公共旅客运输、城际旅客运输）转向到了载运工具提供和运行组织本身；而其他旅客载运方式和货运仍然用“运输方式”表述，如铁路旅客运输、航空运输、公路班线运输、水路旅客运输，即使是自货自运、城市货运也不被包含在“私人交通”、“城市公共交通”内。

“运输”是针对完成人、货物的位移而言，完成各种各样的位移可以选择或被引导选择不同的运输方式以及公共运输或私人交通/运输，由此对各种运输方式的通行/运输能力、基础设施网络的配置形成相应的要求。“运输”除了要通过载运工具在相应的交通基础设施网络上运行来实现以外，还需要有相应的运输设施、运输装备、运输组织系统、运输服务系统等，研究的对象是整个运输生产的完整体系。“交通”主要是指用某种交通（载运）工具实现位移的运行过程，它是运输生产的主体部分，但不是运输的全部，在研究交通问题时，虽然也要研究需求和需求结构对各种交通的影响，但更加侧重于交通（载运）工具运行的整体状态和汇集形成的流量与网络能力的匹配，与运输不同，某种运输方式的交通（载运）工具和交通流只能与该种运输方式的基础设施网络匹配，无法使用其他运输方式的基础设施网络。也就是说，可以通过不同运输方式的能力供给和使用政策以及联运的组织方式，引导、调整各种运输方式的运输需求结构，进而影响、调整交通结构；但是，不同运输方式间的基础设施是不通用的，不能直接以在运行的交通（载运）工具及其形成的交通流为对象进行不同运输方式间交通结构的调整。

（三）“交通运输”的含义和所指

“交通运输”虽然是由“交通”和“运输”两个词叠加组成，但是，词义并不是“交通”和“运输”各自含义的合成汇总，如在国民经济部门分类中的“交通运输业”。“交通运输”所指的是一个行业或部门，即从事旅客和货物运送的生产和服务部门。作为产业部门常用发展规模、发展水平、产值、在国民经济中的地位作用等指标来评价衡量。因此，“交通运输”应作为一个整词来理解和解释，是行业的代名词，指的是包括交通基础设施、交通（载运）工具等技术装备、运输生产和服务以及行业管理等的整个行业。当然，在一般口语中也可以是指该行业的物质内容，如同银行、通信、电力一样，既用于泛指行业，又用于指行业的设施或物质。

（四）不同概念名称的逻辑问题

（1）综合运输体系。综合运输体系是以完成人和货物的位移可以选择不同的运输方式或多种方式组合来实现为基本出发点，从构建一种体现社会目标、适应这种行业特性和需求特点的较理想的运输生产组织与服务模式的角度（即综合运输的思想），对各种要素和子系统进行有机组合，构成有机整体和完整的运行与保障体系来说的。它是从运输生产组织与服务的模式出发，分析各类运输需求，进而对各类交通基础设施网络的布局和能力提出相应的发展要求，同时也对运输设施、运输装备、运输组织系统、运输服务系统等提出要求，是整个交通运输的完整体系。

(2) 综合交通体系。“交通”的侧重点在于交通流和交通(载运)工具的运行，交通(载运)工具和交通流只能与本身对应的基础设施网络匹配，不能在不同的运输方式网络上运行和调节，相应地，讲“综合”主要是“汇总”和供给结构，但是，合理有效的供给结构必须以运输需求结构为基础，运输需求结构又受运输生产组织与服务的模式以及各种引导性使用政策的影响，因此，问题又回到了综合运输上。而且，如果在交通流层面分析需求，往往受趋势型影响较大。

(3)“综合交通运输体系”。交通运输指的是一个行业部门或行业的物质内容，从行业上可以说建立交通运输体系，如“工业体系”。体系是指若干有关事物互相联系、互相制约而构成的整体。交通运输体系包括了各种运输方式以及各层面的关系，如果再加“综合”将是重复，而且也无法界定与“交通运输体系”的区别，如有“现代工业体系”的表述，但没有“综合工业体系”的表述。“综合交通运输”又不是一个行业，也不能从行业角度上叫“综合交通运输”体系。

综合以上分析，“综合运输体系”叫法更为确切，词义上更符合所要体现的意思，所包含的内容更为完整，逻辑性、系统性更强，它不是指各种交通方式的汇总，是指从运输需求(位移)的源头着手，构建各种运输方式综合发展、结构优化、一体化运输服务的完整发展体系，既包含了运输生产的运输组织、运输服务和需求结构引导等，也包含了交通所指的所有内容。

第四节　综合运输体系与交通运输的异同及任务侧重

由于对综合运输、综合运输体系没有一个非常明确的定义和内容描述与范围界定，包括专业研究人员在内的大多数人对其理解基本上处于一种意会的状态水平，而没有形成比较全面、系统的本质性理解。因此，在研究分析和规划过程中，经常把它与交通运输相混淆，难以把针对的对象、内容、重点的不同点区分开来。例如，在很多情况下，经常把仅是汇总铁路、公路、水运、航空、管道等多种运输方式的大行业规划称为综合运输发展规划或综合运输体系发展规划，而不称之为交通运输发展规划；在分析问题、制定发展目标和规划时，对二者的范畴差别，哪些是对交通运输而言，哪些是属于综合运输体系的内容，很难界定清楚，针对的问题和任务不明确，把综合运输体系规划编制成为各种运输方式规划的汇总或任务大全。

（一）综合运输体系与交通运输的异同

现代交通运输有铁路、公路、水运、航空、管道五种主要运输方式，城市交通运输除了道路交通外，还有地铁、轻轨等轨道交通方式，它们为社会提供“交通”和“运输生产与服务”的特性共同构成整个交通运输行业，从各种运输方式的基础设施到运输生产和服务以及管理等都是属于交通运输范畴的内容。综合运输体系也是基于这些运输方式和要素进行构建，发展的是同一个行业里的内容，提供的产品也是“交通”和“运输生产与服务”。综合运输体系与交通运输的异同主要表现在以下几个方面：

首先，综合运输体系与交通运输是同一事业，基本生产要素和产品类型相同，从功能作用和产品角度分析，综合运输体系也是交通运输。主要区别在于交通运输是总称、一般所指，既可以是指单一的运输方式，也可以是指多种运输方式的集合，系统内各要素，尤其是各种运输方式间的结构，也许是集合，也可能是体系，也可能是整体，也可能是相互分割，其结果取决于采取什么样的发展方式，一般笼统地讲交通运输发展，可能会是扁平化的；而综合运输体系是要求按照一定的发展理念和发展方向，从整体发展角度对生产要素进行合理配置和促进相应的生产组织与服务模式的发展，并将各部分组成有机整体，包含了结构优化、一体化等更多的具体内涵，不是一般意义上所指的交通运输。就如同房屋和盖成什么样子的房屋的关系，“房屋”可以指任何形式和种类的房屋，但如果说要盖成占用土地资源少的“高层公寓式房屋”，就是有特定方向和目标要求所指的“房屋”；又如，如果一个人说“给我买一匹马”，可以是任何种类的马，是马就行，但是如果说“给我买一匹能跑得非常快的马”，就不是指一般的马，而是有具体目标和条件要求的马，需要按照一定的标准和方式去挑选、购买的“良驹”。

按照系统论的观点，要素在群体中的存在形式可分为三种，一是堆积，即诸多要素在系统中没有条理地、杂乱地堆在一起。诸多要素间缺乏联系中介，要素之间布局零乱、形态散乱，难以形成固定结构。二是集合，即具有某种特性要素的全体构成的集。集合中，诸多要素只是根据某种特性进行了分类归属，类属诸要素之间仅仅有了划分边界，未存在实际的相互作用，这种集合有相当的宽泛性。三是体系，即诸多要素相互作用、相互联系组成的集合，是事物内部要素按照共同特性和目的组成有序统一的组织。“体系”与“整体”密不可分，整体是由各部分组成的系统，是各个部分和要素以特定关系相互联结、相互作用而结成的统一体。相对应地，交通运输所代表的系统内各要素，尤其是各种运输方式间的结构，也许是集合，也可能是体系，也可能是整体，也可能是相互分割，其结果取决于采取什么样的发展方式；而综合运输体系则是要求按照系统框架目标和结构优化、一体化的发展方向将交通运输的各组成部分组成有机整体。

第二，现代化综合运输体系是交通运输行业向最佳结果发展的方向和目标，但交通运输中没有统筹的各种运输方式自身的发展及结果并不一定就是综合运输体系的发展，即不一定是整体的最佳选择，有可能结构失衡、需要占用更多的资源和支付更大的成本。各种运输方式是用不同的基础设施和交通(载运)工具生产同类产品，而它们因技术特性、经济特性、网络布局特性、功能特性等方面的不同，对于在不同的区域范围和不同运量水平，生产同一产品的社会成本、资源占用、能源消耗的差异很大，在满足不同的需求中各自有着不同的优势，而且，在中长以上距离运输中普遍需要多种运输方式配合才能完成全程运输。因此，我国交通运输行业发展的方向和目标就是要构建结构优化、资源节约、有效满足需求的现代化综合运输体系，通过充分发挥各种运输方式的比较优势和组合效率，实现现代化发展、可持续发展。而一般笼统地讲交通运输发展，主要是指总体规模、能力、技术水平的提高，并没有对结构提出明确的发展要求，可能是扁平化的，可能与结构优化调整的要求和方向不完全一致。

第三，综合运输体系研究和规划的内容是交通运输行业大系统发展的核心问题和系统的组织构架问题，而不是包括交通运输行业所有问题的总规划。交通运输是一个很复杂的大系统，由各种运输方式的子行业部门、子系统组成，而且各自的特点、技术性、运营模式、组织模式都不相同，尽管各子行业、子系统的发展状况会对综合运输体系的整体发展水平和效率构成影响，但是，不是所有问题都是综合运输体系解决的范畴，或者以大而全的思维用一个综合运输体系规划包含所有的内容，解决所有的问题，应该有层次上的分工，否则，将会失去重点和科学性、可操作性，甚至制约各种运输方式的主动性和合理有效的发展。各种运输方式的建设发展和管理等事业是由各自行业部门负责和具体执行的，对于各子行业内的发展、管理、技术等问题，应该是在综合运输体系发展大原则和框架指导下，归属于各子行业的规划、政策、管理的内容；综合运输体系的发展规划和推进措施的重点在于交通运输的发展理念和引导性政策、体系结构优化和各种运输方式协调发展、各种运输方式有效衔接配合和一体化运输服务链条的建设等，对于各种运输方式内部基本的、自身的，与其他运输方式不交叉、不重叠的，以及对综合运输体系整体构成和发展影响不大的，都应该是属于各种运输方式的发展规划与政策措施的内容，在方式内解决。

（二）综合运输体系与交通运输体系的异同

交通运输体系是在交通运输行业、产业一般所指的基础上，包含了各组成部分相互作用、相互联系的整体内涵，主要是指多方式、多层次能力供应和保障的交通运输整体。

综合运输体系与交通运输体系所指的对象客体是相同的，主要区别在于：交通运输体系重点在于建立多层次的能力保障，而对于结构优化问题、各种运输方式的协调发展以及一体化运输服务系统并不一定是其关注的重点和解决的内容，其结构并不一定是主动目标性引导的结果，可以是各种运输方式自然发展或通过激烈的市场竞争后形成的结果。综合运输体系的发展和形成是体现价值观理念由政府主动规划和引导促进的，计划性、目标性很强，有效满足运输需求问题、结构优化问题、一体化运输服务系统问题是其关注和解决的重点。因此，可以说，综合运输体系是体现核心价值观理念和国家战略目标要求的科学发展的交通运输体系，是交通运输、交通运输体系科学发展的表现形式。

（三）综合运输体系与现代交通运输业发展的关系

现代交通运输业是指用现代的发展理念、设施条件、技术装备、信息技术、经营生产组织模式、人才培养等发展、改造、提升的具有现代先进水平的交通运输业。它是改造传统交通运输业、转变发展方式的发展路径，与综合运输体系的发展方向和发展要求是一致的。综合运输体系在产业形态方面的体现就是要构筑结构优化、各种运输方式一体化紧密协作的现代交通运输业。发展现代交通运输业是综合运输体系建设的重要内容，综合运输体系的加快建设与完善将会对现代交通运输业的整体发展以及大系统、大平台、大物流的模式建设发展提供更为有利的发展条件和支撑。

第五节　我国发展综合运输体系与发达国家的不同之处

（一）是在不同的交通发展阶段发展综合运输体系

我国与发达国家发展综合运输体系最大的差异是在不同的交通运输发展阶段进行综合运输体系的发展。

发达国家发展综合运输的思想和行动政策主要始于20世纪中后期，是在各种运输方式已获得了比较充分的发展，大规模的交通基础设施布局和建设已基本完成，需求结构比较稳定的成熟发展阶段和情况下开始发展的。他们所讲的综合运输，除了在新增设施布局规划中改进各种运输方式的结构配置以外，核心是在已有以单一运输方式为主的运输系统基础上，通过国家规划和政府的政策引导，在信息技术的有力支持下，促进各运输方式间的整合、集成和高效率协调，实现各种运输方式的紧密衔接和资源的合理使用；强调从运输组织和制度上实现运输的无缝衔接和零距离换乘，以及交通运输在环境、能源、不同人群的可达性等方面上实现可持续发展。即主要精力和重点是在改善既有系统的运营和开展联合运输等，以及既有设施的改造，而不是在于基础设施网络系统全面的大规模建设和结构问题上，即使有，也是在局部的、个别的项目上。

我国提出发展综合运输始于20世纪50年代，是在交通基础设施网络非常落后、严重不足、层次很低，需要进行全面布局规划和建设的起步时期，目的在于建设统一的运输网（综合运输网），意图通过有计划、按比例的发展，在有限的投资下，充分利用运输能力和提高运输效率，减少运力浪费。我国综合运输体系的思想和理论是伴随着我国交通基础设施网络的不断建设发展而逐步形成和不断加深理解认识的，并在我国交通运输网的规划布局与建设中发挥着重要的指导作用。在此发展过程中，我国交通基础设施无论是在总量规模、网络布局，还是在质量层次、运输状况的改善方面都取得了巨大成就，有力地支持了国民经济的发展，但是到目前为止，我国交通运输的整体发展水平与国外发达国家仍存在着很大差距，各种运输方式都尚未完成大发展过程，各种交通基础设施还很不完善，都还在积极地进行较大规模的布局规划与建设，综合运输网络结构和形态正在不断成型完善的发展过程中，一体化的综合运输服务系统尚处于研究和建设初期。

（二）关注和调整重点不同

发达国家主要针对运输系统和服务层面，依据新的技术条件和对效率及服务质量的追求，通过运输政策和运输组织创新对运输系统进行改进、整合，而对已成型的交通基础设施网络影响甚小。

世界发达国家综合运输体系发展的两个主要特点：一个是铁路和其他运输方式私人经营的特点，追求利润增长和市场竞争，使得它们在经营中客观上融合了联合和优势互补的思想，在运输生产过程中有主动的动机为各种运输方式的协调配合和运输组织方法的创新以及跨行业经营创造发展条件；二是基本上都是在完成大规模交通运输基础设施建设，各种运输方式形成较强的市场竞争之后，通过制定相应的运输发展政策，促进各种运输方式的合理分工和协调发展。各种运输方式之间的分工主要是通过运输价格和服务质量等方面的市场竞争来实现的。欧共体国家政府的运输政策大体是：对运输经营是自由竞争，用户自由选择；而对运输基础设施投资、运价、税收和财政补贴则实行国家调控，强调要按照运输需求和各种运输方式的技术经济特征合理分担客货运输量。同时，注重保护环境和资源的合理利用。日本则是通过确定经济发展、国土开发计划与运输系统协调配合，加强综合运输设施建设，对运价、税收、补贴等进行协调，以及实施相应的能源与环境保护对策等，实现交通运输的协调发展。

到目前为止，我国综合运输体系关注和建设的重点仍然是交通基础设施网络，而且是以各种运输方式的网络扩展为主，由于受体制以及铁路运输能力等因素制约，一体化的综合运输系统建设尚未形成有效的推动力，受此影响，在各种运输方式不断强化各自系统的发展模式下，不同运输方式间的分工协作和无缝衔接在基础设施网络布局与建设方面也仍然存在很大不足和问题。在调控手段上，我国交通基础设施网络建设主要依靠规划、立项审批，以及以政府投资为主推动。

（三）经验借鉴

相对应于发达国家随各种运输方式技术的成熟而渐次发展以及自由竞争的市场发展模

式，我国是在现代五种运输方式技术都已成熟，在发达国家都已广泛应用的时期，才开始进入较大规模的全国性交通基础设施网络布局和建设。相应地，我国在建设的早期阶段，就可以包含更多的交通运输结构以及模式的选择内容，可以更早地引入需求引导的思想和措施，即在大规模的基础设施网络构架设计和布局规划阶段就可以将相关的思想和内容纳入。由此，可以通过借鉴发达国家的经验和教训，提高对相关发展问题的认识，少走弯路，实现后发超越，即通过科学的综合运输理论和发展理念指导，在基础设施网络的规划建设过程中就可以较大程度地实现组合优化、节约资源的目标，并朝着一体化运输服务系统的方向进行布局建设，在基础设施网络的建设发展过程中充分考虑系统一体化、无缝衔接的发展需要，并在体制、机制上为建设一体化综合运输系统创造发展条件。

（执笔人：罗仁坚）

第二章

发展综合运输的思想和政策所发挥的作用

内容提要：发展综合运输的思想在相关政策的配合下，促进了我国各种运输方式的协调快速发展，对交通基础的快速改善，总运输供给能力的快速增加，适应国民经济发展的需要发挥了重要作用。在交通运输的建设发展过程中，综合运输体系理论也不断充实丰富，结构优化、以人为本、节约资源、环境友好、无缝衔接等理念对加快完善我国交通基础设施布局和促进高速公路、高速铁路的发展以及一体化运输服务系统的建设发挥着重要的指导作用。

交通运输有铁路、公路、水运、航空、管道以及城市轨道等多种运输方式，任何一种运输方式都无法完全经济有效地满足国内、国际多样化的运输要求。发展综合运输归纳起来主要有三大目标任务：第一个目标任务是通过促进各种运输方式的合理、协调快速发展，实现交通网络的有效覆盖和交通运输能力的充足有效供给，适应经济社会发展和客货运输增长的要求；第二个目标任务是在发展中促使各种运输方式间及方式内结构优化，充分发挥各种运输方式的比较优势，实现既有效满足需求又节约资源和保护环境；第三个目标任务是促使各种运输方式在物理上、逻辑上紧密衔接，构建一体化的运输服务系统，实现不同运输方式衔接的便捷转换和"一站式"全程运输服务。直至目前，我国交通运输发展的重点主要是第一个目标任务，对第二个、第三个目标任务虽然也进行了很多努力，取得了一定的成就，但由于交通基础设施和能力总供给不足以及体制等制约，解决的问题和实现程度还有很大的差距，尤其是结构优化需要有明确的、比较统一的交通运输发展价值观和衡量评判标准等。尽管到目前为止我国交通运输的发展与我们的期望、与经济社会发展的要求还有很大的差距，但是，发展综合运输、建设综合运输体系的思想对我国过去几十年交通基础条件的加快改善和交通运输行业的快速发展起到了巨大的推动作用，并在资源与环境约束不断趋强的新形势下发挥着越来越大的作用。

第一节　对加快交通基础改善和总能力提高的促进作用

由于工业化起步晚以及战争等历史原因，我国现代交通的发展非常落后，基础极其薄弱。尽管我国1876年修建了第一条铁路，1902年进口了第一辆汽车，1906年修建了第一条公路，1929年航空事业开始起步，但直到1949年，我国铁路里程仅有2.18万km，公路8.07万km，内河航道7.36万km，沿海主要港口泊位161个，只覆盖了少部分地区，而且质量差、运输能力小。几十年来，如果没有发展综合运输思想的指导，促进各种运输方式共同加快发展，扩大网络覆盖，是不可能达到我们目前的发展水平和对国民经济快速发展的支持力度。

（一）20世纪80年代前对交通网络发展的促进作用

我国从20世纪50年代中期提出了开展综合运输研究，1958年筹建、1959年成立了综合运输研究所，提出了综合发展、综合利用、按比例协调发展的主要思想，旨在有计划按比例地加快交通基础设施的建设和运输业的发展，并节约投资、减少运输能力浪费，适应经济建设需要。

尽管当时的“综合发展、综合利用”所指的意思和内涵的重点与现在有着明显的区别，当时的“综合发展、综合利用”的发展思想是旨在建立统一运输网，即以单一运输方式的线路布局为主导，各种运输方式线路不在同一地带并行布局（如沿江不布局铁路等），通过相互间的分工和连接以及指令性计划运输形成面上统一的一张运输网，充分利用各种运输方式的既有设施以及自然水运等条件，以期在非常有限的交通投资下尽可能地适应运输需要。但是，这一思想和布局发展方式，在当时交通基础设施网络规模小、通达覆盖严重不足、投资少的条件下，促进了交通线路向空白地区布局、覆盖和对已建成干线运输能力的充分利用。

由于这一时期我国的经济基础和实力弱，各行各业都急需发展，投资建设重点主要是生产领域，而且是计划经济，原材料和产品是按计划进行生产和按计划价格调拨，运输生产也是按计划进行组织和完成运输任务，交通运输对经济发展的重要性并未被充分认识，归属于非物质生产部门，建设投资严重不足。这一时期的投资能力和计划权主要在中央政府，地方政府的投资能力很小；铁路、机场、主要港口由国家投资建设，公路由地方政府负责投资建设，主要靠民工投工投劳、民办公助的方式建设，虽然公路线网里程有较大幅度增长，但技术等级和道路状况普遍很差；交通运输总投资额很小，占GDP的比重在

1.5% ~2.5%之间(图 2-1)，占全国基本建设投资的比重在 12% ~18%之间(图 2-2)。到了 1980 年，各种运输方式的线路总里程(包括民航航线里程)才 124.9 万 km，铁路和公路的平均密度分别仅 0.56km/100km^2 和 9.2km/100km^2(表 2-1)。

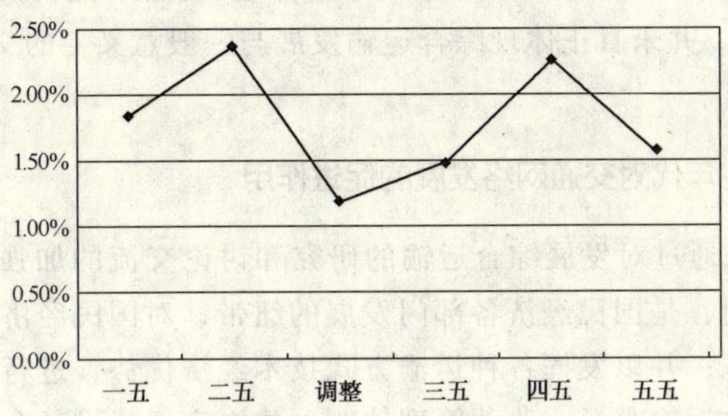

图 2-1 交通运输总投资占 GDP 的比重

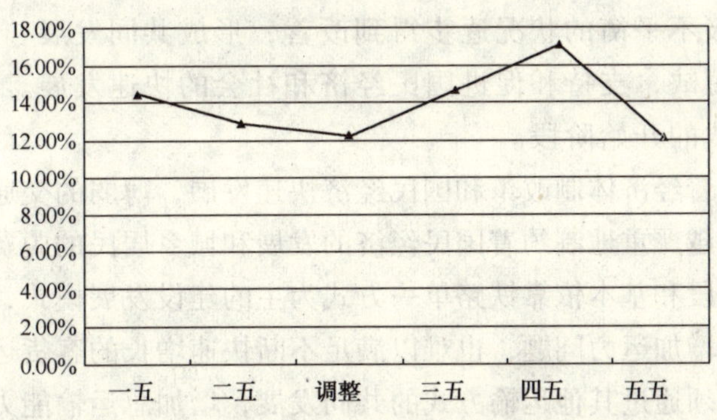

图 2-2 交通运输总投资占全国基本建设投资的比重

各种运输方式运输线路长度(单位：万 km) 表 2-1

年份	合计	铁路	公路	内河	民航	管道
1949 年	18.11	2.18	8.07	7.86		—
1952 年	24.46	2.29	12.67	9.50	—	—
1978 年	123.45	5.11	89.02	13.60	14.89	0.83
1980 年	124.91	5.33	88.33	10.85	19.53	0.87
年均增加(%)	6.43	2.93	8.02	1.05	14.53	2.38
平均密度(km/100km^2)	13.01	0.56	9.20	1.13	2.03	0.0906

资料来源：《中国统计年鉴》。

这一时期交通基础总体薄弱并实行计划经济的投资体制，主要以铁路的布局建设为主，铁路是运输骨干，运输组织也主要是围绕着铁路能力的充分利用，其他运输方式起集疏运或配角作用。综合运输发展的思想并未成型，也尚未具备选择运输方式发展的基础条件(各种运输方式都非常短缺，基本网络空间布局都远未成型，建设投资都严重不足)，除了开展铁水联运以外，并未真正体现综合运输发展与一般意义上的交通运输发展有什么区别。

(二) 20 世纪 80 年代对交通网络发展的促进作用

这一时期主要是通过对发展综合运输的研究和讨论交流的加强，来提高交通运输是重要物资生产部门，是国民经济各部门发展的纽带，对国民经济发展具有重要基础性作用等方面的认识；并以发挥各种运输方式技术经济优势，进行运输合理分工为布局理论基础，以开放运输市场、改革管理体制、建立交通建设基金和市场筹资为政策手段，突破计划经济时期的建设发展模式，促进了公路、水运、航空的快速发展，使各种运输方式发展极不平衡的状况逐步得到改善，形成共同发展、增加总供给能力来缓解交通运输严重短缺，支持和促进国民经济和社会的快速发展。这一时期是综合运输发展思想指导实践的开始阶段。

改革开放后，随着经济体制改革和国民经济快速发展，薄弱的交通基础设施和运输能力的不足问题已越来越严重地制约着国民经济的发展和城乡居民的脱贫致富。仍然沿用以往计划经济的发展手段和基本依靠铁路单一方式为主的建设发展模式，难以解决快速扩大交通网络覆盖和大幅增加运力问题，也难以满足不断快速增长的客货运输需求和支持地方经济发展的需要；必须通过其他运输方式的共同发展，增加总运输能力供给，运输紧张的局面才有可能得到缓解。而且，在 80 年代初，交通部在改革开放思想的指导下，提出了“放宽政策，搞活交通运输”和“有河大家走船，有路大家行车”的改革方针，对公路、水运运输市场进行了开放改革以及逐步实现政企分开，极大地促进了公路、水路运力的发展，尽管公路网仍严重不足，但公路运输市场运力严重不足的紧张局面在低水平上暂时得到缓解；而铁路运输紧张的局面不断加剧，不仅要承担长途、中长途运输，还承担了大量的短途运输。因此，以运输成本等技术经济指标为主要依据，发挥各种运输方式的优势，实现不同运输方式的运输合理分工的综合运输发展的思想逐步得到认同和形成政策，并随着铁路与公路、水路运输的合理分工政策的实施，公路、水运的作用和地位得到相应提高，开始突破了原有的发展框框，为公路网、水路网的加快建设发展提供了初始的理论依据。而且，1981 年对覆盖全国的国家干线公路网(国道)进行了划定，明确了公路干线布局框架，使得公路不再完全被理解为仅仅局限于地区性的集散运输方式，而是有相当一部分线路具有干线、通道的作用，应按干线进行对待和建设发展，这也为此后的高等级公路、高速公路的建设打下了一定的认识基础。

在建设资金方面，1982 年国务院颁布了《关于征集能源交通重点建设基金的通知》，对各地区、各单位的预算外资金按 10% 的征收率计征（从 1983 年 7 月 1 日起，征收比例提高到 15%），用于能源交通方面的基本建设。1985 年 4 月国务院批准颁布了《车辆购置附加费用征收办法》，对购买或自行组装使用的车辆（不包括人力车、兽力车和自行车）征收车辆购置附加费，国内生产和组装的车辆按实际销售价格的 10% 计征，进口车辆按计算增值税后的计费组合价格（即到岸价格 + 关税 + 增值税）的 15% 计征，用于加快公路建设。1985 年 10 月国务院发布了《港口建设费征收办法》及 1986 年 1 月交通部制定了《港口建设费征收办法施行细则》，对进出大连港等二十六个港口的货物征收港口建设费，用于沿海港口（包括停靠船舶的泊位）的码头、防波堤、港池、航道和港区道路等基础设施工程的建设。此后，公路方面出台了“贷款修路，收费还贷”政策，以及允许集资修路和允许省、市、自治区调整养路费收费费率，以增加用于公路改造和建设的资金；港口方面推出了“谁投资、谁建设、谁使用、谁受益”的政策，鼓励货主单位自建货主专用码头，允许中外合资建设港口码头并给予优惠待遇；民航方面实施了以政企分开，管理局、航空公司、机场分设为主要内容的管理体制改革，组建了 6 大骨干航空公司，作为自主经营、独立核算、自负盈亏的经济实体。同时，开始积极利用国际金融组织贷款和国外政府优惠借款投资建设公路、铁路、机场等。

这一时期，由于经济实力弱，交通投资仍然严重不足，而且受计划经济的传统观念禁锢较深，思想不够解放，交通运输总体发展仍然比较缓慢，滞后于改革开放后国民经济的发展速度，瓶颈制约问题越显突出。铁路建设方面，在国家对预算内基本建设投资改为“拨改贷”和对上缴利润实行“利改税”的同时，“七五”期间铁道部实行了“投入产出、以路建路”的经济承包责任制（简称“大包干”），由于物价高涨、铁路运价不涨，铁道部留存的收益和投资建设能力并未实现之前的预想。“六五”、“七五”铁路建设的重点主要是提高“三西”煤炭外运能力和加强沿海港口后方铁路的运输能力，尤其是运输“卡脖子”区段的通过能力，先后建成的铁路主要有京秦、大秦、兖石、新菏、皖赣、青藏铁路哈格段、南疆铁路吐库段等铁路新线，以及胶济、同蒲、石德、陇海东段、京广南段、沪宁等铁路第二线，并对丰沙大、石太、太焦、成渝、贵昆等铁路进行了电气化改造，十年间国家铁路营业里程仅增加了 4500km。但是，公路、水运、民航的发展开始有了较大突破，投融资渠道获得了较大发展，在公路和水运的交通系统固定资产投资中，1985 年自筹资金超过了国家投资，1986 年国内贷款超过了国家投资。由于公路、水运、航空投资的快速增长，使得交通运输业的基本建设投资占全社会基本建设投资的比重从 1980 年的 9% 提高到了 1990 年的 12%，其中铁路的基本建设资产投资仅增长 1.5 倍，而公路、水运、航空分别增长了 6.6 倍、3.3 倍、6.7 倍（表 2-2）。而且还开启了中国高速公路建设发展的“元年”，

1988 年 20. 5km 长的上海沪嘉高速公路一期在高速公路是否适合中国国情的争议中建成通车，实现了我国大陆高速公路零的突破；1990 年沈大高速公路全线建成通车，标志着我国公路发展进入了一个新的时代。机场方面，重点建设了洛阳北郊、西宁曹家堡、沈阳桃仙、长沙黄花、宁波栎社、重庆江北、西安咸阳、深圳宝安、三亚凤凰等机场，改扩建了南京大校场、常州奔牛、成都双流等机场。

20 世纪 80 年代各种运输方式基本建设投资(单位：亿元)　　表 2-2

年　份	交通运输基本建设投资	铁路	公路	水运	航空	管道
1980 年	50. 56	26. 97	9. 78	12. 82	0. 99	0. 54
1981 年	31. 47	12. 53	6. 85	11. 34	0. 75	—
1982 年	49. 26	24. 59	8. 23	15. 46	0. 98	—
1983 年	65. 08	37. 24	7. 12	17. 96	2. 76	—
1984 年	103. 02	65. 99	11. 67	22. 71	2. 65	—
1985 年	137. 42	82. 80	19. 55	32. 04	3. 03	3. 19
1986 年	128. 27	61. 50	29. 45	34. 65	2. 67	—
1987 年	148. 38	65. 80	38. 57	38. 76	5. 25	—
1988 年	158. 30	66. 51	53. 05	33. 92	4. 82	—
1989 年	164. 51	54. 03	63. 73	41. 10	5. 65	—
1990 年	204. 25	67. 33	73. 96	55. 35	7. 35	2. 88

资料来源：《中国统计年鉴》、《全国铁路统计资料汇编》、《全国交通统计资料汇编》、《中国民航统计年鉴》，管道数据摘自《中国交通运输发展改革之路》(综合运输研究所，2009)。

发展综合运输的思想在这一时期最大的作用和贡献是：对公路、水运、航空的建设发展在认识上和投资政策上形成了较大突破，为后来投融资渠道的进一步拓展和加快建设打下了基础。尽管交通发展滞后、基础薄弱状况没有根本改变，投资资金短缺、规模小、与需求有较大差距的问题依然比较严重，但是，总体上还是获得了比以往快得多的发展。1981 年 ~1990 年，公路里程增加了 13 万 km，其中二级以上公路里程增加了 3. 2 万 km(增长 219%)；沿海主要港口从 15 个发展到 45 个，泊位增加 642 个，其中万吨级泊位增加了 143 个(增长 100%)；机场增加 32 个，民航航线里程增加了 50. 46 万 km(增长 145%)(表 2-3)，一定程度上弥补了铁路发展缓慢的不足。如果这一时期没有公路、水运、航空的相对较快发展，运输紧张局面会更加严峻，对国民经济快速发展的支持会大大减弱，瓶颈制约会更加突出。

20 世纪 80 年代各种运输方式里程数(单位：万 km) 表 2-3

年 份	铁路营业总里程	公路		沿海主要港口		民航		油气管道
		总里程	其中：高速公路	泊位数	其中：万吨以上泊位数	航班使用机场数	航线里程*	
1980 年	4.99	88.83	—	330	139		31.09	0.87
1981 年	5.02	89.75	—	325	141	—	34.78	0.97
1982 年	5.05	90.70	—	328	143	—	36.87	1.04
1983 年	5.16	91.51	—	336	148	78	36.29	1.08
1984 年	5.17	92.67	—	330	148	80	41.80	1.10
1985 年	5.21	94.24	—	373	173	82	49.86	1.17
1986 年	5.25	96.28	—	686	197	85	50.56	1.3
1987 年	5.26	98.22	—	759	212	93	60.28	1.38
1988 年	5.28	99.96	0.0147	893	226	94	62.10	1.43
1989 年	5.32	101.43	0.0271	905	253	97	78.17	1.51
1990 年	5.34	102.83	0.0522	967	284	110	85.24	1.59

资料来源：《中国统计年鉴》、《全国交通统计资料汇编》、《中国民航统计年鉴》。

注：*民航航线里程含重复里程。

(三) 20 世纪 90 年代对交通网络发展的促进作用

这一时期是在 80 年代综合运输发展实践取得较好实效的基础上，对发展综合运输从进一步认识到逐步统一认识，综合运输体系理论研究进一步深入，建设综合运输体系上升到国家目标，各种运输方式步入快速发展，交通运输从“瓶颈”制约严重到逐步缓解的发展阶段。

经过 80 年代的建设发展，我国交通基础设施状况总体有了一定的改善，尤其是公路、水运、民航基础设施增长相对较快，但是，由于原有基础落后、规模小，覆盖面仍然严重不足，而且既有线路普遍技术等级低、能力不强，铁路“七五”期间缓慢的发展速度更是使运力的供给落后于经济的发展需求和客货运输需求的增长，交通运输整体表现为：发展严重不足，供求矛盾突出，尤其是煤炭等大宗物资运输能力非常紧张。随着商品经济的快速发展，尤其是在邓小平南巡讲话和“十四大”明确把建立社会主义市场经济体制作为我国经济体制改革的目标后，我国经济发展和现代化建设再次进入了快速发展轨道，客货运运输量大幅增长，运输紧张和“瓶颈”加剧，对扩大网络覆盖、解决基本交通问题的要求更加急切。对此，各级政府部门以及交通工作者更加深切地认识到，靠单一方式的发展根本无法解决交通问题，必须走综合运输发展的道路，加快各种运输方式的共同发展，才能在空间、时间、服务质量上适应经济社会发展和客货运输的需求。由此，发展综合运输也逐步得到认同，并上升到国家交通运输建设发展的行动纲领。1991 年《国民经济和社会发展十年规划和第八个五年计划纲要》提出了“搞好综合运输体系的建设，以增加铁路运力为重点，同时积极发挥公路、水运、空运、管道等多钟运输方式的优势，并使各种运输方式衔接配套”；1996 年《国民经济和社会发展“九五”计划和2010 年远景目标纲要》提出了“以增加铁路运输能力为重点，充分发挥公路、水运、空运、管道等多种运输方式的优势，加快综合运输体系的建设，形成若干条通过能力强的东西向、南北向大通道。合理配置运输方式，加快交通干线建设，突出解决交通薄弱环节，提高运输效率”。我国交通运输也由此步入了综合发展的道路。

一是铁路有了一定的建设资金来源渠道，加大了铁路建设投入。1991 年国务院批准设立铁路建设基金以及部分铁路建设任务重的省征收铁路建设附加费，对国家铁路运输的货物进行征收，用于新建铁路；1992 年出台了中央和地方合资建设铁路的政策；1995 年开始批准铁路发行中国铁路建设债券；铁路建设有了一定的资金来源渠道，结束了“七五”期间发展缓慢的局面，开始逐步进入了较快发展期，尤其是 1993 年、1994 年投资增长较大，铁路基本建设投资从 1990 年的 67. 33 亿元增加到了 1995 年的 328. 15 亿元。尽管“八五”期间建成的铁路不多，但开工建设的规模明显增大，开工建设了南昆铁路、京九铁路等一批重点工程项目，改造了一批既有干线，具有国际先进水平的大秦重载铁路和广深准高速铁路在“八五”期间建成通车，揭开了我国铁路货运重载化、客运快速化的序幕，铁路总体运输能力也有较大幅度的提高。但是，由于铁路体制比较僵化，缺少更多新的资金来源渠道，原有渠道的筹资规模进一步大幅增长的能力又有限，各地政府也把建设重点放在了高速公路上；在“九五”期间，尤其是 1997 年亚洲金融危机后，交通基础设施建设成为我国“积极财政政策，扩大内需”投资重点的时候，铁路每年的基本建设投资仅维持在年 500 亿元左右，不仅在“八五”就被公路超出，而且远远被公路甩在后面，2000 年铁路基本建设投资不到公路的一半(表 2-4)。尽管纵向比，铁路取得了很大成就，建成和改造以及开工建设了一批对国民经济全局有重要影响，在路网上起骨干作用的大能力干线及部分地区性辅助通道(包括南昆线、京九线、朔黄线、西安安康线、新荷兖石复线、水城株洲复线、哈大线电气化、南疆线、邯济线、内昆线、粤海通道、芜湖长江大桥等)，进行了三次大提速；但是横向比，没有抓住有利发展的大机遇，落后于其他运输方式的快速发展。

二是公路、水运、民航、管道建设发展继续加快。随着改革开放政策的深入和我国经济体制从计划经济向有计划的商品经济接着向社会主义市场经济发展转变，极大地激发了各行各业、各地广大人民群众发展经济、生产致富的热情，乡镇工业、城乡经济、商品流通进入了异常活跃的发展阶段，各地对解决交通不足、质量差、速度慢等问题的要求非常强烈，“要想富先修路”成为各地的共识和广大农村地区脱贫的先决条件。在交通相关机制和政策的支持下，各地对建设公路、港口的积极性高涨；在已建成高速公路项目所体现出来巨大经济和社会效益的彰显下，社会各界对修建高速公路也逐步认同；在交通部“三主一支持”和五纵七横国道主干线的前瞻性规划和部署下，并在投资补助（来源于车购费资金）和收费还贷、经营权转让等相关政策的支持配合下，高速公路（90年代前中期相当部分称为汽车专用路）、港口的建设投资规模不断增大，发展速度加快；在十四大明确了社会主义市场经济体制和使市场机制在社会资源配置中发挥基础性作用的思想指导下，社会资金加速流向了建设期相对较短、见效快、能够独立运营管理和收回投资的公路、港口等交通项目；在这些因素的共同作用下，公路和港口进入了快速发展期。1997年亚洲金融危机后，公路更是成为我国基础设施建设的投资重点，在国债投资、银行贷款等各方面资金的支持下，全国公路基本建设投资一下子从1996年的668.66亿元跃升到1998年的1500多亿元和2000年的1700多亿元（表2-4）。至2000年，公路总里程（不含村道）达到了168万km，其中高速公路里程达到了16314km（表2-5），居世界第二位，实现了历史性的跨越。与此同时，民航在管理体制改革与机制创新下，获得了较快发展，其中，“八五”期间民航基本建设投资122亿元，技术改造投资61亿元；“九五”期间民航基本建设投资增至680亿元，技术改造投资达126亿元。建成了上海浦东等枢纽机场，新建、迁建、改扩建了一批特大城市、大城市的干线机场，发展了一部分支线机场，初步改变了我国民用机场基础设施较为落后的局面。管道方面，随着油气开发，管道网建设也获得了较快发展，建成了库尔勒—鄯善等原油管道和陕京一线等天然气管道，10年间共增加输油（气）管道里程8800km。

20世纪90年代各种运输方式基本建设投资（单位：亿元） 表2-4

年份	交通运输基本建设投资	铁路	公路	水运	航空	管道
1990年	204.25	87.09	73.96	55.35	7.35	2.88
1991年	237.45	130.36	90.73	60.07	8.65	2.04
1992年	374.63	266.69	181.10	77.68	11.37	7.66
1993年	687.53	363.45	320.00	92.08	22.46	1.47
1994年	952.88	365.52	467.25	121.90	33.87	2.66
1995年	1106.06	368.40	597.34	137.85	45.73	119.70
1996年	1185.01	387.65	668.66	127.74	59.85	3.92
1997年	1465.14	562.45	907.25	135.26	64.13	5.68
1998年	2317.60	558.51	1511.61	134.27	102.46	5.46
1999年	2306.64	87.09	1540.74	144.46	56.10	10.47
2000年	2372.19	130.36	1731.30	130.97	57.40	21.57

资料来源：《中国统计年鉴》、《全国铁路统计资料汇编》、《全国交通统计资料汇编》、《中国民航统计年鉴》，管道数据摘自《中国交通运输发展改革之路》（综合运输研究所，2009）。

20 世纪 90 年代各种运输方式里程数(单位：万 km)　　表 2-5

年份	铁路营业总里程	公路		沿海主要港口		民航		油气管道
		总里程	其中：高速公路	泊位数	其中：万吨以上泊位数	航班使用机场数	航线里程*	
1990 年	5.34	102.83	0.0522	967	284	110	85.24	1.59
1991 年	5.34	104.11	0.0574	968	296	106	82.14	1.62
1992 年	5.36	105.67	0.0652	1007	342	98	112.39	1.59
1993 年	5.38	108.35	0.11	1057	342	104	122.19	1.64
1994 年	5.90	111.78	0.16	1056	359	131	135.55	1.68
1995 年	6.24	115.70	0.21	1263	394	139	142.06	1.72
1996 年	6.49	118.58	0.34	1282	406	142	163.37	1.93
1997 年	6.60	122.64	0.47	1330	449	121	185.87	2.04
1998 年	6.64	127.85	0.87	1321	468	142	218.26	2.31
1999 年	6.74	135.17	1.16	1392	490	142	224.49	2.49
2000 年	6.87	168.00	1.63	1455	526	142	222.96	2.47

资料来源：《中国统计年鉴》、《全国交通统计资料汇编》、《中国民航统计年鉴》。

注：*民航航线里程含重复里程。

这一期间发展综合运输的思想和政策的主要作用与贡献是：使综合运输体系建设得到了广泛共识并成为交通运输发展的目标；促进了各种运输方式共同加快发展，尤其是高速公路实现了历史性跨越，而且在公路原有功能定位的基础上发展了新的功能定位，成为全国干线骨架网络和综合运输通道的重要组成；促进了交通基础设施总体数量规模较大幅度增加和质量改善，交通总体基础和适应能力增强，到 20 世纪末总体上初步缓解了对国民经济的“瓶颈”制约。综合运输发展的思想还使交通运输在发展认识上有了较好的理论和思想基础，在布局规划上有了较多建设项目的储备，成为承接积极财政政策的主要投资对象，加快了交通基础设施网络的发展和整体发展水平的提高。

（四）进入 21 世纪至今对交通网络发展的促进作用

这一时期，从 20 世纪 90 年代后期积极财政政策启动后的新一轮大规模交通基础设施建设，逐步进入了全面加速发展的网络完善与现代化建设阶段。交通运输在工业化、城市化中的基础性、先导性作用进一步被认识，各种运输方式协同发展、构建综合运输大通道、满足多样化的交通运输需求和在发展中优化结构、加强一体化运输服务系统建设、发挥组合效率和提高服务水平等综合运输发展理念进一步得到认同和在规划中得到体现。这一时期是我国交通运输基础大幅加强，运输能力和现代化水平大幅提高，由制约国民经济发展到基本适应的综合运输大发展时期。

经过20世纪改革开放以来的持续建设发展，我国交通基础有了很大的改善和加强，尤其是公路、水运、航空的规模和实力与以往相比显著提高，与铁路一道成为综合运输体系的重要组成方式，高速公路、航空在通道中的功能作用明显。在实施积极财政政策的这些年中，各地政府进一步认识到交通建设投资对拉动GDP和改善经济发展环境的重要作用，投资热情高涨，大规模修编原有规划和提高项目技术标准，提前项目建设时间。继积极财政政策后，我国又于2000年明确了实施西部大开发战略，2001年加入了WTO，较快地摆脱了亚洲金融危机的影响，国民经济重新回到了较快的上升轨道；随着工业化、城镇化进程加快，尤其是在重化工业快速发展拉动下，以及小汽车进入家庭的加速，客货运输量大幅增长，港口集装箱吞吐量和铁矿石、原油等大宗物资进口量呈高速增长状态，“十五”中后期出现了能源运输紧张状况。交通业界和政府部门进一步认识到加快各种运输方式网络的布局完善，构筑综合运输大通道，建设发展大能力交通基础设施的重要性和必要性。为了适应加快发展的新形势和未来总体布局的需要，在构建综合运输体系发展思想的指导下，2004年国务院先后通过了《国家高速公路网规划》和《中长期铁路网规划》以及《长江三角洲、珠江三角洲、渤海湾三区域沿海港口建设规划》，2006年通过了《全国沿海港口布局规划》，2007年通过了《综合交通网中长期发展规划》和《全国内河航道与港口布局规划》、《民航机场布局规划》，2008年根据铁路发展的新形势和贯彻科学发展观、可持续发展的要求又对《中长期铁路网规划》进行了调整，使各种运输方式的发展和大规模的建设投资有了更加明确的长远方向和重点，对综合运输体系框架的加快构建形成起到了积极促进作用，同时，也为此后应对2008年国际金融危机国家采取“保增长、扩内需、调结构”的4万亿元投资提供了承接基础，再次抓住了交通发展的机遇，加快了交通网络完善和现代化建设的进程。

由于各种运输的体制机制不同，投(筹)融资渠道和资金规模不同，在发展速度和进入大发展的时间上存在较大差异。

1. 公路

延续20世纪末的加速发展趋势，基本建设投资继续大幅增长，从2000年1700多亿元增长到2007年的6500多亿元，2009年更是增加到了9600多亿元(表2-6)，2010年全年交通投资水平(包括水运)达到了1.2万亿元，创历史新高。在此期间，国家高速公路网和省市级主要高速公路项目逐步全面展开，同时加大了西部公路网和农村公路的投资建设以及国省道干线的改造升级，2007年“五纵七横”国道主干线基本建成，比原规划提前了13年，到2010年全国高速公路通车里程由“九五”期末的1.63万km和“十五”期末的4.1万km发展到了7.4万km，2010年一年新增高速公路9200km左右，全国公路网总里程达到了398.4万km(表2-7)。

2000 年～2010 年各种运输方式基本建设投资(单位：亿元) 表 2-6

年　份	交通运输基本建设投资	铁路	公路	水运	航空	管道
2000 年	2372.19	517.54	1731.30	130.97	57.40	21.57
2001 年	3468.73	515.67	2732.75	220.52	101.61	7.06
2002 年	4056.16	623.53	3261.79	217.88	91.80	1.27
2003 年	4610.24	528.64	3777.44	342.34	107.80	143.46
2004 年	5822.75	531.55	4747.51	543.69	107.80	107.02
2005 年	7146.29	880.18	5523.07	879.92	212.00	79.60
2006 年	8609.07	1542.20	6273.25	1034.90	314.50	71.30
2007 年	9212.18	1789.99	6568.30	1151.47	457.10	—
2008 年	10711.15	3375.54	6959.10	1288.27	568.10	—
2009 年	—	6006.00	9668.80	1059.87	—	—
2010 年	—	7091.00	—	—	—	—

资料来源：《中国统计年鉴》、《全国铁路统计资料汇编》、《全国交通统计资料汇编》、《中国民航统计年鉴》，管道数据摘自《中国交通运输发展改革之路》(综合运输研究所，2009)。

2000 年～2009 年各种运输方式里程数(单位：万 km) 表 2-7

年　份	铁路营业总里程	公路		沿海主要港口		民航		油气管道
		总里程	其中：高速公路	泊位数	其中：万吨以上泊位数	航班使用机场数	航线里程*	
2000 年	6.87	168.00	1.63	1455	526	142	222.96	2.47
2001 年	7.01	169.80	1.94	1443	527	143	222.43	2.76
2002 年	7.19	176.50	2.51	1473	547	141	229.65	2.98
2003 年	7.30	181.00	2.22	2238	650	148	237.25	3.26
2004 年	7.44	187.10	3.43	2438	687	137	278.08	3.82
2005 年	7.54	193.00	4.10	3110	769	142	272.45	4.4
2006 年	7.71	345.70	4.53	3291	883	147	288.89	4.81
2007 年	7.80	358.37	5.39	3453	967	152	328.95	5.45
2008 年	7.97	373.02	6.03	4001	1076	160	337.34	5.83
2009 年	8.60	386.08	6.51	4516	1214	166	333.06	6.91
2010 年	9.10	398.40	0.92	—	—	176	—	—

资料来源：《中国统计年鉴》、《全国交通统计资料汇编》、《中国民航统计年鉴》。

注：*民航航线里程含重复里程。

2. 港口

为适应内外贸各种物资运输快速增长的需要和发挥水运"两型"交通的优势，以集装箱泊位和铁矿石、原油、煤炭为主的大型码头建设进入快速发展，全面加强了沿海港口、内河港口以及航道的建设和改造，水运投资从2003年起实现了较大突破，从二百多亿元突增到了三百多亿元，此后每年以二百亿元左右的幅度持续增加，2009年达到了1000多亿元。沿海和内河规模以上港口万吨级以上泊位达到了1507个，其中10万t级以上泊位达到了164个，集装箱专用泊位从2000年的80个增加到了280个，港口运输通过能力成倍增长，现代化建设水平提高。

3. 铁路

在"十五"前中期，铁路建设资金来源并没有形成更大的突破，社会资金和地方政府投资并没有大规模进入，批准发行的铁路建设债券每年只有几十亿元，2001年~2004年铁路每年的基本建设投资额基本在500多亿元，在2004年铁道部提出了"政府主导、多元化投资、市场化运作"，构建多元投资主体，拓宽多种筹资渠道的铁路投融资改革后，在国家相关政策的支持下，2006年铁路基本建设资产投资才突破一千亿元，达到1500亿元。这期间，主要是围绕"八纵八横"铁路主通道的建设和强化改造，重点是加强西部通道和路网的布局建设(包括青藏铁路、宁西线、渝怀线、西安至安康铁路、万州至枝城铁路以及陇海铁路宝鸡至兰州段复线、株洲至六盘水铁路复线等)和既有干线铁路的改造提速以及煤炭外运通道的建设和扩能改造(包括朔黄的续建和大秦重载铁路的2亿t配套改造等)，着手在繁忙干线实行客货分线，建设客运专线与高速铁路，武广、郑西、石太、京津等一批客运专线和城际轨道交通项目相继开工建设。

从这20多年的综合运输发展来看，不是其他运输方式发展太快了，而是铁路发展太慢了，落后于国民经济的发展，能力紧张问题始终没有解决，成为综合运输体系的短板。业界和政府部门对铁路体制、投融资机制和渠道进行了大量的研究，对推进铁路体制改革、加快铁路发展的呼声和建议很多，铁路部门也深切认识到发展缓慢的问题，也在努力探索解决的办法和争取国家更大的支持。中央政府高度重视铁路的建设发展，在2004年国务院批准了《中长期铁路网规划》后，2005年党的十六届五中全会提出了"加快发展铁路"，由此掀起了铁路建设的新高潮。铁道部积极推进铁路投融资体制改革，全面推进合资建路，地方政府对于加大铁路网布局，改善和增加对外对内通道非常积极和支持，铁道部与31个省市自治区签订了加快铁路建设的战略合作协议，新线建设项目基本上都是与地方政府或战略投资者合资建设，同时国家在铁路建设债券发行额度上加大了支持力度，逐步形成了越来越多的政府与社会资金投资铁路、建设高铁的新局面。铁路基本建设投资在2006年突破千亿元后，2008年就超过了3千亿元，2008年国际金融危机爆发后，加快铁路建设被作为了拉动内需、促进增长的重要举措，2009年、2010年分别达到了6000亿元和7000亿元。"十一五"期间，全国铁路基本建设投资完成1.98万亿元，是"十五"投资的6.3倍；新线投产1.47万km，是“十五”的2倍；复线投产1.12万km、电气化投产2.13万km，分别为“十五”的3.1倍和3.9倍。全路复线率、电气化率分别达到41%、46%。在2007实施的第六次大面积提速和多条线路开行动车组列车后，2008年第一条设计时速350km的高速铁路—京津城际铁路和第一条设计时速250km的客运专线—合宁铁路投入运营，开启了中国铁路的“高铁时代”。至2010年底，全国投入运营的高速铁路已达8358km，每天开行动车组列车近1200列，其中投入运营的新建高铁达到5149km，既有线改造时速达200km以上的线路达3000km，居世界第一；铁路营业总里程达到9.1万km（表2-7）。与此同时，京沪、哈大、京石、石武等高铁正在加快建设，在建高铁里程达1.7万km。为完善铁路网布局和“十二五”期间基本建成高速铁路网，缓解运输紧张状况，加快符合我国国情的综合运输体系的构建形成，适应国民经济和社会发展的需要，奠定了较坚实的基础。

4. 民航

“十五”期间基本建设投资维持在100多亿元，2005年突破200亿元，中央和地方政府进一步加大了对机场建设的投入，2009年和2010年民航固定资产投资总额分别达到约600亿元和900亿元，形成了较快的建设发展势头，2009年底提出了民航强国发展战略。这一时期主要是以枢纽机场的改扩建工程和支线机场的建设为主，并向中、西部地区倾斜，相继完成了北京首都机场、上海浦东机场、广州白云机场等枢纽机场和天津滨海机场、呼和浩特白塔机场、武汉天河机场等一批大中型机场的扩建工程，开工迁建昆明机场，新建了一批支线机场，包括新疆喀纳斯、内蒙古二连浩特、黑龙江漠河、云南腾冲、四川康定、广西百色和福建三明等“老、少、边、穷”地区的支线机场，进一步改善了边远地区的交通出行条件，机场总体布局得到较大完善。至2009年全国用于运输的机场达166个，总体上初步形成了相对完善的全国机场布局，基本上适应了市场化的客货运输需求。

5. 管道

这一时期是我国输油气管道发展最快的时期，新疆投入使用的管道里程超过了以往的总和。2003年管道投资实现了突增，达到了140多亿元，先后建成西气东输一线工程、川气东送管道、陕京三线、中哈原油管道、中亚天然气管道、中俄输油管道等，开工建设了西气东输二线工程、中缅油气管道工程等。至2009年全国输油（气）管道里程达6.91万km,大大加强和保障了我国能源运输和经济安全。

6. 城市轨道

随着以大城市、城市群为主体形态的城市化发展，大城市的规模发展迅速，交通拥挤问题越来越严重，20世纪90年代以来，对城市综合运输的发展，建立立体交通体系的研究和建议越来越多，在认识和政策上逐步肯定了轨道交通在优化大城市空间结构，缓解城市交通拥挤，保护环境等方面的重要作用。进入21世纪以来，随着城市的迅速发展和城市交通急剧增长，在国家大力发展公共交通的政策支持和城市实力提高的保障下，我国城市轨道交通逐步进入了高速发展时期，成为世界上城市轨道交通发展最快的国家。截至2008年底，中国已有10个城市拥有共29条城市轨道交通运营线路(其中北京、上海各8条、广州4条、天津2条、大连、长春、南京、重庆、武汉、深圳各1条)，运营里程达到771km，年客运总量达22.1亿人次。2008年，中国在世界地铁排行榜(按地铁运营里程排名)中位列第三位，仅在美国和日本之后。自2008年下半年爆发全球金融经济危机以来，在国家投资4万亿元拉动内需的政策刺激下，进一步加大了基础设施建设力度，各大城市政府纷纷开始筹建轨道交通，掀起了"地铁热"，地铁项目的审批也进入了提速阶段。至目前，有30多个城市正在建设和筹备建设城市轨道交通，已获批复建地铁城市达到了28个，正在上报的有石家庄、太原、济南、乌鲁木齐、兰州等城市。至2010年底，全国城市轨道交通运营里程已达1400km，其中北京达到了336km，上海超过400km，逐步开始成为市区旅客出行的主要交通方式。

这一期间发展综合运输的思想和政策的主要作用与贡献是：在发展实践中促进了综合运输体系理论的不断充实和逐渐完善，为交通运输的大发展和综合运输体系框架的构建提供了较强有力的科学决策基础，指导了各种运输方式和综合交通网的中长期规划的编制，促进了各种运输方式网络的加快布局完善和交通运输能力的快速增强，总体上基本适应了国民经济增长；根据我国城市、人口分布广、密集和资源与产业分布不平衡的特点，以及铁路技术的新发展，尤其是高铁技术的逐渐成熟，进一步深入研究论证和明确了铁路在我国综合运输体系的地位和作用，促进了相关支持政策和措施的出台，加快了铁路发展和高速铁路建设的全面展开，正在和即将对区际大通道、城际通道的质量提升和交通的显著改善发挥重大作用；满足多样化交通运输需求，发挥组合效率和整体优势等现代综合运输体系发展的思想和理论，对构建由多种运输方式共同组成的大能力综合运输通道和现代化综合运输骨架网，以及高速公路、高速铁路、航空干线网络的形成与完善，在交通大发展的建设过程中发挥了重要指导作用，并促进了综合运输体系的建设发展方向和政策措施的更加明确和符合实际。

第二节　对协调发展和结构优化的促进作用

发展综合运输的思想和理论如果比较成熟，在有比较明确的目标和有效的引导或宏观调控手段配合下，可以较早地对交通基础设施的布局和网络结构进行影响和干预。当然，在网络非常稀疏、发展严重不足的情况下，虽然可能会对未来的框架基础产生一些影响，但很难明显地看出可比较的效果；只有当各种运输方式的基础达到一定的规模水平后，这种影响和调控的作用可能会更大一些，效果也会更显现一些。由于各国的自然地理条件和交通运输发展历程不同，没有成熟的综合运输体系理论，我国的综合运输体系的发展思想和理论也是随着交通运输各阶段的不断发展而逐渐形成和不断充实，与交通运输的发展过程紧密相连，实践发展与理论提升和指导实践是一种相互促进的不断上升过程。因此，在我国交通基础严重不足的早期，最主要的任务就是如何促进各种运输方式的更快发展，结构不是主要问题，也无法用未来的某一标准来衡量，在当时发展时期不同的层面和区域有不同的急切需求，所站的角度和利益观不同；只有随着交通运输发展逐步达到一定的规模和水平后，结构和结构优化问题才会越来越突出，需要加大引导和调控的力度来解决。

（一）20 世纪 80 年代前对协调发展和结构优化的促进作用

20 世纪 80 年代前和 80 年代初，我国整个交通运输基础都非常薄弱，各种运输方式基本上都是基础设施网络规模小、覆盖率低、线路质量差、运输装备不足、技术落后的状况，严重不适应国民经济的发展和人们出行的需要。虽然这一时期国家主要投资铁路、港口建设，公路由地方政府负责投资建设，除了国家对国边防公路安排一部分资金以外，地方政府主要采取“民办公助”、“民工建勤”等方式来修建公路，但铁路、港口发展也严重不足。由于基本交通都未解决，有很多地级市和县城没有铁路，有很多乡镇和农村不通公路，仍以肩挑背扛、畜力车作为运输的主要方式；而且当时执行的是计划经济，能投资到交通上的资金非常有限，基本上不存在多种运输方式同时布局的情况，竞争性和替代作用非常微小；因此，基本上不存在结构调整和结构优化的问题和条件。综合运输的研究工作基本上也都是按各种运输方式分别进行，重点主要是哪些线路更急迫、对物资运输影响更大、线路的合理走向布局和节省投资等问题，对总体布局规划和结构问题的研究几乎没有涉及或很少涉及；但在铁路与具体主要物资运输港口的协调发展(包括铁路通路建设和运输能力配套以及联运组织方案等)方面有相对较多一些的研究，发挥了一定的促进作用。

这一时期，各种运输方式执行的都是计划价格，由于铁路、水运的成本低、价格低，因此，有铁路、水运到达的地方，货物运输基本上都走铁路、水运，即使等待很长时间也是如此。铁路不仅主导陆路长途运输，还要承担大量沿线的短途客货运输；公路不仅缺少干线，而且路况差、运输工具技术性能低、速度慢、运输成本高，基本上是短途面上运输和为铁路、水运集散；各种运输方式的运输范围和功能界限重叠的很少，它们完成的运输量基本上体现着当时各种运输方式的基本技术经济特征和线路布局状况，所含竞争或可替代的部分很小。因此，尽管完成的运输量多少与各种运输方式网络发展水平和覆盖范围有直接关系，但基本上还谈不上方式间可比性、可竞争性的结构关系，仅能说明各自完成了在这种布局状况和发展水平下所应完成的运输量的部分或全部而已。表2-8和表2-9为该时期各特征年不同运输方式所完成的客货运输量。

20世纪80年代前不同运输方式的旅客运输量(单位：亿人、亿人·km)　　表2-8

年份		1960年		1970年		1980年	
客运量	合计	10.66	100%	13.01	100%	34.17	100%
	铁路	6.18	58%	5.25	40%	9.22	27%
	公路	3.25	30%	6.18	47%	22.28	65%
	水运	1.23	12%	1.58	12%	2.64	8%
	民航	0.00	0%	0.00	0%	0.03	0%
客运周转量	合计	883.55	100%	1031.05	100%	2281.34	100%
	铁路	674.02	76%	718.19	70%	1383.16	61%
	公路	146.01	17%	240.06	23%	729.50	32%
	水运	61.90	7%	71.01	7%	129.12	6%
	民航	1.62	0%	1.79	0%	39.56	2%

资料来源：《中国统计年鉴》。

20世纪80年代前不同运输方式的货运运输量(单位：亿t、亿t·km)　　表2-9

年份		1960年		1970年		1980年	
货运量	合计	133.57	100%	14.98	100%	54.22	100%
	铁路	6.72	5%	6.81	45%	11.13	21%
	公路	7.08	5%	5.68	38%	38.20	70%
	水运	3.25	2%	2.49	17%	3.84	7%
	民航	0.00	0%	0.00	0%	0.00	0%
	管道	—	—	0.00	0%	1.05	2%
货运周转量	合计	27217.66	100%	4146.71	100%	8494.70	100%
	铁路	2766.88	10%	3495.97	84%	5717.53	67%
	公路	132.47	0%	138.05	3%	764.00	9%
	水运	649.77	2%	512.34	12%	1520.76	18%
	民航	0.26	0%	0.35	0%	1.41	0%
	管道	—	—	—	—	491.00	6%

资料来源：《中国统计年鉴》。

（二）20 世纪 80 年代对协调发展和结构优化的促进作用

进入 80 年代后，随着改革开放后的经济快速发展和人们出行的增加，以铁路单一方式为绝对主导的运输模式，不仅愈发使得铁路运输更加紧张，通路能力不足、卡脖子路段增加等问题更加突出，而且也使得其他运输方式发展不足、不协调问题更加显现，旅客出门在途时间一般都比较长，除了铁路在途行程时间以外，两端交通少、衔接不方便是一个重要因素，如果不是在火车达到站的城市内，即使距离几十公里也往往需要提前一天出发或达到后多停留一天。港口方面，随着对外经济交往的增多，外贸运输量猛增，一方面港口泊位和装卸能力不足，另一方面为港口集疏运的铁路、公路配套不足，能力不足，造成压船压港状况非常严重。

从 80 年代初开始，政府部门和研究机构针对交通问题开展了大量的基础研究，一个重要的方面就是根据运输状况和经济体制的变化，加强了各种运输方式技术经济特征和运输结构的研究论证，通过交通运输技术政策等提出了铁路与公路运输的合理分工、铁路与水路运输的合理分工，这些思想与政策不仅为运输市场开放后运输能力得到较大发展的公路、水运提供了更大的市场空间，相应减轻了铁路短途运输任务的压力，使铁路能够腾出更多运输能力来完成中长途客货运输任务，而且为加强各种运输方式的协调发展，发展综合运输提供了理论基础，为加大公路、水运、航空等基础设施网络的布局和后来相关政策的出台提供了决策依据。该时期，在逐步形成的各种运输协调发展、发展综合运输的理论指导下，公路、水运、航空通过管理体制改革和在国家相关政策措施的支持下，加快了基础设施网络建设和运输业的发展，获得了较大成就。虽然发展仍然严重不足，基础设施总量规模还比较小，但一定程度上提高了基础实力，缩小了与铁路发展水平的差距，在整个交通运输业中的地位作用有了一定的提高，全国的交通运输发展模式也逐步转向了以铁路为骨干、公路为基础、其他运输方式相协调的发展模式上，形成了各种运输方式竞相发展的格局。

在交通基础设施总量和总运输能力较快增长的同时，各种运输方式间的网络规模结构比例（表 2-3）、完成的运输量结构比例产生了一定的变化（表 2-10 和表 2-11），铁路所占的比重开始下降，其他运输方式的比重开始上升。尽管由于各种运输方式的功能和服务范围不同，在同一区域竞争还很少，总量规模的对比并不能说明结构合理与否的问题，但至少可以说明各种运输方式的协调发展和互补作用有了一定的改善，而且由于铁路通路能力紧张，公路也在开始分担铁路的部分长途运输（如山西煤炭外运等）。对此，本研究特地采用具有可竞争性的干线规模作为结构变化的对比分析（表 2-12），而运输量由于缺少各种运输方式干线完成的运输量的较系统资料，无法进行类似的对比分析，只能从总运输量的对比需求中看出大致的趋势。

20世纪80年代不同运输方式的旅客运输量(单位：亿人、亿人·km) 表2-10

年份		1980年		1985年		1990年	
客运量	合计	34.17	100%	62.01	100%	77.25	100%
	铁路	9.22	27%	11.21	18%	9.57	12%
	公路	22.28	65%	47.65	77%	64.81	84%
	水运	2.64	8%	3.07	5%	2.71	4%
	民航	0.03	0%	0.07	0%	0.17	0%
客运周转量	合计	2281.34	100%	4433.61	100%	5624.86	100%
	铁路	1383.16	61%	2416.14	54%	2612.64	46%
	公路	729.50	32%	1724.88	39%	2620.32	47%
	水运	129.12	6%	175.87	4%	161.42	3%
	民航	39.56	2%	116.72	3%	230.48	4%

资料来源：《中国统计年鉴》、《全国交通统计资料汇编》。

注：1980年后水运运输量不含远洋运输量。

20世纪80年代不同运输方式的货运运输量(单位：亿t、亿t·km) 表2-11

年份		1980年		1985年		1990年	
货运量	合计	54.22	100%	73.91	100%	96.12	100%
	铁路	11.13	21%	13.07	18%	15.07	16%
	公路	38.20	70%	53.81	73%	72.40	75%
	水运	3.84	7%	5.67	8%	7.07	7%
	民航	0.00	0%	0.00	0%	0.00	0%
	管道	1.05	2%	1.37	2%	1.58	2%
货运周转量	合计	8494.70	100%	12797.01	100%	18066.78	100%
	铁路	5717.53	67%	8125.66	63%	10622.38	59%
	公路	764.00	9%	1693.00	13%	3358.10	19%
	水运	1520.76	18%	2371.20	19%	3451.10	19%
	民航	1.41	0%	4.15	0%	8.20	0%
	管道	491.00	6%	603.00	5%	627.00	3%

资料来源：《中国统计年鉴》、《全国交通统计资料汇编》。

注：1980年后水运运输量不含远洋运输量。

20 世纪 80 年代各种运输方式干线里程规模结构对比分析(单位：万 km)　　表 2-12

年　份	国铁+合资铁路	公路干线里程	等级航道+沿海	油气管道	10 万人以上航线(条)	铁/公/水/管
1981 年	4.69	1.46	7.33	0.97	—	34/10/50/6
1985 年	4.90	2.16	7.59	1.17	8	32/13/47/7
1990 年	4.89	4.65	7.80	1.59	28	28/24/40/8

注：公路干线里程为全国二级公路里程(含以上)。干线航道里程为深 1m 以上内河航道与沿海里程，为便于计算，沿海里程采用全国海岸线长度 18400km，而非各港口间航线长度的总和。民航干线航线这里指的是年客运量 10 万人次及以上的航线。

(三) 20 世纪 90 年代对协调发展和结构优化的促进作用

20 世纪 90 年代，随着经济的持续快速增长和规模的快速增大，产业的集中与广布同时发展，人们的出行随收入水平的提高而大幅增长。在交通需求总量规模快速增长的同时，一方面是干线交通运输强度不断增高，另一方面是各地对扩大交通线网覆盖面和提高通达度的强烈要求，交通运输对国民经济发展的影响和“瓶颈”问题越来越被深刻认识到。为此，国家进一步加大了对交通基础设施建设的支持力度，提出了加快交通干线建设和发挥各种运输方式优势，加快综合运输体系建设的发展方针。铁路加快了发展；公路、水运、民航等运输方式承继 80 年代形成的发展政策环境和势头，进一步发挥各级政府和各方面的积极性，进一步拓展建设资金来源渠道，发展速度进一步加快。在各种运输方式基础进一步加强、发挥各自优势的同时，各种运输方式的总量规模结构(表 2-5)和完成的运输量比例(表 2-13 和表 2-14)在 80 年代的基础上进一步变化，发展差距缩小，协调发展的格局进一步形成。在总量发展的同时，各种运输方式的协调配合得到有效加强，较大程度地改善了铁路对港口的集疏运，以及公路对铁路车站、机场、港口的配套衔接。

20 世纪 90 年代不同运输方式的旅客运输量(单位：亿人、亿人·km)　　表 2-13

年　份		1990 年		1995 年		2000 年	
客运量	合计	77.25	100%	117.22	100%	147.82	100%
	铁路	9.57	12%	10.27	9%	10.51	7%
	公路	64.81	84%	104.08	89%	134.74	91%
	水运	2.71	4%	2.35	2%	1.90	1%
	民航	0.17	0%	0.51	0%	0.67	0%

续上表

年份		1990 年		1995 年		2000 年	
客运周转量	合计	5624.86	100%	8994.56	100%	12254.91	100%
	铁路	2612.64	46%	3545.70	39%	4532.59	37%
	公路	2620.32	47%	4603.10	51%	6657.40	54%
	水运	161.42	3%	164.46	2%	94.38	1%
	民航	230.48	4%	681.30	8%	970.54	8%

资料来源：《中国统计年鉴》、《全国交通统计资料汇编》。

注：水运运输量不含远洋运输量。

20 世纪 90 年代不同运输方式的货运运输量（单位：亿 t、亿 t · km） 表 2-14

年份		1990 年		1995 年		2000 年	
货运量	合计	96.12	100%	121.97	100%	133.57	100%
	铁路	15.07	16%	16.60	14%	17.86	13%
	公路	72.40	75%	94.04	77%	103.88	78%
	水运	7.07	7%	9.79	8%	9.94	7%
	民航	0.00	0%	0.01	0%	0.02	0%
	管道	1.58	2%	1.53	1%	1.87	1%
货运周转量	合计	18066.78	100%	23792.15	100%	27247.66	100%
	铁路	10622.38	59%	12870.25	54%	13770.49	51%
	公路	3358.10	19%	4694.90	20%	6129.40	22%
	水运	3451.10	19%	5614.70	24%	6661.50	24%
	民航	8.20	0%	22.30	0%	50.27	0%
	管道	627.00	3%	590.00	2%	636.00	2%

资料来源：《中国统计年鉴》、《全国交通统计资料汇编》。

注：水运运输量不含远洋运输量。

在发展综合运输的思想指导下，干线网络建设方面，形成了“大通道”、“主骨架”的概念和发展思想，对构建各种运输方式完善的干线网络布局有了更深入的认识，对沿江、沿海布局建设铁路，主要通道内铁路、高速公路等多种运输方式同时布局逐步得到了认同，形成了综合运输大通道布局和建设发展的基础，对高速公路网的布局和加快推进建设形成了有力的支持。随着高速公路里程的增加和相关线路的连接贯通，高速公路与铁路互补的干线作用逐步显现；铁路也根据市场需求的变化，相应进行了生产布局和运输产品结构的调整，先后停办了一批小站的客运业务和货运业务，同时，以大面积提速为龙头，在旅客运输上推出了快速列车、夕发朝至列车、朝发夕至列车、城际列车、旅游列车，在货物运输上推出了大宗货物直达列车、快运货车等；在部分通道，公路与铁路形成了一定的互补式竞争局面。至"九五"末，各种运输方式干线里程规模结构中，铁路比例继续下降，公路比例提高较大(表2-15)。

各种运输方式干线里程规模结构对比分析(单位：万km)　　表2-15

年　份	国铁+合资铁路	公路干线里程	等级航道+沿海	油气管道	10万人以上航线(条)	铁/公/水/管
1990年	4.89	4.65	7.80	1.59	28.00	28/24/40/8
1995年	5.74	4.30	8.27	1.72	102.00	30/21/40/8
2000年	6.39	6.96	7.98	2.47	107.00	28/29/33/10

注：公路干线里程1990年为全国二级公路(含)以上里程，1995年及以后为国道二级公路(含)以上里程。干线航道里程1990年为深1m以上，1995年以后为内河等级以上航道里程，为便于计算，沿海里程采用全国海岸线长度18400km，而非各港口间航线长度的总和。民航干线航线这里指的是年客运量10万人次及以上的航线。

(四) 进入21世纪至今对协调发展和结构优化的促进作用

这一时期，是我国综合运输体系理论逐步形成和不断深化发展的时期，对我国交通运输的大发展和在发展过程中逐步实现结构优化发挥了重要指导作用。

一是通过大量的研究和实践总结，在世纪之初就指出了：虽然经过20世纪80年代、90年代的较快发展，各种运输方式的基础有了很大的加强，公路、水运、民航发展不足问题有了很大的改善，促进了协调发展与结构优化，以及初步缓解了对国民经济发展的严重"瓶颈"制约；但是，仅仅是阶段性的初步缓解，"瓶颈"制约因素没有得到根本消除，而且总体质量和技术水平低，区域间发展不协调，随着国民经济恢复较快增长和工业化、城市化进程的加快，交通运输依然紧张，必须继续进一步加快交通基础设施的建设，尤其是干线网络布局的完善。其为近十年的大发展提供了思想和理论基础，并落到了相关发展规划。《综合交通体系发展"十五"重点专项规划》提出了"深化改革，扩大网络，优化结构，完善系统，提高质量，开发西部"的发展方针；《"十一五"综合交通体系发展规划》提出了"必须紧紧抓住战略机遇期，优先发展交通运输业，加快交通现代化建设步伐，从被动适应逐步转向对国民经济的先导促进作用，以满足经济社会快速发展和经济总量规模上新台阶对交通运输发展的需求"的发展思想。在以上思想指导下，通过"十五"、"十一五"期的大规模建设，我国交通基础设施总量规模和运输能力又上了一个大台阶(表2-7)，除了铁路运输仍然较为紧张以外，其他运输方式总体上基本适应了客货运输增长的需要。

二是在综合运输体系理论与发展理念中贯彻落实了可持续发展和科学发展观的思想，

对结构优化、节约资源、环境保护等问题进行了不断深入研究，提出了要建设符合我国国情特点和资源约束条件的资源节约型、环境友好型的现代化综合运输体系，必须加快铁路发展和铁路干线网络的布局完善，必须大力发展城市公共交通和加快特大城市轨道交通网的布局建设，并加强了对铁路发展滞后问题和加快铁路发展的相关政策措施的研究。有力地促进了铁路在“十五”后期和“十一五”期间的跨越式大发展，尤其是区际、城际高速铁路建设的全面展开；对综合运输体系结构的改善和优化起到了很大的作用，并继续影响着“十二五”和未来的发展结构。至2010年，各种运输方式干线里程规模结构见表2-16，铁路比例虽然仍呈下降趋势，但下降已开始减缓；各种运输方式完成的客货运输量比例见表2-17与表2-18。

各种运输方式干线里程规模结构对比分析(单位：万km)　　表2-16

年　份	国铁+合资铁路	公路干线里程	等级航道+沿海	油气管道	10万人以上航线(条)	铁/公/水/管
2000年	6.39	6.96	7.98	2.47	107	28/29/33/10
2005年	7.06	9.82	7.92	4.40	267	25/33/27/15
2009年	8.12	13.28	7.99	6.91	429	23/36/22/19

注：从2008年起，国家铁路开始包括国家控股合资部分。公路干线里程为国道二级公路(含)以上里程。干线航道里程为内河等级以上航道与沿海里程，为便于计算，沿海里程采用全国海岸线长度18400km，而非各港口间航线长度的总和。民航干线航线这里指的是年客运量10万人次及以上的航线条数。

21世纪不同运输方式的旅客运输量(单位：亿人、亿人km)　　表2-17

年　份		2000年		2005年		2009年	
客运量	合计	147.82	100%	184.63	100%	297.62	100%
	铁路	10.51	7%	11.56	6%	15.25	5%
	公路	134.74	91%	169.74	92%	277.91	93%
	水运	1.90	1%	1.95	1%	2.15	1%
	民航	0.67	0%	1.38	1%	2.31	1%
客运周转量	合计	12254.91	100%	17458.11	100%	24826.73	100%
	铁路	4532.59	37%	6061.96	35%	7878.90	32%
	公路	6657.40	54%	9292.10	53%	13511.44	54%
	水运	94.38	1%	59.12	0%	61.15	0%
	民航	970.54	8%	2044.93	12%	3375.24	14%

资料来源：《中国统计年鉴》、《全国交通统计资料汇编》。

注：水运不含远洋运输量，2008年后交通运输部对公路运输量进行了统计修正调整。

21 世纪不同运输方式的货运运输量(单位：亿 t、亿 t·km) 表 2-18

年份		2000 年		2005 年		2009 年	
货运量	合计	133.57	100%	181.35	100%	277.44	100%
	铁路	17.86	13%	26.93	15%	33.33	12%
	公路	103.88	78%	134.18	74%	212.78	77%
	水运	9.94	7%	17.11	9%	26.73	10%
	民航	0.02	0%	0.03	0%	0.04	0%
	管道	1.87	1%	3.10	2%	4.56	2%
货运周转量	合计	27247.66	100%	41706.73	100%	82608.50	100%
	铁路	13770.49	51%	20726.03	50%	25239.00	31%
	公路	6129.40	22%	8693.20	21%	37188.80	45%
	水运	6661.50	24%	11120.60	27%	18032.50	22%
	民航	50.27	0%	78.90	0%	126.20	0%
	管道	636.00	2%	1088.00	3%	2022.00	2%

资料来源：《中国统计年鉴》、《全国交通统计资料汇编》。

注：水运不含远洋运输量，2008 年后交通运输部对公路运输量进行了统计修正调整。

三是进一步完善了通道理论，更加重视适度超前性和大能力的建设需要，更加重视功能组合与互补和满足多样化的交通运输需求，为高速公路网、高速铁路网的合理布局和完善提供了思想和理论基础，促进了干线通道的高技术等级配置和综合运输大通道的构建发展，对交通运输整体结构水平的提升和现代化建设发挥了重要的指导作用。

四是在发展中进一步促进了各种运输方式的协调发展和区域间的平衡。一方面是促进了各种运输方式在规划制定与实施中更加重视综合运输体系的建设，加强了相互间的沟通、协调与配合，如加强了铁路与港口，公路与铁路车站、机场、港口的集疏运网络配置与衔接等，同时，各种运输方式根据西部大开发战略，加强了西部地区以及西部地区对外通道的交通基础设施布局建设，促进了区域间的协调发展(表 2-19、表 2-20、表 2-21)；另一方面是随着基础规模的扩大和基本交通网络布局的逐步完善，使得各种运输方式更具有条件和能力来加强协调发展，包括项目布局规划、建设时间、能力规模等方面的协调。总体上，与以往相比，这十年协调发展方面有了很大的改进，随着体制机制的改革，今后将更有条件和基础将问题解决得更好。

2000 年～2009 年东中西部地区铁路里程增长(单位：万 km)　　表 2-19

年份 / 地区	2000 年	2005 年	2009 年	9 年增长
东部地区	1.67	1.76	2.62	57.04%
中部地区	1.98	2.08	2.65	33.72%
西部地区	2.21	2.38	3.28	48.15%

资料来源：根据《中国统计年鉴》、《全国铁路统计资料汇编》整理。

2000 年～2009 年东中西部地区公路里程增长(单位：万 km)　　表 2-20

年份 / 地区	2000 年	2005 年	2009 年	9 年增长
东部地区	48.76	64.21	122.12	150.43%
中部地区	36.12	50.81	113.52	214.28%
西部地区	55.39	78.03	150.45	171.64%

资料来源：根据《中国统计年鉴》、《全国交通统计资料汇编》整理。

注：公路里程为不含村道的里程。

2000 年～2010 年东中西部地区机场数量增长(单位：个)　　表 2-21

年份 / 地区	2000 年	2005 年	2010 年	10 年增加
东部地区	58	50	62	4 个
中部地区	25	28	33	8 个
西部地区	59	64	81	22 个

资料来源：根据《中国民航统计年鉴》等整理。

第二节　对一体化运输服务系统建设的促进作用

长期以来，由于我国交通运输，尤其铁路运输始终处于供不应求的紧张状态，以及管理体制等原因，各种运输方式都是在不断强化和完善自身的运输服务系统，强化自我主导的扩张发展模式。在铁路卖方市场和大一统政企不分的状况下，运输市场架构难以较大突破以各运输方式各自分割的模式，并由于运输链构成的关键运输方式缺乏足够的激励动力和存在较多的障碍，运输服务系统几乎无法按多运输方式联合、经济、高效、共赢的全程服务运输链的方式进行构建和有效推进；而且，政府从20世纪90年代后重心在于交通基础设施建设，对于运输市场整体架构和规则、标准、法规、监管等市场体系建设重视不足、研究不够、推力不大。因此，综合运输体系重要内容之一的一体化综合运输服务系统建设一直没有取得较大的突破，与交通基础设施的快速发展和运输能力的大幅提高形成较大的反差，运输服务水平和整体效率的提升受到了很大的制约。

虽然实际发展的总体状况是这样，但不是说市场不需要一体化综合运输服务系统；"一站式"全程服务、多种运输方式组合降低运输成本、零距离换乘、无缝衔接等都是市场对客货运输服务的愿望和要求。20世纪我国在联运方面做了很多工作，以求更好地适应客货运输市场发展的需要，尽管受条件限制，没有全面开展起来，但在局部和某些方面还是取得了较好的成效。目前，一体化综合运输服务系统没有秉承开展联运的要求(物理连接和逻辑连接)很好地建立起来，主要是主管部门职责缺位，重基础设施建设，轻运输组织与服务，重项目审批，轻运输市场管理。由于一体化运输服务的经营与合作的开展涉及制度和公共平台等经营环境建设，这些都是需要政府负责或牵头加以推动的，难以由企业自身来建立。因此，今后的建设发展离不开政府更大力度的推动与扶持，需要政府加强和完善相关制度、规则、标准、法律法规等方面的建设，以及引导和促进各种运输方式枢纽站场的一体化整合和枢纽总体布局规划的调整优化等，同时需要加大枢纽站场建设的支持力度。

(一) 20世纪80年代前的联运组织开展

20世纪50年代至80年代初，执行的是计划经济，没有市场竞争，运输企业都是公有制。由于运输基础薄弱、运输能力紧张，主要是围绕着铁路、水运、公路建立一张统一的运输网进行运输生产力布局和运输生产调度。为了节约处于紧张状况的运力和降低运输成本，以及使既有设施能完成更多的运输量，积极组织开展水陆联运、铁水联运。50年代中后期，首先出现上海至秦皇岛的水陆联运百杂货定班定线运输，线路涉及辽宁西部、内蒙古、沈阳、长春、哈尔滨、唐山、承德等地。60年代初，上海海运局、上海港务局、秦皇岛港务局和铁路局首先组织申秦百杂货水陆联运"一条龙"；1965年，上海—大连百杂货"一条龙"运输线开始成型。70~80年代，在北方沿海航区重点发展上海—天津(塘沽)和上海—青岛百杂货一条龙运输线，南方沿海航区发展上海—温州、上海—福州、上海—厦门等百杂货一条龙运输线；至80年代初，北方沿海3条百杂货一条龙运输线年运量约10万t；其他地区也开展了相类似的联运线。60年代，还开展了煤炭等大宗货物的联运组织研究和相关方案实施，如《淮(南)—裕(溪口)—申(上海)煤炭铁水联运方案》、《徐(州)—浦(口)—申(上海)煤炭铁水联运方案》课题研究，编制了联运运行图和组织实施方案(包括铁路和长江水运运力配置、联合运输组织形式等)，并在运行实验成功的基础上形成了重要的运输组织方式，取得了明显效果。

(二) 20 世纪 80 年代的煤炭铁水联运开展和集装箱联运的起步

为推动联运事业的发展，70 年代末至 80 年代中期，国家经委曾先后起草和会同有关部、委联合颁发了《关于进一步开展联合运输的通知》、《联合运输工作条例》、《干、支线货物联运条例》等三个政令性文件；1986 年，国家经委、国家计委、财政部、铁道部、交通部又联合下发了《印发〈关于发展联合运输若干问题的暂行规定〉的通知》(经交〔1986〕235 号文件)，对全国联运工作的开展起到了积极的推动作用。1979 年，上海海运局使用上海港设计制造的船用集装箱投入申连"三、六、九"线试用，箱运量 80 ~ 90 箱；1980 年 2 月，申连"三、六、九"线集装箱水陆联运试运，上海港和东北的沈阳、长春、哈尔滨都用国家标准 BJ5 型 5t 集装箱等额对发；1981 年初，集装箱试运一度暂停，半年后恢复。随着外贸国际集装箱海运量的快速增长，为适应外贸运输发展的需要，80 年代末，交通部等部门组织了以上海港为龙头的国际集装箱运输系统(多式联运)工业性试验，1990 年 4 月交通部、铁道部颁布了《国际集装箱多式联运管理办法》。从 80 年代开始，山西、内蒙古等地成为华东和华南沿海地区的主要供煤基地，煤炭铁水联运是这时期发展的重点，是保障上海、广州等沿海工业较为发达地区对能源需求的关键。针对北煤南运问题，组织了对《阳(泉)—青(岛)—申(上海)煤炭水陆联运方案》、《大(同)—秦(皇岛)—申(上海)煤炭水陆联运方案》进行研究，编制联合运行图，制定车船对口、货不落地、车船直取方案，使联运组织更加科学化。如当时上海就有多条铁水联运的煤炭运输通道，即山西、内蒙古、陕西煤经大丰沙大、京秦铁路运至秦皇岛港下水，山西晋中和晋东南煤经石太、胶济铁路东运至青岛港下水，经新荷、兖石铁路运至石臼港下水，经海船运至上海港，然后通过铁路专用线、内河、公路运抵用户，还有一部分中转至江苏、浙江、福建等地。

(三) 20 世纪 90 年代的联运发展

在联运更好地服务于用户和不断取得成效的过程中，交通工作者和政府部门进一步认识到，联运是综合运输体系的重要组成部分，是现代交通运输发展的一种趋势，是适应社会主义市场经济的发展要求。1992 年，国务院生产办、交通部、铁道部、对外经贸部、海关总署联合下发了《关于加快发展国际集装箱联运的通知》，提出了加快发展国际集装箱联运，充分发挥集装箱门到门运输的优越性，提高门到门运输比重。今后在沿铁路、水路、公路干线上的大中城市及其附近地区，对具有比较稳定的进出口货源，有装卸接运能力，当地有办理国际集装箱的中转站，并设有"一关三检"机构的地方，应积极组织开展国际集装箱联运，促使进口集装箱从沿海口岸向内地延伸，出口货物就地装箱外运，建立国际集装箱联运线。"八五"期间，重点抓好大连—沈阳—长春—哈尔滨、天津—北京—呼和浩特—包头、天津—石家庄—郑州—西安(宝鸡)、青岛—潍坊—淄博—济南—济宁—郑州、上海—南京—九江—武汉、上海—苏州—无锡—常州、上海、连云港—徐州—郑州—西安—成都、上海—嘉兴—杭州、广州、深圳—长沙—武汉—郑州等国际集装箱联运线。1996 年，国家经贸委印发了经征求国家计委、铁道、交通、民航、内贸、外经贸等有关部门意见后的《"九五"全国联运发展纲要》，提出了进一步推动我国联运事业持续、快速、健康发展的要求。对联运进行了界定：按照货主或旅客的需要，通过两种以上(含两种)运输方式或两程以上(含两程)运输的衔接，提供一票到底、全程负责的运输服务。联运包括大宗货物的干线联运、散杂货物的干支线联运、集装箱联运和旅客联运等，集装箱多式联运是我国联运的重点发展方向。"九五"期间将重点健全全国大宗货物水陆干线联运协调制度，加快建设集装箱内陆集疏运系统，增设联运网点，培育一批具有国际竞争能力的多式联运经营人，大力发展各种运输方式客票联、代售业务等。

总体上，这期间煤炭铁水联运、进口铁矿石水水中转有了较大发展，取得了较好成效，保障了煤炭的北煤南运和进口铁矿石的供应。但是在其他货物运输上，由于铁路能力紧张，申请车皮难，受到了极大的制约；而且，随着铁路开办多经开展铁路货物运输延伸服务，公路与铁路的联运更是受到影响并走向衰退；海铁集装箱联运因各种原因也没有较大规模的开展起来。这一时期，联运发展仍处于低水平状态，主要表现在：全国性的联运网络尚未形成，联网联运规模小，综合优势未能充分发挥；大宗货物干线联运路、港、船衔接不够紧密，协调管理体系和规章制度很不健全；联运市场缺乏有效的法规约束，监督管理滞后，不具备公平有序的竞争机制；联运基础设施落后，集装箱内陆集疏运系统薄弱。但是，在这一时期，物流业开始步入发展阶段。

(四) 进入 21 世纪至今的一体化运输服务系统建设

随着交通条件的不断改善和社会生产生活节奏的加快，人们对交通运输的便捷性、"门到门"的运输服务及质量的要求也越来越高，综合运输体系的内涵也不断丰富，不单只注重交通基础设施的布局与结构等硬件建设，更加体现了"以人为本"和交通运输是为人服务等人性化思想。"零距离换乘、无缝衔接"发展理念的引入，以及物流业发展给人们带来便利和新的运输组织管理理念等，社会各界对各种运输方式的一体化衔接和提供"一站式"全程运输服务的愿望和呼声越来越高。2001 年《国民经济和社会发展第十个五年计划纲要》提出了"建立健全畅通、安全、便捷的现代综合运输体系"，2006 年《国民经济和社会发展第十一个五年计划纲要》提出了"建设便捷、畅通、高效、安全的综合运输体系"，突出了对便捷的要求。罗仁坚在《我国现代综合运输体系框架研究》(2003)中对现代综合运输体系的定义是"指符合于一个国家或地区的经济地理特征，适应社会经济发展和人们生活水平提高的要求，各种运输方式分工协作、优势互补、结构优化，在现代装备技术和信息技术的支持下，实现物理上、逻辑上一体化衔接的现代化交通运输系统的有机整体"，强调了物理上、逻辑上的一体化衔接。这些理念和思想促进了在规划编制、项目和资金安排、行业管理、政策制定等方面对一体化衔接、运输服务、枢纽站场建设的更多重视和投入。

在《综合交通体系发展"十五"重点专项规划》中，提出了建立以北京、上海、广州等中心城市为核心，连接主要省会城市的城间旅客快速运输系统，重视城市客运枢纽的建设，特别是大城市、特大城市的市内运输与城间运输的配套衔接工程；充分发挥各种运输方式优势，加强协调配合，建立集装箱多式联运系统，注重集装箱运输场站、运输装备以及集装箱运输管理信息系统建设；建设完善大宗散货运输系统和特种物资运输系统；在市场机制较完善、交通基础设施较发达的地区，推进现代物流系统的形成。《铁路第十个五年计划》提出了以改善货物运输质量，提高货物送达速度，开展多式联运，实现门到门运输，提高经济效益及竞争力为目标，在继续扩大开行直达快运、"五定"班列、行包专列的基础上，依托"八纵八横"路网主通道，加强集装箱场站建设，扩大集装箱保有量，发展集装箱专用车辆，研究和建设双层集装箱运输通道，初步形成集装箱运输系统。《中长期铁路网规划》规划了建设上海等 18 个集装箱中心站，以及 40 个左右靠近省会城市、大型港口和主要内陆口岸的集装箱专门办理站；提出了按照综合交通枢纽布局和城市发展规划，加强主要客货枢纽建设，注重与城市轨道交通等公交系统以及公路、民航和港口等其他交通方式的衔接，实现旅客运输"零距离换乘"、货物换装"无缝衔接"和交通运输一体化。

《"十一五"综合交通体系发展规划》提出了重点建设以集装箱干线港为核心，各种运输方式协调发展和有机衔接的集装箱运输系统；加快建设铁路 18 个集装箱中心站，推动双层集装箱通道建设，提高铁路集装箱整列到发、装卸和中转能力，发展固定集装箱班列，提高送达速度；继续支持主要港口集装箱港区集疏运系统建设，进一步提高通行能力，加强公路主枢纽场站有关设施的建设和整合，发展集装箱枢纽站或物流中心；加快制定有利于集装箱多式联运的统一标准，全面推进 EDI 系统（电子数据交换系统）建设，促进集装箱多式联运的发展。

在以上规划和思想的指导下，一是各种运输方式重视了相互间网络布局的协调衔接，加强了港口、铁路车站、机场的集疏运系统建设和能力配套，设施不配套、能力不足、衔接不畅的状况有了较大改善；尤其是城市交通与大型客货枢纽站场的衔接，各相关部门在思想上、主动协调方面有了根本性改变，在枢纽站场布局和城市交通规划中，相互间都把对方作为重要的配置条件/连接对象，城市交通与对外交通的一体化衔接已成为交通发展的重要原则。二是各种运输方式加强了枢纽站场建设，开始对部分枢纽站场进行一体化整合，提高了运输服务设施的现代化水平和能力，改善了服务条件，为联运和物流运输的开展，以及各种运输方式在信息和运输组织方面的衔接创造了一定的有利基础环境。这期间，铁路有 9 个集装箱中心站建成投入使用，成立了中铁快运、中铁集装箱、中铁联集等网络化运营公司，门到门小件快运和海铁集装箱联运逐步开展，到 2012 年全国 18 个铁路集装箱中心站将全部建成使用；集多种运输方式集中布局的上海虹桥综合交通枢纽建成投入使用，多个大型城市建成了公路客运站与铁路车站集中布局的综合客运枢纽；建成了北京朝阳口岸、郑州、石家庄、南昌、西安等一批内陆无水港，形成了“属地申报、区域大通关”和海铁联运、公路直通的运输组织关系；开始加强了物流园区与运输枢纽站场的整合和统一布局，以及成立了一批跨区域网络化运营的物流公司等。三是对未来的交通运输发展和规划形成了重要的思想引导，在国家发展改革委编制的“十二五”综合交通运输规划中，专门安排了枢纽和管理与服务的章节；交通运输部提出了“十二五”重点建设与铁路衔接的综合客运枢纽100个，在36个中心城市重点建设现代化综合客运枢纽，完善集疏运基础设施；积极支持运输站场向物流站场特别是物流园区转型，加强货运站场与物流园区规划衔接，改造、提升现有货运站场，发展内陆无水港，拓展服务领域和功能；积极发展多式联运以及集装箱、江海直达等先进的运输组织方式等。

（执笔人：罗仁坚、宿凤鸣）

第三章

我国综合运输体系发展现状和主要薄弱环节

内容提要：建设综合运输体系已被国家确定为我国交通运输发展的目标，而且也具备了较好的发展基础，但是由于没有总体框架的“顶层设计”指导和相应制度机制保障，在推进过程中遇到很多问题，包括各种运输方式在加快完善网络布局的过程中如何与综合运输体系的总体框架相结合，通道中各种运输设施的配置关系，责任约束机制等。

第一节　我国综合运输体系发展现状和存在的主要问题

（一）构建和发展综合运输体系的思想已确立，但综合运输发展的价值取向和总体战略目标有待进一步明确

1. 综合运输体系理论不断充实完善，发展综合运输已成为广泛共识

自从20世纪50年代我国提出发展综合运输，建设综合运输网络以来，随着交通运输的不断发展，对综合运输的认识和理论研究不断加深，内涵不断丰富和提升，从20世纪80年代前重点研究和解决运输组织、合理运输问题，到80年代重点研究和解决合理分工、协调发展问题及90年代重点研究和解决网络布局、通道规划建设等问题，直至21世纪以来体系结构、各种运输方式的衔接配合成为重点。在各发展阶段，综合运输体系的思想和理论在指导交通运输发展政策的制定，交通基础设施网络的规划布局与建设中发挥了重要作用，促进了我国交通运输整体更快发展，加快了交通运输落后状况的改善，成就巨大。

改革开放以来，在发展综合运输思想的指导下，积极进行了交通运输政策和体制上的改革，极大地促进了公路、航空、水运加快发展，使得综合运输网络规模不断扩大，总体运输

能力大幅提高，交通运输严重落后的状况得到较大改善，对各地区国民经济的发展和人员、物资交流等起到了极大的保障和促进作用。在实际效果彰显作用下，发展综合运输越来越被广泛认同，各地对各种运输方式的建设积极性非常高，力争以多种运输方式的综合发展来满足不断增长的交通运输需求，学术界对综合运输理论的研究和探讨也进一步活跃和深化。

随着交通基础设施基本网络布局的形成和交通运输对国民经济发展“瓶颈”制约的缓解，综合运输体系从以往大力加快各种运输方式建设为主要内容逐步加强了在发展过程中提升层次、优化结构、组合优势、一体化衔接的内容，在资源和环境条件约束下可持续发展的思想和模式选择越来越受到重视，比较系统性的综合运输理论已初步形成并正在不断完善，指导实践发展的作用不断增强。从交通运输发展的重要作用和对资源、环境的影响以及大规模的私人机动化带来的拥堵等各种问题的切身感受，面对工业化、城镇化快速发展所产生的不断增长的交通运输需求和资源环境压力，构建和发展综合运输体系已成为各级政府和交通运输业的广泛共识。

2. 构建和发展综合运输体系已成为我国交通运输发展的基本目标

随着对综合运输体系认识的不断加深，以及各种运输方式规模的不断扩大、基础实力的增强、方式间发展水平差距的逐渐缩小，面对我国的资源条件、人口因素以及经济社会发展对资源节约、环境友好的要求，以综合发展充分发挥各种运输方式的优势以及组合效率，最大可能地合理地利用资源、节约资源，已成为我国交通运输发展的必由之路。党和政府高度重视综合运输体系建设和发展，已将其作为交通运输体现国家意志的发展方式和基本目标。

党的十三大报告提出“加快发展以综合运输体系为主轴的交通运输业”，党的十七大提出“加强发展现代能源产业和综合运输体系”，十七届五中全会关于制定国民经济和社会发展“十二五”规划建议中进一步提出“按照适度超前原则，统筹各种运输方式发展，构建便捷、安全、高效的综合运输体系”。

《国民经济和社会发展第十一个五年规划纲要》提出“统筹规划、合理布局交通基础设施，做好各种运输方式相互衔接，发挥组合效率和整体优势，建设便捷、畅通、高效、安全的综合运输体系”。

《综合交通网中长期发展规划》和《“十一五”综合交通体系发展规划》，明确指出我国综合运输体系建设的长期目标是：以市场经济为导向，可持续发展为前提，建立客运高速化、货运物流化的智能型综合交通运输体系。《综合交通网中长期发展规划》的获准通过，标志着综合运输体系的建设已成为国家经济发展战略。

3. 综合运输体系发展的价值取向还不很明确

虽然构建和发展综合运输体系已成为交通运输发展的共识，但是对于构建怎样的综合运输体系还不很明确，各种运输方式都在抓紧机遇加快建设发展，缺少明确的统一主线，尤其是在结构调整、支持主导型运输方式优先发展方面还非常薄弱。在国家政府的有关规划文件中，基本上是口号式的定性表述，如“统筹规划、合理布局”，“建设便捷、畅通、高效、安全的综合运输体系”，但是，统筹规划、合理布局的科学衡量标准是什么，体系的结构应该体现什么样的主导思想等许多前置性的问题并不明确，导致对具体的发展路径和结果认识不一致，衡量标准不统一，战略目标和战略措施难以制定。

目前，许多的交通运输规划贯彻的发展理念不明确，没有突出结构性发展要求以及区域性的差别和侧重点，基本上是一种追随需求型的规划，主要是从交通运输自身的功能作用和运输的特性进行各种运输方式发展规划，对交通运输形成的资源利用，在有限的资源约束下可能满足人们追求出行的物质享受程度以及整个系统的运输效率、成本、环境等没有度量尺度，即科学发展观在交通运输发展规划与建设过程中的充分贯彻还需要有更加明确的交通运输发展理念和相应的衡量指标。

综合运输体系的结构模式和资源的消耗水平取决于其发展理念和与这种理念相配套的政策，因此，价值观非常重要，是衡量评价标准的重要依据。然而，至目前，对交通运输发展和综合运输体系建设具有极为重要影响的许多价值观方面的问题还不非常明确。如：

（1）是以资源保障交通基础设施网络充分发展，还是以资源、环境条件为约束，合理控制交通基础设施网络的发展规模。

（2）是以充分满足多样化、个性化的各种交通运输需求，还是以有效满足“运输”需求为主导，适度抑制个性化交通需求的大规模发展。

（3）是以效率效益为主要和优先选择，还是以均等化服务、区域协调发展为基本原则。

（4）是以高能耗支持的高速化、舒适性为主导发展模式，还是以经济性、大众化为主导，兼顾少部分高速化。

4. 综合运输体系发展的总体战略目标还不够明确

交通运输发展的战略目标是与国家的社会经济发展战略密切相关的，如《美国运输部2000～2005年战略规划》提出的战略目标：安全——努力消除与运输相关的死伤，提高公共健康安全；畅通——为所有人、货物和地区建造一个四通八达、满足需求和运行可靠的运输系统；经济增长——促进美国经济的持续增长；人与环境的和谐——保护和改善自然环境，减少运输对人类生存空间的影响；国家安全——保证运输系统的安全可靠，支持国家安全战略。我国在制定各种交通运输方式发展规划、综合运输体系发展规划时，常用基本适应、适应国民经济发展需要作为发展目标，但是除了运输能力规模以外，具体如何适应以及适应国民经济哪些方面的需要并不明确。如：

（1）在与国民经济发展的关系上，是以阶段性适应、跟随经济发展，还是以超前发展、先导发展，引导产业布局和人口分布为目标；是以各区域同等水平发展，还是以效率、效益为主要目标。

（2）在满足需求以及机动性方面，是以满足各种“交通”需求为目标，还是以有效满足“运输”需求为主导，兼顾多样化的交通出行选择为目标；是以各种运输方式充分、自由的发展为目标，还是以体系的结构优化、资源节约、突出主导型运输方式发展为主要目标。

(3) 在旅客运输方面，是以追求高速化、快速化系统为主要目标，还是以建立分层次的客运体系，以普遍快捷、可达性、高安全性为主要目标。

(4) 在货物运输方面，是以时间效率、快速化为主要目标，还是以建立经济型、低成本的货运系统为主要目标。

(5) 在经济安全保障上，是以多通路为主要目标，还是以资金和技术的高投入，系统的可靠性为主要目标。

(二) 已具备较好的综合运输体系构建与发展基础，但缺乏系统性"顶层设计"

1. 交通运输紧张状况基本缓解，总体能力基本适应国民经济发展对运输的要求，具备了进行结构调整优化的较好发展条件

交通运输作为国民经济发展的重要载体，沟通生产和消费，对国民经济的发展起着基础性和先导性作用。长期以来，我国交通运输发展总体落后，运输供给相对不足，运输能力全面紧张，严重制约着国民经济的发展。进入21世纪后，随着经济总量规模和建设规模的不断增加，国家进一步加大了对交通运输发展的政策支持力度和投资力度，各种运输方式自我发展能力不断提高，交通运输紧张状况基本缓解。铁路货运满足程度大幅提高，客运严重超员现象显著改善；公路运输快速发展，城市间和城乡间运输状况已基本改善；民航买票难、乘机难的状况有了根本性的好转，民航服务质量和水平有了很大提高，并逐步向国际规范靠拢；海港严重压船压货状况基本不复存在。

总体上看来，现阶段我国交通运输总体能力有了大幅度提高，各种运输方式能力不足的状况已基本缓解，能够基本支撑和基本适应当前水平下的国民经济和社会发展。同时，各种运输方式的快速发展，不仅使交通运输严重短缺的不适应状况得到根本性改善，而且在一定程度上增强了各种运输方式之间合理分工、协调发展的基础条件和实力，为进行多种运输方式的合理配置，组合结构优化，共建一体化运输服务体系，发挥总体优势创造了有利条件和基础。

2. 各种运输方式总体网络布局形态已基本成型，具备了按比较优势、可持续发展要求进行综合运输发展的条件

经过改革开放以来30多年的发展，我国各种运输方式的基础实力逐渐增强，交通基础设施规模不断增加，交通运输网络的基本骨架和总体布局形态已初步形成。目前，我国公路"五纵七横"国道主干线已顺利建成，国家高速公路"7918"网规划也正在实施建设中，在全国范围内基本形成了"首都连接省会、省会彼此相通、连接主要地市、服务全国城乡"的高速公路骨干网络。与其同时，"八纵八横"铁路主骨架已基本形成，"四纵四横"铁路客运专线干线系统建设也正快速推进，铁路基础设施网络日趋发达和完善。此外，国家公路运输枢纽、铁路客货编组站和集装箱中心站、民用航空机场、全国沿海和内河港口枢纽等基础设施也在大规模地建设中。"五纵五横"综合运输通道和大枢纽格局已初步形成。

从运输网络结构看，目前基本形成了点、线、面相衔接，干支层次清晰，分工日趋明确，集疏运衔接配套的客货运输系统。在长期的运输网络布局中逐步构建了东部沿海、沿长江、京沪、京广客货运输大通道和南北能源运输大通道，形成了围绕环渤海、长江三角洲、东南沿海、珠江三角洲和西南沿海地区五大港口群体，以北京、上海、广州等枢纽机场为中心的机场体系，承担了我国客货运输的主要任务。各种运输方式的优势得到进一步发挥，运输机动性、承载能力和可靠性明显提高，交通运输发展也逐步由注重路网规模的扩张，转向注重资源、环境约束下的可持续发展以及区域的协调发展，具备了按比较优势、可持续发展要求进行综合运输发展的基本条件。

3. 各种运输方式实力差距不断缩小，形成了一定的市场竞争，具有多方式协作、联合，建设一体化综合运输系统的客观要求

从交通运输发展历程来看，我国交通运输的发展已经逐步从以铁路为主的比较单一的发展模式转向了以铁路为骨干、公路为基础、其他运输方式相协调的发展模式上，形成了各种运输争相发展的局面，加快了我国交通运输的总体发展。随着各种运输方式基础实力的逐步增强以及自我发展能力的不断提高，各种运输方式发展水平差距开始缩小，这不仅增强了各种运输方式相互配合的互补性，而且形成了一定程度的发展竞争，为发展综合运输创造了较为有利的发展基础和条件。

由于不同运输方式具有不同的技术经济特征并适应不同层次的需要，同时各种运输方式在一定范围内又具有可替代性，处于相互竞争的关系，因此客观上需要以体系框架结构优化为目标进行各种运输方式交通运输资源的优化配置，发挥各自的比较优势，实现系统的整体高效用和高效率；需要各种运输方式在提供运输服务和运输组织过程中能够分工协作、联合发展，通过合理、有序、高效的市场竞争，建立一体化综合运输系统。

4. 综合运输体系构建和发展缺少系统性的“顶层设计”指导

要使各种运输方式的发展真正纳入综合运输体系的发展轨道，不仅需要有明确的发展理念和贯彻这种理念的具体措施，还必须通过战略目标、战略规划等对综合运输体系的框架和结构进行“顶层设计”，以明确未来综合运输体系发展的大方向和系统性框架结构，用于指导和约束各种运输方式等专项规划，实现结构优化和系统一体化。但是，目前我国综合运输体系及其框架结构还没有一个非常明确的系统性蓝图目标，缺少真正意义上将各种运输方式纳入大系统进行统一研究和综合平衡的综合运输体系“顶层设计”。

（1）缺少系统、明确的综合运输发展战略作指导。综合运输发展战略位于综合运输体系“顶层设计”的逻辑起点，是“顶层设计”的最高层，着重描述交通发展与国民经济、社会环境和国防发展的关系等问题。当前，我国综合运输体系发展还缺乏一个服从于国家意志和经济社会环境发展趋势，反映交通发展普遍规律以及中国交通发展特殊性的行动指南和纲领性文件。交通运输发展战略构想和蓝图不清晰，综合运输体系发展的指导思想、战略目标等也比较含糊，不够明确。虽然有关部门进行了交通运输发展战略研究，但目前还

未颁布实施，而且研究的深度和认识的高度等方面也有待于进一步提升。

（2）缺少系统性的综合运输体系框架结构规划。目前，我国各层级的交通运输发展规划仍然是以各种运输方式的自规划为主，既有综合运输规划也基本上是各种运输方式基础设施规划内容的汇总合并，缺乏真正意义上的系统性的综合运输体系框架结构规划。此外，既有综合运输规划基本上是被各种运输方式的规划“推着走”，是一种从下而上的关系，缺少自上而下的指导和约束作用。一方面，在目前的体制和规划体系上，综合规划项目只能比各运输方式规划的多，而不能少，否则很难被各运输方式的主管部门所接受和征求意见通过；另一方面，对综合运输体系的认识和研究深度还不够，比较统一的广泛共识尚未真正形成，在理念、战略等不很明确的情况下，也比较难编制出大家比较认可的真正意义上的综合运输体系规划。

（3）缺少明确的政策取向。当前，由于各种运输方式之间存在一定的竞争并且受到交通运输管理体制障碍的影响，各种运输方式仍然是各自发展，竞相争取国家各种交通运输发展政策的支持以促进自身体系的完善，很少从大系统的角度以系统框架结构优化为目标来争取国家政策的支持，从而促进整体交通运输系统的发展。宏观层面上，各种运输方式的发展缺乏明确的政策取向。同时，由于各种运输方式的部门投资能力和发展速度不平衡，致使结构性调整缓慢，在总体交通运输能力供给不足的情况下，资源更多地倾向有资金投入和地方有更大决策权的运输方式。如果没有明确的政策取向作指导，仅随各种运输方式各自规划的发展并形成不可逆转的需求趋势，将可能会造成与长远发展方向更大的结构性偏离，需要有更多的资源来支持，社会的总成本负担增大。

（三）我国交通运输进入了大发展关键时期，但各种运输方式发展和综合运输体系构建的关系紧密性不够

1. 交通运输进入全面大发展、结构形态不断固化的关键时期

进入 21 世纪以来，我国各种运输方式的网络规模和大型基础设施数量出现了大幅度快速增长，特别是为应对全球金融危机由积极财政政策启动的新一轮交通基础设施大规模建设进一步加快了我国交通运输的发展。在建设现代综合运输体系的大方针下，我国交通运输已完成了连通、通达基本网络布局的初级阶段，进入全面强化干线和通道、提升结构层次、完善网络布局的大发展阶段。

在交通投资大规模增加，网络规模进一步扩大的同时，干线网络布局和建设将获得巨大发展，交通网络布局以及结构不断成型和固化，我国交通运输发展进入了结构形态不断固化的关键时期。在交通基础设施网络不断完善的同时，各种运输方式的运输结构也有了大幅度改善，结构层次不断提升，各种运输方式运输服务体系的构建也进入了一个重要时期。铁路自 1997 年以来进行了六次大提速，开行了“朝发夕至”和“夕发朝至”列车，部分线路开通了城际快速列车，较大地缩短了中长途旅行时间，提高了旅客的旅行速度和舒适

度；货运方面开行了“五定”班列和集装箱直达列车。公路运输方面，投入运营的大型运输客车、豪华客车不断增加，为旅客提供了快速、舒适的服务；重型载货汽车和专用载货汽车数量不断增长，改善了货运服务质量。水运方面，也不断有大型专业化新型货轮和豪华客轮投入使用，运输服务质量不断提高。航空方面，新的国际国内航线的开辟及大型客机的使用，也为旅客提供了更加便捷的运输服务。

2. 各种运输方式仍然是着力强化自系统完善和发展，方式间统筹协调发展不足

现阶段，在缺乏科学有力的“顶层设计”的情况下，各种运输方式主要依据各自完善的子系统网络规划进行发展。根据各自的交通发展规划，各种运输方式都在积极地进行大规模的交通基础设施建设，尤其是加快了重大基础设施建设的步伐，如高速公路、高速铁路等，在一定程度上促进了各种运输方式自身体系的发展。但是，目前各种运输方式的基础设施网络衔接还不够紧密，很多情况下未按大系统一体化的要求进行规划布局和建设实施。各种运输方式基本上是以适应各自的需求进行各自规划与建设，较少地站在全局的高度，以综合运输体系大框架优化为目标来考虑相互配合和共用以及互联互通等，相互之间衔接配合的效率效益水平很低。

同时，各种运输方式交通运行和运输组织之间衔接不够顺畅，运输服务效率和效益整体水平不高，未能较充分、系统地考虑和设计综合运输一体化服务系统问题。一方面，各种运输方式相互衔接环节的设施尚未纳入统一规划或进行相应的规划项目整合，交通运行不畅，缺乏满足功能和服务质量要求的系统整体运行的高效率。另一方面各种运输方式协同运输能力相对薄弱，联合运输发展滞后，亟待构建连续、无缝连接的一体化组织和服务系统，促进各种运输方式分工协作、紧密配合，提供一体化的全程服务。

总体上看来，各种运输方式无论是在基础设施网络布局，还是在一体化的综合运输服务系统建设方面，都与综合运输体系建设和发展的目标要求与愿望相差较大。各种运输方式在网络布局和能力供给上缺乏有效衔接，交通运行和运输服务系统之间缺乏有机匹配，系统整体效用和效率偏低，一体化综合运输体系亟待构建与形成。

第二节　当前我国综合运输体系发展的主要薄弱环节

(一) 综合运输体系理论研究薄弱造成认识不足和指导性不强

1. 综合运输体系理论研究落后于交通运输事业各阶段的发展实践

新中国成立之初，国民经济迅速恢复重建，交通运输也得到了较快发展，但此时综合

运输研究尚处于空白状态，只是由于当时交通运输发展基础薄弱，整体水平较低，各个领域、各种运输方式都亟待发展，而任何一个方面的发展也都会带来系统总体水平的改善与提高，因此，理论的缺失并没有禁锢实践，也没有明显制约交通运输业的发展。

20世纪50年代至70年代末，我国交通运输领域的相关研究工作陆续启动，但综合运输体系理论尚未建立，对综合运输的研究也基本上是对计划经济时期交通运输有计划、按比例发展模式的跟进，而无法对交通运输产业发展形成引领和指导。

改革开放以后至20世纪末，我国经济社会发生了日新月异的变化，对交通运输需求的形式与过去大不相同，计划经济时期交通运输的发展模式已无法实现运输供给对运输需求的较好满足。为转变发展方式，综合运输体系理论研究工作开始受到关注，理论基础初步建立，但总体而言，认识层次不高、系统性不强，总体认知水平还限于将综合运输体系作为集各种运输方式的综合体，该领域的研究也多是在实践要求的推动下被动展开，难以对实践形成指导，而更多的是为交通运输管理者主观的发展意愿寻找理论依据。

进入21世纪，我国交通运输步入大发展阶段，综合运输体系理论研究也取得了突破性进展，已有学者认识到综合运输体系是一种应该体现国家整体利益和主动意图的交通运输发展理念及其相配套的发展战略和政策，但对于我国交通运输该体现怎样的国家整体利益和主动意图以及适合我国国情的综合运输体系结构模式尚无专门研究。由于理论研究的滞后，使得在当前这样一个大发展的关键时期，我国的交通运输事业缺乏经过论证的、明确的发展方向，发展蓝图也未完整呈现。

2. 综合运输体系理论仍不够系统和完善

经过多年的积累与发展，综合运输体系理论不断得到拓展与提升，涉足的领域更加广泛，认识更加深刻，研究成果也日渐丰富。但总体而言，由于缺乏足够的战略高度，综合运输体系理论研究的视野范围与洞察深度仍受到较大局限，造成现有研究所涵盖的内容和所达到的层次与指导交通运输实际工作的需要之间还存在一定差距，一些关键领域、重点问题在现有研究中并没有被深入探究和得到明确解答，系统、完善的、能够科学指导交通运输发展实践的综合运输体系理论尚未形成。

（1）对交通运输与国民经济的关系研究不够深入。在综合运输体系理论研究中，交通运输作为基础性产业对国民经济发展的重要作用已经得到广泛认同，并被反复强调，然而对于二者的关系，现有研究还停留在“交通运输是国民经济发展重要物质基础”和“交通运输要适度超前于国民经济发展”等笼统性阐述和表面性结论上，对于其实质性内涵的剖析、结论背后的论据与论证分析过程以及由上述观点支撑的交通运输发展战略选择则较少涉及或探究不深，成为综合运输体系理论研究中十分滞后与薄弱的领域。

从我国交通运输业多年来的发展实践来看，资源禀赋与环境容量一直是交通运输发展和模式选择的制约因素和限定条件，如何以有限的资源和可承受的环境代价发展交通运输，以更好地适应和满足国民经济发展需要成为实践工作中的难点。而对于这一问题的解决必须站在国家整体利益与长远战略的高度去分析交通运输与国民经济的关系，必须充分认识到交通运输的发展直接关系到一个国家的经济发展能力和人们生存、生活条件，是经济社会发展必须投入的先行成本，其发展必须得到优先的资源保障，而建设综合运输体系正是为了以可承担得起的资源与环境成本去发展交通运输，有效满足经济社会发展所产生的运输需求。对交通运输与国民经济关系的研究应该基于这一基本认识讨论二者的内在关联与作用机理，分析交通运输在国民经济体系中的定位、占用资源的合理比例以及适应国民经济发展要求的发展路径与结构模式选择。

（2）对重大问题预见不足，研究不深。交通运输是经济与社会正常运行与健康发展的支持和保障系统，其发展水平和发展模式必须与国家的国情实际相符合，与国民经济发展与社会文明进步的要求相适应。而且，发展综合运输是一个国家的长远战略，运输能力的形成和释放也是一个相对漫长的过程。因此，综合运输体系理论研究必须与本国的实际情况和总体形势紧密结合，对经济社会发展中的重大问题和重要发展趋势始终予以高度关注，对这些重大问题可能对交通运输业产生的影响有深刻的认识和准确的预判。但是，由于我国当前正处于国民经济与社会生活方方面面整体的大发展阶段，且西方发达国家的科技革命和工业化历程为我国的发展奠定了技术基础并积累了丰富经验，因此，我国经济社会在这一阶段并非渐进式的发展，而是阶跃式的赶超，使得社会运输需求和交通运输业发展环境在较短时期内就会产生较大变化。相比之下，我国综合运输体系理论的发展总体比较滞后，特别是一些前沿研究领域更加薄弱，前瞻性研究相对较少，使得综合运输体系的建设与发展常常因为理论研究对一些重大问题的预见不足和认识不深而陷入被动。

从我国改革开放30年的发展历程来看，工业化、城市化、国际化的发展速度大大超出预期，使得旅客与货物运输需求在总量、形式、分布、结构、层次等方面在短期内发生了巨大变化，突出体现在煤电油运、大宗物资进出口、外贸集装箱运输、城际旅客运输、城市交通私人机动化等方面。但由于缺乏前瞻性的理论研究，我国的交通运输业至今仍没有确定能够适应这种变化的发展路径与结构模式，阶段性目标与长远目标的关系不甚清楚，各种运输方式在综合运输体系中应该具有的地位和功能分工没有被正确认识，使得交通运输发展难以跟上形势变化的步伐，无法与经济社会的发展保持协调一致的步调，在相当长的一段时期内甚至成为制约经济社会发展的瓶颈。另外，人口众多、人均资源占有率低是我国的基本国情，近年来交通运输业发展受到的资源环境约束进一步加剧，而综合运输体系现有理论并没有确立科学的“资源使用价值观”，一方面交通运输业发展所必须占用的资源得不到有效保障，另一方面资源节约、环境友好和以人为本的基本理念也得不到真正贯彻，造成实践中我国综合运输发展战略与政策缺乏明确而坚定的导向，有限的资源过多集中于现实回报更高、更符合人们追求物质生活质量的运输方式，而有利于节能降耗、社会效益明显高于经济效益的运输方式没有得到有力的资源保障和大力发展，制约了我国综合运输发展进行科学合理的模式选择与结构优化。

（二）交通运输管理体制改革尚未到位，影响了推动综合运输体系发展的机制和制度的有效建立

管理体制对机制、制度的建设有重要影响，构建和发展综合运输体系涉及各种运输方式和多个管理部门，需要有完善的管理体制做保障。在以往较长时间内，我国交通运输管理一直处于部门分割的形态。2008 年，国务院推进大部制改革，交通运输管理体制有了较大突破。在中央层面，新组建的交通运输部整合了原交通部、原中国民用航空总局的职责以及原建设部的指导城市客运职责，并负责管理国家邮政局和新组建的国家民用航空局。随后，由交通运输部组织印发《地方交通运输大部门体制改革研究》和《深化中心城市交通行政管理体制改革研究》两个研究报告，指导地方各级政府组建综合性的交通运输管理部门。

目前，交通运输管理体制改革仍尚未到位，影响了推动综合运输体系发展的机制和制度的有效建立，具体体现在以下几方面：

1. 尚未完全实现政企分开

我国交通运输领域中，公路、水运、民航均较早地完成了政企分开，铁路虽也不断进行改革，但目前仍然政企合一，没有形成真正的市场经营主体。铁路目前这种政企合一的体制，从政府管理体制改革的角度，影响了大部制改革的推进，阻碍了"一元化"管理体制的建立；从政府职能角度，政府在行使公共管理职能时，会考虑企业运营效益，影响了资源配置的公平与效率；从市场的角度，政府干预企业运营，难以形成真正的市场经营主体。同时，整个运输市场的市场主体性质和市场结构的不同，既影响了运输企业之间的公平竞争、相互合作，也影响了统一运输市场的形成和运输服务的提升。

我国公路运输市场虽然开放性较强，但长期以来是按行政区划分的"块块"进行管理，存在地方保护主义，造成运输市场分割。我国税费、规费征收制度按行政区划定范围，企业的注册地和营业场所所在地决定着规费归属哪个运管部门，而规费收缴多少又影响着部门的经济利益。在总公司所在地以外各地运输企业是独立法人还是分支机构，都会产生规费是否缴纳和交给谁的问题。各地运管部门均希望当地运输企业是独立法人，从而形成了地方保护。这种运输市场分割的管理体制阻碍了公路运输企业的跨地区横向兼并和联合，阻碍了运输企业向网络化、规模化发展。

2. 尚未建立"一元化"的管理体制和机制

目前，交通运输部虽然是在大部制原则下建立的，但铁路作为一种重要的交通运输方式，铁道部作为主管部门并没有一并纳入交通运输部，交通运输部仍不是在交通运输领域进行全面管理的部门。交通运输部与铁道部之间仍是部与部之间的关系，相互之间的协调机制较以前也没有改变；民航局虽已纳入交通运输部管理，但民航与公路、水运之间的协调机制仍在建设之中，目前尚未得到明显改善。因此，不同运输方式间的沟通协调机制仍无根本性的变化，基本延续着原有部门相互独立分割的状态。

管理体制和机制没有形成"一元化"，导致在推动综合运输体系建设时缺乏统一的行动目标、纲领，在进行部门协调时缺乏主导者和具有最终裁决权的决策部门，协调的主题往往针对某一具体问题而非系统的对整体进行考虑；同时，在事后具体落实所协调的事情时，各部门的主动性和约束性差，行动落实的效果不明显。

3. 尚未建立与城市部门间的有效协调机制

在大部制改革的推动下，甚至在大部制改革前，不少城市尤其一些大城市，在机构设置上成立了综合性的交通运输管理部门，但在职能、职责、协调机制上，仍有较大的局限性。

在职能范围方面，城市综合交通管理部门主要对城市交通进行管理，同时一般具有对市域范围内公路基础建设和运输管理的职能。在铁路、民航以及港口方面的管理，由于行业的纵向管理体制的原因，城市综合性交通运输管理部门往往不具备相应的管理职能。

城市作为宏观层面的综合运输枢纽，城市交通与对外交通的衔接也是重要的内容，而且该问题随着城市的发展越来越突出。由于大部分对外交通不属于城市交通管理部门职能管理范围内，解决相互衔接问题需要其与铁路、民航、水运相关主管部门进行协调，真正解决相关问题需要协调的主管部门往往是中央层面的铁道部、民航局。城市交通运输管理部门在对综合运输枢纽衔接、火车站和机场布局等方面的协调时，面对中央层面的行业主管部门，往往缺少应有话语权。

（三）综合运输体系制度建设不健全，造成综合运输体系建设的推动力不足与进程缓慢

构建和发展综合运输体系，不仅需要统一的管理体制和各部门间有效的协调机制，更需要完善的制度加以保障。目前我国在综合运输体系制度建设方面不健全，造成综合运输体系建设的推动力不足与进程缓慢，主要体现在以下几个方面。

1. 主管综合运输体系构建与发展的责任部门及职能有待于明确落实

大部制改革前，国家发展改革委负责综合运输体系发展战略规划、综合交通网规划的编制和交通运输相关专项规划的审批，同时还通过对交通基础设施重大项目的审批来落实相关规划，实施宏观调控，进行综合运输体系的构建与发展。尽管国家发展改革委在交通基础设施的标准、建设时序、运输通道内运输方式的选择等方面进行了很大努力，取得了一定的成效，但由于以前交通运输一直处于能力短缺的阶段，基础比较薄弱，同时受管理权限和协调手段的限制等原因，综合运输体系的构建还不是很理想。

大部制改革后，根据职能划分，由交通运输部主管综合运输体系规划编制，改变了原来国家发展改革委对综合运输体系规划既编制又审批的状况，职能分工更趋合理。由于受以往管理方式和关系的影响，在目前行政管理体制下，交通运输部对综合运输体系规划职能的落实是一个逐步的过程，需要在国家发展改革委协助下，会同铁道部共同完成。另

外，从职能方面看，推进统一运输市场建立和构建一体化运输服务系统的职能仍然缺位。

同样，交通运输管理部门协调机制的建立与完善更需要较长一段时间。大部制改革使国家民航局纳入交通运输部管理，交通运输部更具综合性，但仅仅是机构设置在一起并不能完全解决问题，更需要建立良好的协调机制。目前交通运输部与国家民航局在协调机制上仍然存在不少困难和障碍，需要进一步落实与完善。

2. 推进综合运输体系发展的宏观调控手段和调控力度不足

在推进综合运输体系发展方面，目前最有效的调控手段是国家发展改革委根据相关规划，对交通基础设施建设项目进行审批。但当前不同运输方式基础设施建设的规模和速度主要与其投融资体制和政策、部门自筹资金多少密切相关。国家发展改革委通过审批手段可以进行一定程度的调控，但难于大范围的改变资金、资源在不同运输方式之间分配，形成合理的交通网络结构。同时，在综合运输枢纽建设过程中，由于涉及不同部门的投资主体，基于产权界定和运营管理等方面的问题，难以协调实现真正的一体化。

在推动综合运输体系构建和发展过程中，不仅需要政府审批等行政手段，更需要政策、法规，尤其是对建立统一运输市场体系和构建综合运输服务系统更为重要。在原来相互独立、分割的部门管理体制下，不仅没有出台综合性的制度、法规和政策，而且各部门在制定制度、法规和政策过程中，很少考虑促进不同运输方式的协调发展和相互衔接。国家发展改革委曾积极推进《综合交通促进法》，但也因种种原因迟迟没有出台。

3. 综合运输服务系统的制度建设不明确

(1) 思想认识上尚未重视。我国政府部门一直重视交通基础设施建设，轻运输服务系统建设。我国交通运输长期处于能力短缺状态，交通基础设施建设是增加供给能力最直接、最有效的方式和手段，客观需要予以重视；同时，交通基础设施是一种具体的实物，逐步成为体现政绩的一种形式，被地方各级政府部门所重视。而综合运输服务系统建设的结果主要是提高运输服务的质量和水平，其建设内容主要是制定政策、法规、标准等软环境的构建，客观表现力不够；在外在要求不紧迫的情况下，一直未能得到各级政府部门的重视。

(2) 尚未组织系统性的研究和构建设计。对综合运输服务系统在主观上的重视不够，必然带来实际行动上的滞后，既体现在具体建设上，也体现在相关研究、规划、设计等方面。我国交通运输行业部门不管是中央还是地方，都做过许多交通运输领域的研究、规划和系统设计，但对象基本上都是针对交通基础设施网络。对于综合运输服务系统却没有进行系统性的研究和构架设计，研究人员和政府行业主管领导对综合运输服务系统的构成及系统内各部分的相互关系没有清晰的概念，理论研究难以指导实践。

(3) 体制和铁路运输能力紧张束缚了一体化运输服务系统构建的推动力。构建一体化综合运输服务系统的推动力是运输企业对利润、效率、服务质量的追求。运输企业是运输服务的实现主体，也是综合运输服务系统的使用者。完善的综合运输服务系统可以使运输企业降低成本，提高运营效率和服务水平。只有运输企业是一个真正的运营主体，才会追求利润和效率，进而支持和推动综合运输服务系统的建设。目前我国铁路行业仍然是政企合一的体制，并非是真正的运营企业，更不存在多个企业相互竞争的现象；同时，由于铁路运输能力仍然紧张，处于供不应求的状态，还存在寻租的现象。这些状况导致铁路运营主体对利润、效率和服务质量的追求不迫切，从根本上降低了推动和支持构建一体化综合运输服务系统的动力。

4. 综合运输体系建设的考核制度和责任机制不明确

目前在交通运输领域，不管是综合管理部门还是某一运输方式主管部门，考核制度和标准主要在于交通基础设施的建设规模，而没有整个交通运输体系是否系统优化，以及本部门运输方式是否与其他运输方式合理分工、优化衔接。在这样的考核制度下，各主管部门没有压力和动力推动综合运输体系建设。在部门相互独立的情况下，各交通运输部门加快发展之争胜过综合发展的愿望。

从纵向看，中央政府交通运输主管部门与地方政府部门之间的职责分工和考核制度不够清晰和明确。在综合运输体系建设过程中，由于中央政府主管部门和地方政府部门的层次不同，分工应有所侧重。中央政府主管部门应侧重于通过规划和政策、法规等进行宏观调控，进行总体运输结构的调整等，地方政府主要结合本地实际，对中央政府的规划、政策进行落实。与之相对应，考核制度也应该有所侧重，中央政府应主要考核是否制定了完善的规划、政策，并通过一定的调控手段进行落实；地方政府应主要考核对中央政府的规划和政策落实好坏。目前由于职责分工不明确，各级政府对促进综合运输的工作重点不突出。

（主要执笔人：赵丽珍、向爱兵、谢雨蓉、程世东）

第四章

我国综合运输体系构建发展的基本性问题和方针

内容提要：倡导什么样的交通运输发展与消费价值观，贯彻什么样的发展方针，是确立综合运输体系发展思想、选择主导型交通结构模型、制定发展目标和编制规划的重要基本前提。我国应以承担得起的资源和成本消耗为基础，构建以人为本、适应经济社会发展、提升国际竞争力需要的现代化、高效、可持续发展的综合运输体系，并应采取适度超前和区域协调发展的策略加以推进，发挥交通运输的先导作用。

第一节　我国应倡导的交通运输主流价值观

交通运输由铁路、公路、水运、航空、管道等多种运输方式组成，它们的组合模式和结构特点因各国的国情和发展理念不同而异。综合运输体系归根到底是体现主流价值观发展理念和与这种理念相配合的交通运输发展战略及政策的执行结果，价值观影响着发展理念和消费理念，进而影响着对交通运输的需求和综合运输体系的建设发展与结构优化。

不同的价值观理念对交通运输的供给与需求构成重大影响。“吃、穿、住、行”是人类生存的四大基本需求。交通运输不仅是现代“行”赖以实现的基础，而且也是现代社会“吃、穿、住”能否得以实现和改善的基础条件和保障，其基础作用直接关系和影响到社会、经济、人们生活、国家安全等各个方面的发展和实力。但是，交通运输本身不是直接的物质生产部门，是为这些发展和活动创造必要条件和提供生产性和消费性服务的部门，对其需求的数量和质量既与社会经济发展水平有关，也与人们生活理念和消费行为有关。

同时，交通运输又是一个占用土地资源与空间、消耗能源多的部门，其发展占用过多的资源必然会影响和制约国民经济其他的部门的发展以及人们生活空间结构的合理性。因此，交通运输既需要充分发展，又不能过度发展，要与社会、经济、环境相协调，要以需求为基础。而对于需求来说，在相同的社会经济发展水平下，不同的消费理念和交通供给对需求总量和需求结构的影响很大。但是，什么是科学发展，衡量的标准是什么，很大程度上取决于整个社会对经济、资源、环境、生活的价值观，而这种价值观对于不同个体来说是不一样的，主流价值观或核心价值观的形成需要在精神、物质、制度、政策上有比较明确的导向，并积极倡导。

交通运输的科学发展是指符合国家和全球倡导的主流价值观的发展，其包括在此价值观下形成的发展思想、制定的发展目标、编制的框架规划以及采取的政策措施等；科学发展的结果将是较好地体现社会整体对经济发展、环境保护、生活质量提高的要求和愿望。

（一）可持续发展的资源开发使用价值观

随着社会经济的不断发展，资源的有限性问题和矛盾越来越突出，而且在发展过程中由于社会等各种原因以及缺少更合理的系统性使用规划，相当一部分资源未被合理使用或被浪费，这些问题对人类生存的永续构成严重的威胁和挑战。为了全人类利益，“既满足当代人的需求，又不危及后代人满足其需要的能力的发展”的可持续发展观已成为当今世界对资源开发使用所倡导的主流价值观，这也是我国交通运输发展应遵循的价值观。同时，必须认识到，资源是为人类所用、为人类更好地生存和发展服务的，可持续发展并不是不能利用和开发资源，而是强调合理和有效地利用资源，有节制地开发使用资源。

科学发展观的第一要务就是发展，在人类尚未形成大一统、国家尚未消亡的环境下，落后是要被动挨打的，而且我国与世界发达国家的发展水平相比还有很大的差距，因此，我们在坚持可持续发展道路的同时，要结合我们的发展阶段和实际，不能被大概念所迷惑和因过于理想化而自己捆住自己发展的手脚，不能只发达国家发展，我们不发展，不能因此而造成落后。社会的进步和生活水平的提高，必然需要更多的资源支持，社会生产力水平和生产效率的提高除了技术、管理因素以外，离不开对资源的更多占用与消耗。交通运输是国民经济重要的组成部门，其必须要有相应的发达程度才能有效支持国民经济的发展和生产力水平的提高，才能较好地满足人们生活需要和增强国际竞争力。因此，在我国交通运输发展中，对资源开发使用的价值观应是：

（1）以合理数量的资源供给，支持交通运输布局的完善和发展水平的提高。交通运输是现代社会的基础性、功能性设施和产业，其发展规模与活动水平必须与经济发展规模和人们的生活水平相适应，因此，必须要有相应数量规模的土地等资源用于交通运输基础设施网络系统和现代化的运输服务系统建设，而且还应该根据交通运输的先导作用在资源供给上给予一定的优先保障，才有可能做到适应社会经济发展，满足客货运输需求。其占用资源的合理规模或比例应根据国民经济发展战略中对交通运输的发展要求以及与国民经济其他部门发展相协调的关系而确定。

(2) 以可持续发展为基本原则，合理利用资源，提高资源效率，努力节约资源。一要树立适当规模的思想，更多地依靠科学布局规划、优化结构、系统效率提高等方式增加能力供给，满足需求；二是结合自然条件，合理、综合、集约地利用资源，提高资源的有效利用。

(3) 交通基础设施具有社会基础性、空间布局永久性的特征，既为当代人使用，也为后代人使用。在长远总体发展规划的框架内，土地等资源的提供应符合先行部门、适度超前发展的特点和要求。

(4) 应根据技术发展和经济实力，尽可能地以加大技术和资金投入，优化线形布局和网络层次结构，减少对土地等资源的需求。

（二）对综合运输发展与体系结构的价值观

综合运输总体发展水平直接关系到国家的经济发展能力和效率，人们的生存空间和活动范围，以及获取外部资源支持发展的能力。同时，交通网络的区域属地化配置特征，其发展很大程度上受制于本国或本地的自然条件、经济条件、资源状况等，具有较强的国情特点、地域特征。因此，我国综合运输的构建发展在符合交通运输发展规律的同时，应体现以下主要价值观：

(1) 拥有现代化交通运输系统的世界平等性，结构模式的国情性。应构建与发达国家技术水平相当的现代化交通运输系统，要以交通运输的发达和现代化支持我国生产力水平的提升和人们生活水平的提高，不能仅发达国家开小汽车、飞机，而我们主要依靠非现代化的交通方式。交通运输系统的结构模式应以我国地域空间、自然条件、经济实力以及交通运输需求发展规律为基础，构建与资源条件、自然条件、经济条件相适应的安全、快速、高效的现代化交通运输系统。

(2) 以承担得起的资源和成本消耗为基础，在突出主导型运输方式发展的同时，增强多方式交通出行选择的提供，满足人们生活水平提高和多样化交通运输需求的需要。实际上，在满足需求方面，以人为本与可持续发展是矛盾的辩证统一。一方面，个性化、多样化交通运输需求的增多是经济发展、人们收入和生活质量提高的一种体现，从适应需求的角度，交通运输的发展建设应服务于人们生活品质不断提高的要求；另一方面，资源的有限性和可持续发展的要求，又决定了交通运输不能完全以满足少数高层次需求为发展的追求目标，而应以满足多数人的交通运输需求为主要发展目标，维护社会整体长远的发展。因此，应以全社会承担得起的资源消耗为基础，在普遍通达性、机动性方面保障居民基本出行权，在干线、主干通道建设快速化、高速化的交通运输系统，缩短空间的时间距离，扩大人们生产生活的活动空间，为资金、技术、劳动力等各种资源要素加速流动和在更大的空间范围优化配置创造更有利的发展条件，促进区域一体化和城市群发展模式的形成与深化。对此，政府应在资源分配、设施供给、价格政策等方面进行相应的引导，以满足大多数人的交通运输需求和社会长远发展为前提。

(3) 以安全和以人为本作为系统构建的核心价值观，突出安全性和人性化。交通运输设施和系统的建造都是为人使用、为人服务的，安全保障性是最基本、最重要的前提，是对人生命尊重的基本体现，在追求技术、快速、效率时，必须以安全性为第一，以成熟技术为基础，并不断研究和提高安全保障性；设施布局和系统构建应充分体现使用者的要求，便于使用、友好、亲切，应从一般普通使用者，而非专职使用者的角度进行使用布局设计。

(4) 综合运输体系的建设发展和网络布局要有力保障国民经济发展战略的实现。交通运输是国民经济的基础部门，对产业布局、城镇化发展、区域协调、国土资源开发具有先导性作用，是实施对外开放、开拓国际市场、获取国际资源的重要保障条件，其建设发展水平和网络布局应与以上战略和目标相适应，提供较强有力的支持。

(5) 货物运输系统的构建应提升到国家经济战略的高度，以增强在经济全球化中的市场竞争力为主旨，充分体现经济性、时效性的要求。长途干线货运系统应以能耗少、运送量大、效率高、成本低的为主导，机动性、快速化为互补；中短途货运系统应以机动灵活性、时效性为主导；在货运系统结构的合理化和相关价格政策的支持下，尽可能地降低运输费用在产品成本中的比例，促进产品市场范围拓展和提高国际竞争优势。

(三) 应积极倡导的交通运输消费价值观

人们对物质生活的追求是天性使然，交通运输是物质生活的重要组成部分，是较好展现个性化和身份地位的消费性行业。交通出行既有生产生活必需的出行，也有非必需的弹性出行，交通出行的方式也有多种选择，其构成对交通基础设施数量和能力的需求量差异。

需求是交通运输建设发展的基础，是交通运输拥堵的原因，是迫使交通运输规模不断扩展和占用/消耗资源不断增多的动因。解决交通问题，单纯增加基础设施数量和能力，无论是资源供给，还是发展方式都难以为继，必须从供给和需求双方面着手，实现供需相对平衡。为此，对于客运交通出行应积极倡导以下交通消费价值观：

(1) 有节制的追求物质享受的交通消费价值观。物质条件是提高生活品质的重要基础，但应有限度，不应作为唯一的衡量条件，应倡导为保护人类共同生存环境和为子孙后代发展着想的消费观，对于需要消耗大量不可再生资源的物质享受，要以这些资源的可供数量和全社会公民享有相同消费权利为消费水平的重要基础，理性地、有节制性地消费。交通运输在人们物质生活消费中占有很重要的比重，并且是随着经济的发展，对交通网络的密度、通达程度、连通度、技术质量以及个性化的出行方式的要求越来越高。在交通运输中，越私人机动化、速度越高的交通方式，需要占用/消耗的资源就越多，如果成为一种社会追求的倾向，则会对土地等空间资源的供给构成严峻挑战，将可能导致超负荷的激烈矛盾问题。因此，应引导人们树立可持续发展的交通消费观，自觉地调整交通消费行为和要求，对于交通网络规模、密度、连通度的追求应有一个合理的度，对个性化交通方式的消费倾向应有一定的节制，对于高能耗的高速化追求应控制在一定的区域和范围内，重视社会成本代价和经济性选择。

（2）树立节约资源、保护环境的交通消费社会风尚。倡导和鼓励人们在交通条件能够较好满足出行要求的情况下，更多地选择公共交通作为日常出行的交通方式，减少选择私人机动化出行；在多种方式都能较好满足出行要求的情况下，较多地选择低能耗、低排放的公共运输方式出行。

（3）建立和完善相关配套制度，引导和鼓励人们树立避峰出行的理性选择和交通消费观。

（4）主动减少非必要性交通出行的消费行为。积极发展和完善电子政务、电子商务以及现代通信技术等，加强相应的平台和制度建设，为人们更多地使用这些手段作为沟通、交流、处理事务的方式创造条件，减少非必要亲历的交通出行。

第二节　我国综合运输体系发展应坚持的基本方针

目前，我国交通运输对经济社会发展需求的基本适应尚处于一种相对较低水平、暂时性、非全面性的适应状态，是在我国国民经济发展水平不高、社会事业尚不完善、人民生活质量仍有待提高的大环境与大背景下实现的。从全国整体的角度而言，各种运输方式的自身发展还未完成，交通基础设施依然薄弱，网络布局还很不完善，结构仍需进一步调整，交通运输系统整体效率和服务水平不高，经济发展与社会运行的运输成本仍然偏高。在当前我国经济快速发展、人们对生活品质的要求不断提高、全球化竞争日益激烈的背景下，交通运输对促进经济发展、推动社会进步、改善投资环境和提高我国产品国际竞争力的支持与保障作用明显不足。而且，由于相当一部分交通基础设施目前已处于饱和或接近饱和的高负荷状态，可用于满足未来需求增加的富裕能力和应变的弹性能力严重不足，交通运输能否有效满足经济社会进一步发展的需求正面临着严峻挑战。因此，从交通运输业的基础性产业地位和交通运输业与国民经济的关系角度出发，发展综合运输体系应坚持的总体基本方针是：充分体现国家经济社会发展的战略要求，更好地为经济社会发展和提高人们生活质量服务，支持经济持续平稳快速发展与结构调整，保障国家经济安全和国防安全，增强国际经济竞争能力。

（一）坚持加快综合运输体系构筑与完善提升，促进工业化、城镇化发展

工业化、城镇化是生产日益社会化，机器化大工业快速发展，农村富余劳动力集中转型为城市产业工人的过程。而资源条件和人口因素决定了我国的工业化必须充分发挥劳动密集型产业的竞争优势，把大量农村劳动力的就业问题在城市中解决，使居民整体生活水平得到改善。因此，我国的工业化与城镇化必定是一个相互促进而加速推进的过程。目前，我国整体处于工业化中期的后半阶段，即重化工业化发展阶段，这是工业化进程的关键时期，也是城镇化快速发展时期，这个阶段将跨越整个“十二五”时期，并持续到2020年前后。这一时期，我国的工业产品产量与消费量快速增长，能源、资源消耗量迅速上升，新兴部门大量涌现，高新技术广泛应用，劳动生产率大幅提高，新的城市群不断形成，农村人口大规模向城市转移，国民消费层次得到全面提升，整个经济社会环境发生巨大改变。

工业化与城镇化的快速推进对交通运输产生深刻影响，诱发了全社会旅客与货物运输需求的急剧变化。产业的集中布局与生产的规模化推动了运输需求总量快速上升，大宗物资的长距离运输进一步向重要结点之间的运输通道汇集；城市规模的扩张、生活方式的改变促使居民出行需求总量增加，出行方式改变，新的需求形式不断出现，多样化的需求层次逐步形成。为了适应新形势、满足新要求，我国需要加快综合运输体系的构建与完善提升，为工业化、城镇化进程提供可靠的交通运输保障。今后一段时期内，我国必须保持一定水平的交通基础设施投资规模，继续扩大运输服务供给能力。为满足工业化、城镇化进程中对基础能源、原材料与产成品的运输需求，需加强区域间和城市群间的运输通道建设，特别是加快铁路建设与发展，建设煤炭运输通道，发展客运专线与高速铁路，实现客货分流，提高通道运输能力；优化港口布局，加强沿海港口大型专业化码头建设，完善后方集疏运通道，加强煤炭、石油、矿石与集装箱等重要运输系统建设。为应对更大规模、更广范围、更高要求和更多样化的旅客运输需求，应重点加强以快速铁路网和高速公路网为主体的全国快速客运网络建设，加快发展城际交通运输系统，大力发展城市公共交通与农村客运服务，提高交通运输普遍服务的能力与水平，统筹综合运输枢纽建设，实现一体化的运输服务。

（二）坚持统筹综合发展，充分发挥各种运输方式优势和组合效率，满足多样化运输需求

综合运输体系由五种运输方式构成，它们具有不同的技术经济特征和各自的优势领域，但同时也存在一定的竞争与替代关系。发达国家的综合运输体系是伴随各种现代运输方式依次出现，在技术逐步走向成熟的过程中，通过政策法规引导和市场竞争选择形成不同的运输方式组合，并不断进行结构调整，最终达到一种平衡，这期间经历了各种运输方

式的兴衰、竞争挤压和能力过剩。而当前我国是在五种运输方式的技术发展都已经比较成熟，各自可以挖掘的技术潜力、发展前景以及对现代社会发展的作用在未来一段时期内基本能够被预见的情况下，开始启动交通运输的大发展进程。因此，我国应该也有条件在综合运输体系的构建之初就以统筹兼顾、综合发展为基本方针，根据不同运输方式的特点与发展规律，在特定的国情背景和经济社会发展要求下，选择合理的发展路径与方式组合，使得各种运输方式都能够得到适度、合理的发展，各自的比较优势得以充分发挥，以满足全社会多样化的客货运输需求，并形成最大的组合效率。

未来我国应以综合运输体系大框架优化为目标，研究综合运输体系的结构，编制综合运输长期发展规划，并在规划的指导下，意图清晰、方向明确地发展各种运输方式。为了充分利用各种运输方式的优势，最大可能地为社会经济发展服务和尽可能地降低社会运行总成本，应根据各种运输方式新的技术经济特征和未来发展前景，对其进行科学定位与合理分工，在网络布局、系统建设中体现多种运输方式协作、组合的思想，在建设和完善各自网络及系统的过程中，完成综合运输体系的构建和完善。公路是全社会普遍需求的、最基础性的、为其他运输方式实现全程运输服务提供配合支持的面上及干线运输方式，要形成布局和层次结构合理、功能完善的基础网络系统，骨架网络干线要高速化，次干线要快速化，支线要进一步加密。铁路是运量起点较高的、大宗长途运输主力的线上运输方式，要形成干线网络框架和大通道骨干。水路运输是运量较大、成本低、速度慢、受制于航道分布的运输方式，要充分利用现有的江、河、海自然条件和结合水资源的开发利用，形成江、海运输大通道和水系网络；远洋运输是我国对外贸易的主力运输方式，要建成具有较强竞争力的现代化船队和适应外贸进出口需要、布局与构成合理的现代化港口，突出航运中心和主要枢纽港的发展，同时加快其他港口的升级改造。航空运输是速度快、成本高、最现代化的点与点之间的运输方式，要建成枢纽机场、干线机场、支线机场结构层次合理的机场布局，并加强空域资源管理，推动通用航空的发展。管道运输是大运量、低成本、低污染、占地少、用于运送液体和气体的运输方式，要逐步形成与油气资源开发地、进口点至加工地、消费地相适应的、具有较好调配功能的输送管道网。各种运输方式在明确基本定位与功能分工的基础上，加强衔接与协调，实现网络的贯通、服务的一体化和系统的优势组合。

（三）坚持战略引导和可持续发展，优化结构，引导运输需求

各种运输方式在不同区域的发达程度以及由一系列政策决定的使用成本和营造的发展环境使其相互之间产生不同的替代强度，形成不同的发展结构模式和主导运输方式。交通运输系统作为经济社会运行发展的基础，结构模式与主导运输方式的选择决定了社会资源消耗数量和系统效率水平，从而产生不同的社会交易总成本，进而深刻影响着国家的产业布局、全社会的生产组织方式、人口分布和生活方式等。当前我国正处于交通运输大发展

时期，是构建综合运输体系的关键时期。如果这一时期不明确方向、加强引导，各种运输方式自由放任的自我发展很难形成合理的结构比例关系，资源必将流向更具有现实回报，更符合人们追求物质生活质量，但却更消耗资源和缺乏效率的方式。这种结构模式一旦形成就会产生马太效应，使需求进一步集中，最终导致不可逆转的结构失衡与资源浪费。所以，我国应该充分发挥交通运输发展的后发优势条件，分析和借鉴发达国家的发展经验，结合最新发展趋势，选择适合我国国情、能够更好满足经济社会发展要求的结构模式，贯彻综合运输和可持续发展理念，使运输结构在系统构建过程中就得到优化，实现资源的合理利用和系统的较高效率。

交通运输的发展是为了更好地满足社会生产、人们生活所产生的人和物的空间位移需求，但从人类追求生活享乐永无止境的本性而言，我国的人口与资源条件无法支撑我国的交通运输业走一味适应需求、追随需求的发展道路，否则资源将被滥用，交通拥堵与环境污染将日益恶化，而交通基础设施和运输服务供给却始终不足。因此，必须以需求管理的思想来建设和发展我国的综合运输体系，通过对交通运输发展模式的理性选择、运输结构的优化调整以及对人们交通行为方式和消费观念的有效引导与调节，减少低效和不合理的交通需求，实现交通运输的可持续发展。交通需求管理不是对需求的遏制，而是通过运输服务供给的可获得性与可选择性来影响社会交通运输活动的自主行为方式，是一种积极的引导手段，不是消极的打压手段，更不是通过短缺性的供给使人们被迫放弃对运输服务的消费。因此，我国所要构建的综合运输体系必须以资源占用少、能耗低、污染小的现代化运输方式为主导，大力发展公共交通，高度重视铁路发展，通过结构优化和需求引导，以可承受的代价来有效满足经济增长与社会进步所产生的交通运输需求。

（四）坚持网络化、集约化发展和技术先进适用，降低经济成本

交通网络是社会经济联系的纽带，是现代社会生产和生活的基本条件，是生产力的组成部分，是人类生存空间与生活质量的构成要件。交通网络的发达程度直接关系到一个国家和地区的生产力水平、经济和社会的发达程度、人们的生存与发展环境、产品的国际竞争力、国防安全等各个方面。与发达国家相比，在交通网络的密度、通达深度、技术水平等方面，我国都存在相当大的差距。我国国土面积略大于美国，人口总量是美国的 3 倍多，而铁路里程只有美国的 1/3 左右，公路总里程和高速公路里程只有美国的 28%，机场数量只有美国机场总数的 1/38。尽管在不同的国情背景、经济制度与发展模式下，交通基础设施的绝对数量并不一定具有可比性和发展水平的代表性，但与市场化程度较高的国家相比，我国各种运输方式基础设施数量上普遍存在的较大差距则基本能够体现出发展的落后程度。交通基础设施的不足以及与之相关的运输服务系统效率低下、服务质量差，不仅使得人员往来和货物运输的直接成本增加，而且造成社会生产、生活活动低效率，信息的作用效力减弱，社会活动成本和商品的生产流通成本增加，最终导致总交易成本的升高，

市场活跃程度降低，进而影响社会分工的深化和社会生产力水平提高的速率以及社会财富的积累与创造。因此，没有规模化、集约化的交通网络就没有服务效率、经济效益和国家竞争力。未来一段时期内我国交通运输的发展必须尽快实现各种运输方式网络的规模化、集约化，在综合运输体系中长期发展规划和大框架优化的目标指导下，继续以加快发展、增加供给为主题，在发展中通过增量调整与存量升级来逐步完善交通网络。

在我国社会主义现代化进程中，交通网络的发展要坚持先进、适用的基本方针，要立足我国国情，更要放眼世界、面向未来，以交通运输的高效率来降低经济社会的运行成本，以交通运输的现代化来促进和保障经济社会现代化的实现。从全球的发展趋势来看，交通基础设施正向高速、智能、舒适、便捷、安全、环保等方向发展，为了能在较短时期内实现我国交通运输现代化，我国的交通基础设施就必须按照世界交通基础设施的现代发展趋势，在充分利用国际资源、引进和转化先进技术的基础上，以较高的起点进行建设，特别是骨干网络和大型综合性枢纽场站应选择较高的标准超前建设。干线网络技术标准的提升，不仅可以提高运输服务能力、交通通畅性和降低运输成本，而且可以带动与之相连的路网基础设施的建设水平，最终形成主干突出、层次结构合理、标准与功能及需求相对应的基础网络结构。总之，在我国交通运输发展基础依然薄弱，设施网络规模与技术水平仍处于较低层次的情况下，交通运输的发展必须充分发挥后发优势，把实现各种运输方式的网络规模化、集约化与现代化作为基本方针，加快建设步伐，提高建设水平，以促进经济社会的快速发展，提高我国在经济全球化潮流中的竞争能力，保障国家经济安全。

（五）坚持以人为本和区域协调发展，促进社会和谐与环境友好

交通运输的发展是为了给国民经济和社会发展提供支持和保障，而经济社会的发展是为了满足人们日益增长的物质文化需求，可见，交通运输的发展归根结底是为了满足人的需求，是为不同阶层、不同群体、不同地域的所有社会成员创造均等化的生存条件和公平的发展机会。因此，构建综合运输体系必须坚持以人为本和区域协调发展的基本方针，把提供人性化服务、满足人们有效需求摆在十分重要的位置，同时也要保护人们赖以生存的生态环境，节约资源，造福人类的子孙后代。

由于人类的生产、交换、分配、消费等经济活动都是以一定的地域范围为基础展开的，交通运输贯穿于这一系列经济活动的始终，因此，一个国家交通基础设施网络布局和运输服务系统发展水平决定了国家范围内经济活动的区位、空间组合类型和发展过程，决定了不同区域人口的分布、经济的发达程度、资源的开发与配置效率以及市场的范围与活动能力等。我国幅员辽阔，人口众多，资源分布极不均衡，区域经济发展水平存在很大差距。而目前我国交通运输发展水平在机动性与可达性等方面与人口的分布、资源的开发和有效配置、产业布局与区域经济专业化分工等还不能较好地适应，对保障不同区域人们公平获取运输服务，促进生产要素自由流动，推动市场开拓与建设，加强区域分工与协作等

方面的作用明显不足。我国现有交通网络密度与通达深度远远不够，运输服务覆盖范围与广袤的国土面积相比仍然很小，还有一部分人享受不到基本的运输服务或承担不起过高的使用成本，还有相当一部分落后地区与边远山区因交通不畅，资源得不到有效开发利用，市场活跃程度低，经济发展缓慢，人们生产与生活条件长期得不到改善，与其他地区的差距不断加大。在我国广大农村地区也普遍存在着交通基础设施少、等级低、质量差，运输服务供给总量不足、服务水平较低的问题，制约了农村经济社会的发展，阻碍了农村居民生活方式的改变和生活质量的提高，导致城乡二元结构向纵深发展。因此，我国交通运输的发展必须与国家经济地理相适应，以人为本，促进区域协调发展，从人的基本交通需求出发，为全社会提供均等化的公共服务，创造公平的交通环境，缩小区域与城乡差距，实现共同发展，为建设和谐社会保驾护航。

我国人口总量多、密度大，人均资源容量和环境容量大大低于发达国家水平，甚至低于世界平均水平，因此，发展节能环保的绿色交通在我国意义更加重大，任务也更加艰巨。当前，我国交通运输正处在系统构建阶段，基础设施网络还很不完善，各种运输方式均未完成自身建设，而发达国家早已走过了这一发展阶段，形成了雄厚基础，我国交通运输发展应借鉴发达国家经验和吸取教训，避免走“先污染、后治理”的弯路。但也应该看到，我国的交通运输总体规模对国民经济与社会发展的支持保障作用还明显不足，发展仍是第一要务，发展与资源节约、环境保护的问题需要统筹兼顾，协调解决。事实上，交通运输只有达到一定的规模水平，才能有效支持和促进经济增长与社会进步，才能使我国有足够的财力与能力去更好地开发利用资源，保护生态环境。因此，我国交通运输应该在推进大发展的过程中，坚持综合合理利用资源，提高资源效率，保护生态环境，以现代理念发展各种运输方式，构建综合运输体系，实现交通运输真正的可持续发展。

第三节　我国综合运输体系的结构模式选择

（一）综合运输体系结构的内容和重点研究的方面

结构问题是综合运输体系构建和发展中的核心问题和重点调整对象。长期以来，“优化交通运输结构”始终作为政府调控交通发展的政策导向和切入点，也是交通运输发展不断追求的目标。交通运输的既成结构模式由三种途径来实现，一种是在完全的市场体制下各组成部分自由地按自身和市场规律发展自然形成的结果；另一种是完全通过政府的计划来配置不同的交通方式所形成的结果，正如我国在改革开放前的计划经济体制下的做法那样；第三种则是基于政府的规划引导，按照特定的目标通过各种政策引导和调控，由市场机制发挥作用推动交通运输发展而形成的结果。由于交通运输系统是国民经济大系统中的子系统，构成系统的内外部因素处于不断发展变化中，因此，综合运输体系的结构不是一成不变的，而是处于不断变化之中，结构调整是一个动态优化的过程。

综合运输体系结构包含的内容很多，在网络方面，有各种运输方式网络规模之间比例结构、布局结构，综合交通网络中骨架网络与其他网络之间的结构，各种运输方式不同层次的网络结构，综合运输大通道中各种运输方式的组成结构等；在运输方面，有各种运输方式完成的运输量比例结构、运输系统结构、干线运输比例结构、长短途运输比例结构、城市群等城际通道运输比例结构、不同服务层次所占比例结构等；其他的还有投资结构、价格结构等。这些结构类型从不同的角度或范围反映着综合运输体系构成要素之间的比例关系，其中**最重要的结构是按照区域经济板块所划分的区际之间综合运输大通道中各种运输方式的组成结构，以及大城市群(带)范围内的区域城际交通结构**。在这里对其进行分析研究主要是从我国应贯彻的综合运输体系发展理念和价值观、应坚持的基本方针的角度，从规划引导的发展角度，对问题进行分析和提出发展的结构模式建议。

（二）我国综合运输体系总体结构模式的发展方向和应遵循的基本思想

1. 发展方向

综合运输体系结构模式的发展方向是：在充分考虑国情特征和交通运输发展规律的前提下，贯彻综合运输体系发展理念，以适应未来经济社会发展和交通运输需求为目标，充分发挥不同运输方式的比较优势和组合效率、组合功能为基础，通过科学规划和政策引导、宏观调控以及市场的作用，实现发展过程以及成熟时期的交通基础设施网络形态、运输系统的结构优化，达到整体网络结构完善，系统能力和功能满足需求，各种运输方式合理分工、协调发展、有机衔接，资源集约利用和节约，技术先进，便捷高效。

2. 综合运输体系总体结构模式发展选择的基本思想

一个国家或地区的综合运输结构模式的选择与其地理特征和经济社会发展水平所处的阶段直接相关。根据我国未来经济社会发展趋势，综合运输体系总体结构模式的发展选择应遵循以下基本思想。

一是以适当宽松的总体能力和较好的机动性适应经济社会发展和人们生活水平不断提高的需要。交通运输是服务于经济社会的基础产业，交通运输系统的供给能力及其整体运行效率的高低，直接影响经济社会这个大系统的运行效率水平，乃至一个国家或地区的综合竞争力。经济发展要求交通运输系统以合理的社会经济成本能够满足各种不同类型和不同层次客货运输的需求，最大程度地实现投入产出效益；社会发展更多地要求交通运输系统能够尽可能地为全体居民提供公平的运输条件和基本的出行服务，以及满足国防、应急保障等公益性的交通条件。这就要求交通运输的发展及其模式选择，一方面应提供适当宽松的客货运输总体服务能力，消除“瓶颈”现象；另一方面适应机动化快速发展的趋势，提高机动化交通方式的供给水平和保障能力，满足经济社会高效运行和人们生活水平不断提高的需要。

二是坚持以人为本和可持续发展的交通运输发展理念与政策，有效满足运输需求和适当增加可选择性。交通运输作为服务型产业，坚持以人为本的服务理念是贯彻科学发展观的基本要求，这就要求交通运输的发展及其模式选择要充分着眼于满足不同类型和不同层次的客货运输需求，货运服务贯彻"客户至上"的理念，客运服务应从"走得了"向"走得好"转变，并保证公民享受基本的交通服务和出行选择权。交通运输是资源占用强度相对比较大、能源依赖性高、环境影响大的行业。交通设施的建设需要占用大量的土地，特别是在经济活动频繁的人口密集地区，也是交通需求大的地区，交通设施占用大量的耕地，如果不能实现土地资源的集约利用，势必造成资源的低效或浪费。所有现代交通工具的运行都需要能源驱动，特别是直接或间接地依赖于石油、煤炭等化石燃料的驱动，这不可避免地带来能源供应和环境影响压力。发达国家或地区机动化发展的经验表明，交通运输是仅次于工业的第二大能源消费和排放领域。在国家倡导建设"资源节约型、环境友好型"社会的战略要求下，坚持资源集约利用，提高能源利用效率，减少环境影响，将是交通运输可持续发展的必由之路。因此，综合运输体系的发展必须按照"宜陆则陆、宜水则水、宜空则空"的原则来配置交通方式，实现交通运输可持续发展。

三是突出综合运输总体网络结构优化、各种运输方式网络形态完整以及相互良好衔接配合。综合运输强调从整体网络上实现各种运输方式的均衡发展，从而发挥其组合效益，这种总体网络结构是建立在各种运输方式自系统网络结构基础上，并不存在超越各种运输方式网络形态而存在的综合运输网络。因此，综合运输网络结构的优化首先应有利于各种运输方式的充分发展，并保证其各自网络形态的完整性，而非人为地造成网络分方式或分区域物理上割裂。其次是加强不同运输方式之间良好的衔接配合，方式之间的衔接与协作主要体现在客货运枢纽和港站集疏运系统的衔接方面。在传统的分方式自成体系的运营模式下，客货运市场分方式或分区域存在人为割裂现象，不同运输方式之间在枢纽站点的物理衔接不紧密，缺乏一体化的客运换乘系统，铁水衔接不畅，多式联运发展水平低，这不可避免地降低了运输系统的整体效率。未来将大力发展综合性运输枢纽，实现不同运输方式在枢纽站点的功能集成以及城间交通与城市交通的无缝衔接，全面提高运输系统的组合效率。此外，加强不同运输方式的衔接与配合还应当提高应对突发事件的协作能力，提高紧急状态下的交通运输保障水平。

四是依据各种运输方式的技术经济特征合理确定网络布局规模、通达度与技术标准，集约利用社会资源，提高投入产出效益。不同运输方式是现代交通技术发展的产物，其适用范围基本上由各自的技术经济特征所决定，各种运输方式通过功能互补和优势互补，共同为经济社会运行提供交通运输支撑，虽然不同方式间存在一定的功能替代性和相互竞争，但这种替代必须建立在合理的经济社会代价范围之内，而不是不计成本代价地去用一种方式取代另一种方式。因此，综合运输结构模式的选择应充分考虑各种运输方式的技术经济特征，合理确定网络布局规模。同时，综合运输网络结构选择还应根据构成网络的不同交通设施的功能确定不同的技术标准结构，即合理确定干、支、网不同设施的技术标准，干线采用高标准，支线次之，而网络则需要充分通达度和覆盖面。

五是与国际发展趋势和技术进步接轨。现代交通运输技术是随着科学技术日新月异的变化而不断发展的，现代信息技术、新材料、新能源、新工艺的不断创新和普及应用，各种交通运输工具的技术经济特征不同程度地发生着变化，从而使各种方式间的比较优势与适用范围也发生相应的变化。未来综合运输体系结构模式的选择应充分考虑交通技术现代化和国际化发展的趋势，充分体现技术的先进性与主流技术的发展方向。未来对交通运输结构模式选择产生影响的技术应用及其发展方向主要集中于以下方面：一是信息技术在交通运输领域的广泛应用，使交通服务一体化水平得到空前提高，进而使以交通运输为平台的信息服务的增值效应越来越显现出来，成为交通运输产业的新的增长点；二是高速交通技术将得到广泛应用，特别是高速铁路技术在我国的快速发展将改变既有的客运结构模式，并可能形成我国具有相对优势的高速铁路技术关联产业，实现技术与服务规模化出口；三是在低碳发展理念主导下，清洁新能源交通工具的发展将成为世界发展的方向，我国应切实行动起来，争取尽快取得突破并使之成为交通技术的制高点，这不仅对我国相关产业的发展至关重要，也将对我国综合运输体系结构模式的选择产生深远影响。

（三）区际间综合运输大通道的结构模式选择

根据我国生产力布局和区域经济发展特征，目前全国基本形成“五纵五横”综合运输大通道基本架构[1]，“五纵”综合运输大通道包括：南北沿海运输大通道，京沪运输大通道，满洲里至港澳台运输大通道，包头至广州运输大通道，临河至防城港运输大通道；“五横”综合运输大通道包括：西北北部出海运输大通道，青岛至拉萨运输大通道，陆桥运输大通道，沿江运输大通道，上海至瑞丽运输大通道。这些运输大通道全线由铁路、公路和民航航路贯通，部分通道还包括水运和管道。

1. 综合运输大通道的重要性和关键性

在交通运输这个大系统中，区际间主要运输通道在综合运输体系中发挥着骨干作用，这些主要运输通道基本上都是各种运输方式的干线通道，链接主要经济区，承担着较大比例的客货运输量，可以说是交通运输网络体系中的“纲”。

首先，区际间综合运输大通道是综合运输体系最主要的骨架，最体现综合运输体系思想和“魂”的部分。区域间综合运输大通道均由多种运输方式干线组成，也是相应运输方式网络的骨架通道，它们的发展水平、交通运输状况直接代表和关系着综合运输体系的结构

[1]《综合交通网中长期发展规划》，国务院 2007 年 11 月审批通过。

特征和交通运输系统的整体效率水平。因此，解决好这些大通道的综合运输服务能力和结构问题，是综合运输体系建设与发展的关键与核心。

其次，在区际间综合运输大通道上，交通流量最为集中，客货运输需求规模大，需求层级多样化特征明显，单一运输方式难以满足不同类型和不同层次的运输需求，这就要求在运输通道上，实行多方式配备来提供适应于不同需求类型和不同层次的供给能力，提高通道的组合效率。

再次，区际间综合运输大通道均连接人口密集地区，经济活动的资源占用较多、投资巨大，对交通运输的整体发展水平具有决定性影响，对沿线地区的经济社会发展，资源集约利用等具有重要意义，它们的发展水平以及交通运输状况直接代表和关系着综合运输体系的发展状况和水平，并将对综合运输发展模式产生示范性引导作用。

2. 区际间综合运输大通道结构模式选择应遵循的基本思想

根据区际间综合运输大通道的地位、作用以及发展的阶段性特征，其结构模式选择应遵循以下基本思想：

一是多方式组合与互补，增强可选择性与机动性。在区际间运输大通道上首先应保证充分的运输能力，避免出现运输瓶颈，这就要求提供大运量的运输方式或高技术标准的方式配置满足不同的运输需求，如干线铁路用于满足中长距离客货运输需求，高速公路或高等级公路满足中短途客货运输需求和个性化机动出行需求，民航则主要满足中长途点到点客运需求；其次在通道的方式结构上，要注重不同方式的均衡发展，并加强不同方式的衔接，充分发挥不同的组合效应，实现优势互补，避免出现“短板”效应。总体要求是：在保障各种运输方式构建形成相对完整的基本网络布局形态以及主次合理的结构基础上，重点配置主导型运输方式的网络布局规模、覆盖密度以及方式间合理配比；始终贯彻以公共运输为主导，私人交通出行为辅的发展理念，既保证通道交通资源的集约优化利用，同时保障合理的通达性、机动性以及主要城市间出行方式的选择性。

二是加大和优先发展节能型、大运输能力的运输方式，统筹协调各种运输方式干线网布局需要。所有现代交通工具的运行都需要能源驱动，特别是直接或间接地依赖于石油、煤炭等化石燃料的驱动，这不可避免地带来能源供应和环境影响压力。在国家倡导建设“资源节约型、环境友好型”社会的战略要求下，坚持资源集约利用，提高能源利用效率，减少环境影响，将是交通运输可持续发展的必由之路。因此，综合运输体系的发展必须按照“宜陆则陆、宜水则水、宜空则空”的原则来配置交通方式，特别是在主要运输通道上，要充分考虑不同方式的资源能源利用特征，在有条件的通道上优先发展水运方式，加强对大运量的公共运输方式配置力度，其他方式一般情况采取标配式布局发展，统筹协调各种运输方式干线网布局需要，通过供给引导需求提升交通运输的结构层次，进而提高运输系统整体效率，走出一条交通可持续发展之路。

三是突出主导型运输方式的合理配置与技术选型。在我国区际间主要运输大通道上，除南北沿海大通道和沿江运输大通道具有天然的水运优势外，其他运输大通道均为陆路运输通道(其中京沪通道部分区段有运河运输条件)。在具备水运条件的通道上，航运应当作为通道的主导货运方式得到充分的重视并最大程度的利用。在所有运输大通道上，铁路、公路和民航是主要运输方式，而对通道功能及客货运输能力产生决定性影响的主导运输方式是铁路与公路。

铁路所具有的大运量规模经济和长距离速度经济特征，客观上成为综合运输通道的主导运输方式，长期作为综合交通网络的骨干，但在过去较长一段时间内，铁路发展相对缓慢，线路技术标准不高，在主要干线上客货混行，没有与快速增长的客货运输需求相适应，造成客货运能力紧张。自20世纪90年代中后期开始，铁路实施提速工程，经过连续六次提速，铁路主要干线的客运平均速度显著提高，但铁路提速所带来的客运能力的提高，在一定程度上是以压缩小站点或区段站为代价的，由此造成的在主要干线上客运结构失衡的矛盾不断显现出来。“十五”期间，国家出台了《中长期铁路网规划》，并在2008年进行了调整，从“十一五”开始全面启动实施，其中核心规划内容之一是在全国主要铁路干线通道上平行新建1.6万km以上的客运专线，既有线主要用于货运，实施客货分线，铁路客运专线网几乎覆盖所有综合运输大通道，其目的就是要从根本上解决在主要运输通道上铁路客货运输能力不足的问题。目前，铁路客运专线的建设在全国范围陆续展开，在技术标准选择上，几乎所有的客运专线均按照350km的技术时速建设，这无疑将带来客运能力的显著提高。但需要指出的是，这样的建设标准可能面临几方面的困境，一是在中长途(1000km以上)距离上直接形成与民航的竞争，市场选择是否有利于高速铁路难以把握；二是在中短途(500km以下)距离上面临城际铁路和高速公路的竞争；三是由于客运专线排除了与普通列车共线运行的可能性，那么中低端铁路客运需求需要继续通过在既有线上开行客运列车来满足，在我国目前及今后很长一段时期铁路中低端客运需求将仍然很大，而且既有主要干线铁路经过多次提速改造已经可以开行时速200km客运列车，并提供了广受客户欢迎的“夕发朝至”服务，未来将形成高速铁路客运与既有铁路普通客运之间的竞争，使高速铁路的市场前景难以预期。因此，虽然铁路在主要干线通道上实施客货分线的总体发展方向是正确的，但在客运专线与民航、城际铁路、高速公路以及既有铁路的功能定位和高技术标准选择上缺乏统筹考虑，由此造成的建设投资高企导致铁路巨大的投资风险只是问题的一方面，另一方面可能会造成高速铁路与其他运输方式竞争与互补关系发生改变，以及高速铁路与既有铁路在运输供给结构上的冲突，这是铁路发展中需要引起重视并加以研究的问题。

公路运输自身的技术经济特征决定了其兼具干线运输通道主导方式和终端型集散运输方式的条件，这是其他运输方式所不具备的。传统上认为铁路是综合运输体系的骨干，公路则主要发挥其集散功能，但目前公路特别是高速公路已经成为主要运输通道上的主导运输方式之一，这归因于近20年我国高速公路的快速发展，至今已形成与全国铁路营业里程相当的高速公路网。高速公路突飞猛进发展原因至少有这样几个方面：一是原有公路条件十分薄弱，供需缺口大，公路自身发展的内在动力足，这种动力在国家政策的激励和地方积极性的作用下被前所未有地释放出来，推动了高速公路的快速发展；二是铁路运输发展缓慢，为高速公路发展提供了机会，回顾过去的近20年，这期间铁路营业里程仅增加了约2万km，其中国家铁路仅增加了1万km左右，期间客货运输量成倍增长，包括高速公路在内的整个公路规模的快速扩张填补了由于铁路发展缓慢造成的整个运输系统的能力缺口，使公路在综合运输体系中的地位得到提升；三是由于沿海地区外向型经济的快速发展客观上形成对中短途快速直达货物集疏港站需求，刺激了高速公路的发展；最后一个因素是我国快速机动化发展为公路条件的改善和高速公路的发展提出了巨大要求，而公路技术条件的改善也反过来支持了汽车工业的发展和机动化水平的快速提升。公路网络规模的扩张为综合运输体系奠定了新的结构基础。在主要运输通道上，根据交通流量和运输需求配置相应技术标准的高速公路作为通道的主导方式之一，这是实现通道结构优化的必然选择，从目前实施情况看基本实现了这一目的。如前所述，公路是兼具干线运输主导方式和终端型集散运输方式两种功能，在公路的干线、支线和网络三个层次之间，应该形成“金字塔”型的结构模式，这样才能保证网络、支线对干线的梯次集散功能得到发挥，也能够显现出干线的规模效应。而由于收费政策所引致的高速公路快速发展的惯性，目前全国高速公路继续呈现过度扩张态势，形成两种倾向：一是支线干线化，即各地在国家高速公路网基础上扩张地方高速公路网，一些支线按照高标准的高速公路技术标准规划建设；二是支线网络化，即本应该居于公路网络中间层级的大量支线公路（主要为二、三级公路）建设及维护力度不足，通行能力降低，在公路网中的支撑作用下降，这不仅造成公路网整体效率的下降，而且对干线公路也将产生依赖性压力，制约其正常功能的发挥。因此，在主要运输通道上公路运输方式的配置重点是解决好其作为干线运输主导方式和终端型集散运输方式两种功能均衡发展，其中高速公路作为通道主导运输方式的格局基本形成，今后将根据需求变化陆续完善，而解决好不同层次公路的结构均衡协调问题将是今后公路发展的主要任务。

四是合理配置各方式的干支结构，提高网络覆盖率。尽管在主要运输通道上重点强调主导运输方式的规模化和高标准配置，但干线通道能力需要与支线和网络的集疏功能相配套才能高效地发挥出来，因此，各种运输方式合理的结构层次是整个交通运输系统结构优化的基础。在综合运输体系的建设中，既要避免“重干线、轻支线”的问题，也要防止对支线采取超技术标准配置所导致的“支线干线化”的倾向。

综合运输大通道主要联系各大经济区域，并以区域中心城市、大型港口或经济据点为节点，这些通道上运输需求规模大，需求层次多，应主要以高等级公路（主要为高速公路）、铁路（客货分线）、枢纽机场相连接，虽然其综合线路里程在全国总里程中所占的比重最小，但作用大、承担运输量所占比重高。

各方式的支线属于各子系统网络的支撑，重点提供对干线的客货或交通流的集疏功能，它主要连接干线运输通道辐射范围内的大中城市，区域经济中心、港口、口岸、资源集散地等，这些支线的公路方式主要以高级次高级公路连通，其中在与干线交接地带或临近城市区段采用高速公路标准配置，铁路则根据运输流量采用适当的技术标准，避免全线超标准配置，特别是在中西部地区应因地制宜选择合适的基础设施建设标准，支线里程应远远大于干线里程，其中公路支线里程应占公路总里程的30%以上，而铁路除干线外，其余线路均为支线。公路是所有运输方式中唯一具有网络普遍性的方式，它连接所有经济活动据点、人员相对集中的聚集地、边防站点等地点，主要满足通达性和为支线提供客货集疏功能，它是综合交通的网络基础，主要由县乡公路和数量众多的农村公路组成，占公路总里程的60%以上。民用航空的发展在优化机场布局，增强干线机场吞吐能力的同时，积极发展支线航空，提高支线机场密度，增强旅游地区、边远地区的快速通达性、覆盖率和应急保障能力。

（四）城市群（带）城际交通结构模式选择

城市群、城市带是交通运输最密集、强度很高的区域，也是体现综合运输体系建设发展思想的重要地区。纵观国内外城市群、都市圈抑或城市带、城市连绵区等的形成与发展过程，便捷通达的一体化交通运输条件均是必需的关键基础条件。无论一个城市群中不同层级的城市在功能上和形态上居于何种地位或具有何种特点，城市群作为在一定地域范围内若干具有等级体系和网络结构的城市群体，它区别于单体城市的根本特征在于城市之间的强烈的交互联系，而使这种联系成为可能或维系这种联系的物理纽带便是发达的交通基础设施网络。大城市群、城市带区域交通包括区域城际通道交通、区域面上交通以及城市交通三个相互联系的组成部分。

1. 城际通道交通结构模式

（1）城际通道交通的主要需求特点。城市群作为一个经济发展水平较高、产业联系紧密的城市集合体，城市之间的人员、资金、技术、信息等交流频繁，客货运交通需求总量较高，城际交通运输需求将保持相对较高的增长趋势。城市间的人员流动呈周期性、高频率的特点。城际交通旅客的主体为商务旅客和探亲旅客，随着城市化水平的提高、城市群快速客运系统的完善，通勤的交通需求会急剧上升，传统城市内部通勤交通流的相当部分转移到城市群地域上。通勤流与经商流、探亲流、旅游流相结合形成城际间巨大的客运需求量。

（2）城际通道交通结构模式选择应遵循的基本思想。

一是高标准配置轨道、公路等主导运输方式。根据城市群城际间交通流量巨大和多频次的需求特点，在城市群内城市对之间的主导运输方式配置中，具有大通行能力的高速公路、大运量的城际铁路应该成为城际通道的主导运输方式，采用“轨道＋高速公路”的模式，其中在核心城市之间（如京津冀城市群的北京—天津，长三角城市群的上海—南京、上海—杭州，珠三角城市群的广州—深圳等）需要建设多条高速公路，或者采用双向六车道乃至八车道的超大通行能力的高速公路，用于满足巨量客货机动车的通行需求。在大城市群内城市对之间配置城际专用客运铁路是城市群交通发展的必然要求，它用于满足城市对之间大运量周期性、高频次的通勤、商务、旅游观光等客流需求，考虑到城市群内城市之间的距离特点和高频次、多站点停靠的特点，城际铁路的技术速度不宜过高。整体来看，目前城际间公路发展最快，在主要城市群内城际间通道上基本实现了全部连通，并与区域公路成网，在城际客货运输中发挥着主导作用，尤其是在短途客运市场中具有压倒性优势；相比较而言，城际铁路发展滞后，目前只有京津冀城市群的北京—天津城际铁路、珠三角城市群的广州—深圳城际铁路建成运行。目前，我国主要城市群城际铁路已经按照既定规划如火如荼地开始建设，未来城际铁路的发展空间巨大，将成为城际通道的主导客运方式并发挥巨大的作用，部分替代城际间客运机动车的出行功能，对优化城际客运交通结构产生深远的影响。但从目前主要城际铁路的技术标准看，存在追求超标准、高速度技术选型的倾向，这与城际间客流规律不相适应，将不可避免地造成一定程度的投资和资源浪费，特别是在一些规模相对较小的城市群，更需要选择适当的技术标准。

二是坚持快速化、便捷性公共运输引导型发展思想，同时满足私人交通需求。城际通道交通流具有明显的高密度、周期性、高频率特点，而受土地、线位/桥位等资源所限，城际间通道不可能不受约束地扩张，这就要求在城际通道上配置集约型、快速便捷的公共运输工具，如城际快速轨道线、公共汽车和长途客车优先行驶通道等，引导客流选择公共运输方式。在流量大的城际通道上配置货运车辆专用道路，实行客货分流运输，提高通行效率。由于私人机动交通的快速发展难以逆转，在鼓励公共运输发展的同时，应尽可能兼顾私人机动交通工具的出行需求，但其无节制的发展必然导致越来越严重的道路拥堵，采取行政性的限制措施不是解决问题的可行方法，未来采取差别化的通行费调节政策将成为主要的手段。

三是合理确定城际干线与城市辐射线之间结构关系与功能区分。在城市群交通发展中，城际干线主要解决城市对轴线上的大流量、高频次的运输需求，而城市群内的各中心城市的经济功能和社会影响力均具有向周边辐射的特点，由此形成的客货运输需求具有点多面广和递远递减的特征，这就要求主导型运输方式合理配置各方式的结构，并实现功能互补。公路是解决城市功能辐射和空间拓展的主要承载方式，一些特大城市也已逐步建成由环状线和辐射线组成的城市快速路网络，高速公路与城市快速路连在一起构成未来城市群高速客运系统的重要组成部分，在功能上应合理确定城际干线、城市快速辐射线、城市环线以及城区道路之间的功能定位，并通过公路收费政策以及相关行政手段合理分配交通流，特别是一些大城市群应考虑建设专用货运通道，引导货运车辆绕行市区，减缓货运车辆给干线或市区道路造成的交通压力与安全隐患。城际铁路则主要考虑与城市轨道系统、道路公共交通系统的一体化衔接，提高换乘效率，对于超大、特大中心城市，城际铁路可考虑连接城市内主要枢纽站点(如区域铁路干线站、机场、公路客运站等)，提升其集散功能。在经济联系紧密的大城市群，如长三角城市群、珠三角城市群以及京津冀城市群，可考虑建设连接中心城市与次中心城市以及卫星城的城际客运铁路网络。

四是主轴通道城际轨道交通系统与干线铁路系统资源共用、分工合作。就空间联系而言，城市群是区域乃至全国经济地理版图的有机组成部分，其交通网络同样也是区域以及全国综合交通网络的有机组成部分。城际干线通常是区域间运输通道干线在城市群内的区段线路，这在公路通道中表现得十分明显，基于这种特点，城际干线公路在功能上既要满足城际间大交通量、高频次的客货交通流，同时要满足跨区域过境交通需求，两类交通流的叠加就会造成城际区段的交通流量显著增加，这就要求公路通道在城际区段采取高标准和大通行能力的线路配置，或者建设平行分流线路引导客货交通流，避免拥堵发生，目前主要城市群城际干线公路均采用上述方式。在城际铁路与区域间运输通道干线铁路之间，两者的功能和运输组织模式存在明显的不同，城际铁路主要解决城市群内城市对之间的大众化公共客运需求，通常采用高频次、多站点停靠的运输组织模式，并与城市客运枢纽紧密衔接；而区域间运输通道干线铁路主要满足跨区域中长距离到发或过境客货流，虽然区域间干线铁路在城际区段也可以发挥部分城际客运功能，但其运营组织特点决定了它难以承担城际铁路的功能，只能作为城际铁路功能的补充。

2. 城市群(带)区域面上交通结构模式选择

(1) 交通运输需求的主要特点。城市群区域整体交通网络是以核心城市为中心辐射卫星城以及城郊连绵带形成的区域型网络体系。城市群(带)区域其因人口分布密集、产业比较发达、城镇化水平较高，交通运输流量较大，其交通出行与运输需求主要呈现以下特点：

一是城市客流分布比较均衡。城市客流主要为通勤、通学以及日常商业活动所产生的出行需求，这种需求分布于城市各个区域，并呈现早晚出行高峰，其余时间相对平稳状态。

二是存在较大流量的与城市中心区和中心城市的向心交通、通勤交通需求。通常距离城市中心区或中心城市越近，流量越大，距离越远则流量越小。

三是普遍存在规律性的节假日出进城车流客流高峰。主要为城市居民到郊区休闲、旅游或度假车流，通常周五下午或周六上午呈现出城高峰，而周日下午则出现返城高峰。

(2) 城市群区域面上交通结构模式选择应遵循的基本思想。

一是以公路为主，充分满足私人机动化要求。公路自身的技术经济特征决定了它是满足普遍性和个性化出行需求的主导方式。在城市群交通中，城际干线主要表现为城际铁路、道路公共客运与小汽车之间的竞争替代关系，而在不具备城际轨道交通广大城市连绵带以及城郊区域，主要是道路公共交通与私人机动车之间的竞争与替代，而且私人机动车出行具有绝对的竞争优势；城市客运交通则不可避免地需要采用公共交通和私人交通的二元结构，在内地城市主要表现为公共交通与小汽车、摩托车、自行车的竞争。目前小轿车出行占高速公路的客车交通量50%以上，其客运量占15%左右。我国整体上已经步入人均GDP 3000美元这个小轿车快速发展的阶段，2009年全国私人轿车保有水平达到24辆/千人，在城镇地区该比例更高。随着私人轿车保有量的快速增长，以小轿车为主的个性化出行需求在城市群内将得到快速发展，私人轿车出行所占比重将大幅度提高，这将是难以阻挡的趋势。上述趋势要求未来公路发展在规模上与结构上相适应，一方面应加密公路网络，提高公路总量规模，另一方面应在发展中调整公路结构，注重支线公路通行能力的建设，加强干支线的衔接与结构匹配。此外，公路发展还应注意小汽车在公共客运枢纽停车换乘设施的建设，引导私人交通在通道干线上换乘公共客运方式。

二是以大通道干线为主轴，实现高密度、较高技术层次的综合交通网络化布局。随着未来我国经济社会的持续快速发展，城市化进程不断加快，大城市群区的集聚程度越来越高，特别是首位城市的规模越来越大，近似城市群的城镇密集区逐步增多，特别在东部沿海的一些经济发达地区这种趋势越来越明显，同时，城市群内各城市的边缘区普遍出现空间扩张的现象，郊区城区化趋势十分明显，这些发展趋势对交通运输条件提出了数量与质量方面的新要求。在交通基础设施配置方面，一方面，交通基础设施的配置要及时适应城市及城市群扩张对交通流变化的需求，既要重点加强城际大通道的轴线交通供给能力建设，又要使交通服务随着城市空间功能的扩张随之覆盖，避免由于出现交通“瓶颈”或“盲区”对生产生活造成影响；另一方面，由于城市或城市群地域结构形态的变化，原有的交通基础设施的功能与布局需要调整或超前规划，譬如原有的城间干线铁路、区域铁路、市郊铁路、公路等设施由于城市的扩张成为市区或城际交通设施，新的铁路、公路线及其客货运场站的规划建设应前瞻性地考虑未来城市的扩张，及时加密网络，根据功能变化对原有设施升级改造，实现高密度、较高技术层次的综合交通网络化。在交通服务质量方面，一方面应按照“零距离换乘”和“无缝衔接”的要求，优化衔接各种运输方式；另一方面，在城市群内充分发挥各种交通资源的效能，特别是提高公共交通工具的效率，促进交通运输一体化发展，实现交通服务的“同城效应”。

三是积极发展城市中心区连接卫星城、主要工业区、旅游景区的市郊铁路网络。随着城市群的发展，在中心城市间将形成大量的卫星城，这些卫星城成为相对独立的居住生活、工作、旅游或休闲区域单元，并与中心城区形成一定流量的规律性客流；由于城市环境容量的限制，原来位于城区的一些工业企业外迁到城郊的工业区，而居住地通常在城区内，就会形成早晚大量的定点间通勤客流；此外，在一些城市的郊区旅游景点与城区间也形成大批常态性的往返客流。这些定点间规律性的客流达到一定规模后，单靠道路交通来承担就会形成拥堵现象，可考虑发展与城市轨道交通相衔接的市郊铁路网来满足交通需求。此外，可根据条件共享既有线路能力富余资源，增强区域客运交通服务功能。

3. 城市交通发展模式

根据不同规模城市的特点，合理规划城市交通发展模式。超大、特大城市应加快发展轨道交通、大运量道路公共交通方式，抑制私人机动交通工具的过度使用，提高综合交通系统的系统效率；大城市建立以道路公共交通为主，轨道交通为辅，私人机动交通工具为补充，合理发展自行车交通的城市交通模式；中小城市主要以道路公共交通和私人交通为主要发展方向。

在城市机动交通工具的发展中，应采取必要的经济和行政措施，鼓励节能环保型新能源道路机动车的推广和使用，从公共汽车、出租车逐步向家用汽车推广。加强配套基础设施(如车辆加气站、充电设施、维修设施等)的建设，为节能环保型新能源道路机动车的普及提供运行保障。

在城市交通体系建设中，应注重客运枢纽站点的一体化衔接换乘系统的规划与建设问题。枢纽的交通衔接体系是指城际交通与城市交通，包括轨道交通、常规公交、出租车、私人交通以及与其他运输方式之间的换乘衔接系统，还包括广场、公共走廊(地下通道、人行天桥等)以及周边道路等诸要素。在一定条件下，这些要素的有机联系和组合，构成了完善的枢纽交通衔接体系，对城市空间和城市客运交通的整体秩序起着维系和支撑作用。因此，枢纽交通衔接换乘系统的优劣，事关城市的和谐发展和城市交通的良性运行，枢纽中各种交通方式的有效衔接是枢纽空间形态优化整合和功能充分发挥的关键环节。零换乘和一体化应成为客运枢纽交通衔接体系规划设计的基本思想。

第四节　综合运输体系构建的推进方式与进程

(一) 综合运输体系构建进程回顾

我国从20世纪50年代开始提出建设综合运输体系，其基本思想是：从国民经济与社会发展对交通运输业的要求出发，建立完善的交通运输体系，充分发挥运输系统效率(包括发挥各种运输方式的比较优势及互为衔接)，降低运输成本，节约运输消耗，创造国民经济和社会的整体经济性，更好地服务于经济社会发展。按照上述思想，综合运输体系建设所追求的目标应是：保证交通运输业在满足经济社会发展有效需求的条件下，争取国民经济和社会的整体经济性。

在国民经济发展的不同阶段，综合运输体系建设呈现出不同的任务及其发展方式：

进程一：在社会主义计划经济制度下，通过计划方法发展和管理交通运输；强调发展大运能、低消耗的运输方式，以各种运输方式不同技术经济的特性实行运输合理分工；按照运输通道合理布局和运输径路优化的原则，重点通过改善运输组织技术实现运能节约和运输效率提高。由于在这一进程中综合运输体系的发展，重点改善了主要物资运输状况，基本保障了同时期国民经济发展的需求。

进程二：按照社会主义市场经济制度的要求，强调综合发展(重点为规划与建设)、综合利用(重点为运行统筹与衔接)，并通过运输市场的开放与竞争促进运输结构的调整；加大对交通运输业的投入，构建以综合运输大通道为重点的交通运输网络，快速提升运输供给能力，实现了交通运输业的大发展。通过这一进程的综合运输体系建设，初步形成了由各种运输方式相对独立构成的国家交通网，总体上支撑了国家经济和社会的快速发展。

我国综合运输体系建设目前已经深入交通运输发展之中，成为交通运输发展的指针。同时，我们也应认识到，过去由于我国交通运输业无论在基础设施还是运输服务方面都比较落后，尤其是交通基础设施十分薄弱，运输能力供给严重不足，因此在综合运输体系建设进程中实行了以在国家和地方层面对交通基础设施大资源投入、大项目建设、全系统加速大发展作为综合运输体系建设的基本方针，快速改变了我国交通运输供给不足的矛盾，从总体上实现了我国交通运输业初步适应国民经济与社会的发展，以及国民经济与交通运输业的整体效率和效益。

改革开放以来是我国综合运输体系建设与发展最快的时期。自 20 世纪 80 年代开始，综合运输基础设施系统建设进入了快速发展期，用了约 20 年时间就一举改变了交通基础设施数量严重短缺、质量极端落后的状况，交通运输的总体基础和整体实力大幅增强，为提升运输服务质量奠定了坚实基础。预计到“十二五”中期，国家交通基础设施骨干网络的主要框架将初步形成，地区性交通基础设施骨干网和基本网络正在大规模建设之中；在此基础上，运输服务水平提高日益成为交通运输建设的重要内容，满足便捷、安全、高效的运输需求作为交通运输的主要任务，综合运输体系建设将进入新的发展阶段。因此，是继续按既有的建设发展方式和趋势，还是有所改变，按照新的发展方式以及重点来加快综合运输体系的建设与发展，这些问题需要比较明确的回答，才能在规划、政策制定以及实施过程中较好地体现和落实。

(二) 交通基础设施总体布局规划实施进程安排的基本思想

交通基础设施水平是保证提高运输服务质量的基本条件。从 2004 年开始至今，国务院先后审议颁布了《综合交通网中长期发展规划》等 14 项交通运输涉及各种运输方式基础设施网络的总体布局规划，这些规划将作为中长期交通运输基础设施网络布局目标进行建设和实施。因此，在当前和今后一段时期内，交通基础设施网络建设仍然是交通运输业发展的重要任务。

第一，我国交通运输服务水平落后仍然受制于交通基础设施能力的短缺，其交通运输对国民经济与社会发展的刚性需求的适应性还不稳定、比较脆弱，特别是在部分时间与空间上还存在或强或弱的瓶颈制约，这反映出现有的交通运输供给能力还不能完全满足国民经济与社会发展的需求。

第二，我国交通基础设施网络建设尚存在区域不平衡，总体上看，东部地区交通网络密度较高，交通通达性好，其主要矛盾是交通网特别是干线交通网通行能力趋于饱和；西部地区交通网络密度较低，还有部分地区未能实现基本交通条件或应具有的交通条件，与东中部地区联系的主通道尚不够畅通，因此其主要矛盾一是交通网的普及性还有待提高，二是联系东中部地区的主通道能力有待加强。

第三，我国交通运输体系建设对国民经济与社会发展总体上处于初步适应阶段，但从未来的经济与社会发展看，对交通运输服务水平的质量要求将呈现不断提高的趋势，即交通运输供给需求是一个动态的平衡过程。完善交通基础设施网络作为提升运输服务水平、实现交通运输现代化的基本条件，必须适度超前建设以具有充分的运输供给能力做保证，才能满足经济社会不断发展对交通运输业的要求。

进入21世纪之后，我国交通基础设施网络已经初步改变了数量上严重短缺、质量上极端落后的面貌，由于前阶段交通基础设施建设具有还欠账和低水平起步性质，主要建设项目都是最重要的、必须建设的，并表现出交通运输量大、经济效益好、作用明显等特征，因而不需要严格比选论证。但是在交通基础设施已经具备一定规模后，原建设方式已经不适应未来的交通运输基础设施网络建设的要求。而以综合系统性制定交通运输发展规划(包括综合性规划和分运输方式单项规划)为标志，交通基础设施网络建设进入了新的发展阶段，大量的交通基础设施项目面临着必要性、经济性、阶段性等多目标选择。为此，要实现交通基础设施网络的合理建设，应更多考虑布局规划、建设时机、投资规模，以及衔接方式、运行成本等。同时，经济社会发展对运输服务将产生大量的、新兴的、高标准的需求，因此在综合运输基础设施系统逐步完善的基础上，对综合运输服务系统建设将逐步成为综合运输体系建设的重点。

基于上述分析判断，我国交通运输业发展正处于从大规模基础设施网络布局建设阶段向基础设施网络结构优化建设以及运输服务系统建设与完善的发展阶段转变。因此，在“十二五”时期实施交通基础设施发展规划、建设完善的交通基础设施网络的过程中，应该遵循以下基本思想。

1. 按照适度超前的原则继续保持较快的发展速度

交通运输作为国民经济的服务性产业，其功能是为经济发展和社会进步提供支持与保障，其效果是体现在旅客出行的便捷性和时间节约、货物运输的及时性和成本降低。目前，我国的交通运输系统还不能很好地达到上述要求，交通运输的先行作用还不能很好地得以发挥。首先就是交通基础设施系统存在差距，现有的运输能力供给还不足以充分满足不断增长的运输需求，实现交通运输先行目标的基础还十分脆弱。因此，在“十二五”甚至之后一段时期，要按照适度超前的原则继续保持较快的交通基础设施建设速度，不断完善综合运输基础设施系统，尽快完成交通基础设施大发展阶段。

从20世纪90年代开始，由于充足的资金支持(主要是政策性资金与银行资金等)和宽松的资源供给，我国交通基础设施网络建设进入了一个长达15年左右的低成本型的大发展时期。为适应我国未来的工业化、城镇化和国际化发展大趋势，要积极争取和利用当前国家加大对交通基础设施网络建设支持的有利条件，加快实施交通基础设施网络建设规划。在充分考虑各地区基本情况、适当调整不同方式或各方式内部不同层次以及不同地区的网络结构的同时，继续全面地保持交通基础设施网络的建设速度，争取在较短的时间内通过大规模的资金、资源投入，快速完善交通基础设施网络，使我国交通基础设施网络达到较高水平并实现超前发展，以全面适应未来经济社会持续快速发展的需求，并为今后交通基础设施网络建设进入平稳发展阶段奠定基础。

2. 注重社会经济效益，把握超前发展的"度"

合理实施交通基础设施网络建设项目。充分兼顾交通基础设施网络的超前性和经济性，把握好两者的"度"的关系，尤其是定位好各层次交通基础设施网络及建设项目的功能，准确分析判断相关地区的经济社会发展的环境与趋势，即把握其交通运输需求的发展特性(运输对象、增长速度、服务要求等)，从而确定交通基础设施网络的类型、标准、建设时序、未来发展措施等，促使交通基础设施网络在服务期内既能保证满足经济社会发展需求，又能基本达到项目设计的能力与效益指标。

此外，要处理好交通基础设施网络规划与建设的关系。交通基础设施基本上是一种永久性的设施，应将满足当前需要、适应未来发展作为交通基础设施网络规划建设的基本目标。因此，一方面要从未来发展考虑进行长远规划，对部分重要的交通基础设施网络还应确保为后规划期留有发展余地；另一方面要依据现有规划按照需求分阶段进行合理化建设，以争取交通运输服务效用的最大化或实现交通运输服务成本的最小化。

3. 积极贯彻统筹与协调原则，促进综合运输基础设施网络发展

统筹与协调是综合运输体系思想的本质与核心。我国自建国之后所实行的各种运输方式自我建设、管理和运营交通基础设施的方式，对尽快形成交通基础设施网络产生了巨大作用。针对我国已经建成的庞大的交通基础设施网络，应以综合运输思想为指导，从优化结构、提高运输系统效率、实现社会成本的经济性，以及建设资源节约型和环境友好型社会的要求与建设统一、综合的交通基础设施网络的目标要求出发，加强各种运输方式及其单项规划的统筹与协调，逐步构建一体化的交通基础设施网络。

4. 统筹区域协调发展，实施差异化发展战略

统筹实施区域交通基础设施网络发展战略。我国土地辽阔、人口众多，区域间经济与社会发展极不平衡。因此，各区域在交通基础设施网络的发展战略上应有不同，即东部实行提升战略、中部实行完善战略、西部实行普及和超前引领战略。具体战略是:

(1) 东部提升战略。东部地区已形成综合运输基础设施系统，应采取与国民经济相适

应的发展速度，重点提升通道能力，进一步完善交通基础设施网络系统。针对东部地区原有的交通基础设施网络标准普遍较低、目前较为拥堵的状况，交通基础设施网络建设应以构建大能力运输通道与改造提升既有基础设施相结合，进一步完善交通基础设施网络系统，提高综合运输能力。

（2）中部完善战略。中部地区初步形成综合运输基础设施系统的主要框架，应继续保持既有的建设与发展速度，实行加快完成运输通道建设与完善地方路网布局并重。针对中部地区经济起飞和承东启西、连接南北的地理区位，初步建成区域间运输通道的状况，中部地区交通基础设施网络建设应以完善区域间交通基础设施网络与区域内交通基础设施网络，以及两个网络的衔接为重点，并做好未来区域间交通基础设施网络的升级改造规划。

（3）西部普及和超前引领战略。西部地区应实行加快发展、超前建设，重点建设对外大通道与普及区内交通基础设施网络。针对西部地区对外运输通道较少且能力较小、区内交通基础设施网络密度较低的状况，交通基础设施网络建设应按照国家统一的运输干线和运输大通道建设标准，重点加强、加快对外大通道建设（至沿海、沿边），打通瓶颈，增强、通畅与发达地区的经济联系；加快改善地区内交通基础设施基本网络，发展地区内高等级运输通道，完善交通网络，改善地区交通条件。同时注意发挥交通运输业对经济产业和社会的布局与发展功能。

5. *有计划地统筹平衡交通基础设施规划项目的近远期建设时序*

我国的综合运输基础设施网络系统建设历经60多年，已经形成了一个由9万km铁路、近400万km公路、12万km内河航道、沿海和内河规模以上港口140多个、生产用泊位约1.8万个、176个定期航班机场和8万km左右长输油气管道构成的较为庞大的综合运输基础设施网络系统。随着长期存在的交通运输瓶颈制约基本解除，交通基础设施建设将步入完善提升阶段。由于2008年在世界范围爆发的国际金融危机给交通基础设施建设带来了意外的机遇，国家出台的加大投资、拉动经济的对策极大地推动了交通基础设施网络的建设规模。目前，全国分别有数万公里的铁路、高速公路，数十个码头泊位、机场正在建设，其大规模的交通基础设施项目建设将持续到“十二五”时期，并且各地还有大量新项目在抓紧陆续开工建设。

按照现有交通基础设施建设规模与建设速度，多项中长期交通运输发展与布局规划将提前于2020年前后完成，交通运输基础和保障能力将大幅提升，对国民经济发展的适应性大幅增强。因此，从“十二五”期开始，应有计划地统筹平衡交通基础设施规划项目的建设开工时序，按照适度超前的原则，合理地平衡安排各阶段的交通基础设施总建设规模，保持持续平稳发展和与国民经济发展相协调。并根据中央统筹效率与公平的方针，在投资方向和建设项目上更加注重社会经济效益，同时，也要注重高技术等级交通项目的财务效益。另一方面，应采取有取有舍、突出重点的方针，适应城市化发展的方向，加强城市交通、城市群交通的建设，重点是加强城市和城市群的轨道交通建设及发展的力度与速度。

统筹平衡近远期项目的建设安排，既是考虑合理的建设强度和资金需求以及项目经济效益的需要，也是保证工程设计和建造质量的需要。设计方案的优选、改进、与其他设施和项目的衔接配合以及如何更加节能环保等都需要有相应足够的时间作为保障，项目施工也是如此。此外，大规模建设需要有大量的施工队伍，规划项目的过度阶段性集中开工建设将会造成施工队伍规模的大起大落以及施工机械的高投入与闲置，同时也会对各种建筑材料的供需造成较大的波动，对社会就业稳定和相关企业的均衡生产经营产生影响。交通运输是国民经济的一个部门，对国民经济和社会的平稳发展也担负着责任。

（三）综合运输基础设施网络系统构建的推进方式

交通运输业当前由铁路、公路、水路、航空和管道五种运输方式构成，各运输方式以其所具有的比较优势而承担一定范围的旅客与货物运输市场份额。同时，各种运输方式自诞生之日起就因不同的功能而实行了不同的发展途径，以及面临不同的发展环境。纵观世界各国交通运输业的发展历程，其基础设施网络基本上都是分运输方式各自建设，或者是少量统一安排资金建设、大量由各运输方式各自安排资金建设。由此，各国在交通基础设施网络建设过程中，均采取了不同的发展政策。

我国在综合运输基础设施网络系统建设中也同样走过了一条各运输方式自我发展的道路。从新中国成立之后至20世纪80年代中期，基本上由中央政府财政预算承担了铁路建设的全部费用；公路则每年从财政预算获得几亿元资金，基本上全部用于国边防公路建设。据有关数据显示，1950年～1980年国家财政预算投入铁路基本建设资金500多亿元，约占铁路基本建设投资总额的96%；而同时期国家财政预算投入公路建设的资金共76亿元，约占公路建设投资总额的20%。由于各种运输方式基础设施网络建设资金的来源不同、资金数额各异，因此，各种运输方式分别独立建设基础设施网络系统就是一种基本的规律，它决定了在先期阶段交通基础设施网络建设必然是各种运输方式分别进行充分发展，尤其是市场经济制度支持这种建设方式，即资金将灵活投入到短缺的运输方式中。在单一运输方式基础设施网络发展的同时，客观上促进了综合运输基础设施网络的建设与形成。

各种运输方式在其自有的基础设施网络初步形成之后，即交通运输业从总体上发展到与国民经济和社会发展基本适应之后，面临着进一步投入资金与提升效率和效益回报的平衡矛盾，因为仅靠某一种运输方式一枝独秀或是各种运输方式独自运营是无法满足经济社会发展对交通运输的高质量需求的。唯一有效的方法就是将各种运输方式的基础设施网络进行有效衔接，构建综合运输基础设施网络大系统，充分发挥综合运输系统的作用，实现交通运输效益最大化。

我国各种运输方式初步建设与形成了各自独立的基础设施网络系统，为综合运输基础设施网络系统的建立奠定了良好的基础。未来交通基础设施网络建设的重要任务或者说是第一位的任务，应该是在继续完善各种运输方式基础设施网络基础的同时，加强统筹规划、调控、引导，加快综合运输基础设施网络系统的构建形成。

1. 加快综合运输基础设施网络系统建设，促进综合运输体系的构建与形成

构建综合运输体系的目的，是要在解决旅客和货物通达的基础上实现交通运输的效率与效益，因此，建设综合运输体系必须从两个方面与两个衔接入手。第一，综合运输基础设施网络必须建立在各种运输方式基础设施网络较为完善与相互衔接的基础之上。随着我国各种运输方式的基础设施网络初步形成，目前处于进一步提升网络质量的发展阶段，基本具备了建设综合运输基础设施网络系统的条件，应该适时地逐步转变发展方式，有重点地进行各种运输方式基础设施网络系统的衔接，构建一个由各种运输方式基础设施网络组成的综合运输基础设施网络系统。第二，综合运输系统必须建立在综合运输基础设施网络系统基本形成与运输服务系统衔接的基础之上。综合运输能力形成的最基本条件是交通基础设施系统的能力，长期以来我国交通运输成为国民经济薄弱环节，除了管理制度和运输组织等因素外，最重要原因就是交通基础设施系统的供给能力严重短缺，根本无法通过组织与管理手段解决。我国2003年开始爆发的经济超高速增长及2008年发生的汶川强烈地震，是对综合运输系统的考验，完全证明了我国综合运输基础设施网络系统已经具备了较强的运输供给能力。未来的任务应在继续完善综合运输基础设施网络系统基础上，积极促进交通基础设施网络与运输服务网络系统的有效衔接，尤其要重视制度层面的建设，构建具有更高运输效率和服务水平、各种运输方式相互紧密合作的运输服务系统。

2. 加强综合运输体系发展规划的编制与实施，统筹、协调各种运输方式的布局与建设规划

规划先行或以规划指导建设与发展是我国实现交通运输大发展所取得的一条重要经验。我国于“十五”末期至“十一五”初期由国务院分别通过颁布了共14项有关交通运输网布局与发展规划，其中仅《综合交通网中长期发展规划》属于综合运输方面，而其余规划均为单一运输方式基础设施网络布局与发展的专项规划，且大部分早于《综合交通网中长期发展规划》进行编制和颁布，从而削弱了《综合交通网中长期发展规划》的综合性和实施效果。应该按照前一部分提出的交通基础设施网络建设的基本思想，以综合运输体系规划即《综合交通网中长期发展规划》作为各专项交通规划的上位规划，进一步系统地调整和修改各专向交通规划，指导和约束各种运输方式基础设施网络布局规划和建设实施，促进综合运输基础设施网络的发展。

3. 以政府为主导和加强宏观调控，加快综合运输网络系统的建成

交通基础设施网络规划必须实行由政府进行主导，而交通基础设施网络的建设则可部分通过市场实施。第一，建设符合中国国情的综合运输基础设施网络系统。主要应考虑国土面积大而区域发展不同步，人口总量多而收入水平较低，资源较为丰富而分布不均衡，等等。解决全局性的交通运输问题是政府的职责，这在现阶段交通基础设施网络布局规划与建设时应充分考虑，具体如西部地区交通基础设施通达性、低收入群体(农民工)交通、

煤炭运输等；第二，实行统一、综合的资金和资源的科学与优化配置。充分利用我国的基本经济制度和经济管理制度的优势，主要是政府的作用，对交通基础设施网络按照系统化、高效能、相互衔接的要求实行统筹规划，科学配置，逐步消除综合运输系统中的“短板”，实现综合发展，综合利用；第三，按照环境友好型和资源节约型的国家战略建设综合运输基础设施网络系统。随着世界范围内对环境与气候变化的关注，交通运输作为能源消费与排放大户，必然将承担更多的减排义务。只有依靠政府的主导作用，实行“胡萝卜加大棒”政策，通过引导与限制等措施，构建环保型和节能型的交通基础设施网络系统，发展可持续的综合运输体系。

（四）综合运输服务系统构建与完善的推进方式

综合运输服务系统是综合运输体系的重要组成部分，是一切运输服务活动的集合，只有建设高效、优质的综合运输服务系统，才能发挥交通基础设施系统的作用，实现交通运输业在国民经济与社会发展中的基本功能。

交通基础设施网络是交通运输业实现对国民经济服务性功能的基本条件，而依靠交通基础设施网络功能所进行的运输服务才是交通运输业的根本目的，因此，交通基础设施网络的规划与建设效果最终要以实施优质的运输服务作为体现，争取高效率运输系统和高质量运输服务。按照这一发展思路，在实施交通基础设施网络规划与建设时就要以其服务性（包括服务质量和服务普及性）作为目标，充分考虑客货安全性、交通通畅性（通达水平与通过能力）、系统效率性、社会经济性（交通运输的社会成本最小化，包括环境与资源），以及运输衔接性、便捷及时性、旅客舒适性等等，将交通基础设施网络建设落实到运输服务上，并且适时实现交通运输业发展重心的转变。

综观世界经济社会发展规律，尤其是在市场经济条件下，供给与需求应是同步发展的。参照许多发达国家，也是有了交通运输需求才有了交通基础设施的建设（或者是在交通运输需求分析预测基础上），即交通基础设施系统与运输服务系统基本上是同步建设、相互衔接的。与发达国家的交通运输系统建设模式不同，我国自建国之后实行了社会主义计划经济发展模式，按照一种十分理想化的思想构建综合运输体系，即更多地追求综合运输基础设施系统的效率与效益，几乎使综合运输服务系统建立在空中楼阁之上；改革开放之后又片面地依靠综合运输基础设施网络系统建设来提升运输质量，造成综合运输服务系统建设长期发展缓慢，交通运输业对改革开放之后经济社会的快速发展产生了较为严重的瓶颈制约。分析前后两个阶段所产生的问题，其根本原因还在于缺乏对交通运输供求关系规律性的把握，以及对综合运输基础设施网络系统与综合运输服务系统的相互关系缺乏深刻认知。

我国在引入综合运输理念初期，曾通过推行综合运输的组织与管理技术手段，希望实现交通运输服务的高效率与低消耗。例如，1961 年由交通部、铁道部共同颁布实施的《铁路和水路货物联运规则》，实行了部分线路与货物的铁水"一条龙"运输（为鼓励货主采用铁水联运，对联运货物运价还实行15%优惠），大大减少了联运货物的换装等待时间。在此运输规则的基础上，我国开展了"淮（南）—裕（溪口）—申（上海）煤炭铁水联运"、"徐（州）—浦（口）—申（上海）煤炭铁水联运"、"阳（泉）—青（岛）—申（上海）煤炭水陆联运"等等，并于20世纪80年代建设了由"大同—秦皇岛"煤炭专用铁路、秦皇岛煤炭装船码头、华东/华南煤炭接卸码头三位一体的能源水陆联运线，至今已成为我国最大、最重要的能源运输大通道，从国家战略层面既充分利用沿海运输资源，又缓解了我国北煤南运中占用陆上通道资源的难点；又如，在20世纪60～70年代实行的"上海—东北百杂货水陆联运"等等，这些都可视为综合运输的范例。但是，到了20世纪80年代，由于改革开放后经济快速发展对交通运输产生了巨大的供求矛盾，导致成功运行了约20年的铁水货物联运（除煤炭联运外）取消，其中最主要因素之一就是铁路运输经营出现较大矛盾，根源在于铁路运输能力极度短缺，从而在计划经济转为市场经济的环境中造成对实行货物联运的驱动力不足、采用货物联运服务的意识缺失。特别是到了20世纪90年代末，使之于70年代末在国家支持下轰轰烈烈开展的铁水、公铁联运几乎消失。由此说明，推动综合运输服务系统发展、完善综合运输体系建设的一个关键条件在于综合运输基础设施系统的建设与完善。

自20世纪80年代开始，交通运输业利用改革开放的有利时机，在国家加大了对综合运输基础设施网络系统投入的政策支持下，全力发展交通基础设施并极大地改观了交通基础设施网络系统的落后面貌，取得了交通基础设施网络建设的巨大成就。尽管综合运输体系的建设重点向综合运输基础设施网络系统倾斜，实现了交通基础设施网络系统的快速建设，但由于交通运输能力供给与需求出现脱节，加之落后且分散的管理体制与管理机制，未能实现综合运输服务系统同步建设，造成时至今日运输服务系统极不适应经济社会发展的落后状况。综合运输服务系统成为综合运输体系的短板。

理应认识，经过20世纪90年代开始的大规模交通基础设施建设，交通运输基础条件发生了巨大变化，已经为转变交通运输发展方式创造了有利环境。同时，提高运输服务质量的呼声日益高涨。因此，我们认为"十二五"期间将是综合运输服务系统大发展的启动期，交通运输业必须适应运输需求提升的基本要求，逐步实行交通基础设施网络系统与运输服务系统相互衔接、同步建设，并为未来实现交通运输业的建设重点向运输服务转变奠定基础，创造条件。

1. 积极发挥综合运输基础设施网络系统的功能与作用，推进综合运输服务系统建设

自20世纪80年代逐步开始的交通基础设施网络系统建设高潮，通过已经及正在形成的交通运输能力，使我国交通运输业从总体上初步适应了经济社会发展所产生的旅客与货物运输需求，为综合运输服务系统的建设与发展创造了基础条件。因此，推进综合运输服务系统建设与完善，应充分利用现有的较大规模综合运输基础设施网络系统，一是使用综

合运输基础设施网络系统的支持平台基础，二是发挥综合运输基础设施网络系统的基本功能与作用。

推进综合运输服务系统建设，必须依靠综合运输基础设施网络系统所形成的基本条件和良好环境，即具有较为充分的交通运输能力供给，提供较好的运输保障功能，这是实现综合运输服务系统功能的基础平台。改革开放以来，公路里程增长了3.5倍，铁路营运里程增长了65%，其中以高速公路、电气化铁路和双线铁路构成的大能力运输通道快速增长，充分显示了综合运输基础设施系统无论在数量还是质量上都取得了快速提升，并形成了较大的综合运输能力，同期的全社会旅客运输量和货物运输量分别增长11倍和9倍。因此，依托具有较大规模的综合运输基础设施系统，加快综合运输服务系统建设与完善，逐步提升综合运输服务水平将是未来综合运输体系建设的主要任务。

推进综合运输服务系统建设，必须充分发挥综合运输基础设施网络系统的基本功能与作用，通过建设与完善综合运输服务系统以实现综合运输系统的效率与效益。初步统计，新中国成立后，全国交通运输业基本建设投资累计约13万亿元(按当年价累计)，建成了庞大的综合运输基础设施系统，特别是进入21世纪后全国交通运输业基本建设投资合计超过10万亿元。如此巨大的交通基础设施投入，必须通过综合运输服务系统所提供的旅客和货物交通运输服务，才能转化为国民经济收益和生产与生活的基本条件，才能促进社会的发展与进步。完善的综合运输基础设施系统是促进综合运输服务系统的基本条件，而发达的综合运输服务系统则是发挥综合运输基础设施系统基本功能与作用的有效保证。因此，应该以充分发挥综合运输基础设施系统基本功能与作用作为重要途径，推动综合运输服务系统的建设。

2. 充分利用综合运输基础设施网络系统，采取先行试点推进、由易到难、突破点线、逐步完善的方针，构建综合运输服务系统

我国交通基础设施系统总体上已经具备并有效支持了国家经济社会的快速发展需求，为未来时期推进综合运输服务系统的建设与完善提供基础条件。针对当前我国综合运输基础设施网络系统尚不够完善，特别是在交通基础设施在时空布局上不完善的状况，不能消极等待，应尽快推动建立综合运输服务系统的意识，采取先行推进、由易到难的方针，可从专项货类、成熟线路选择突破，然后随着综合运输基础设施网络系统的建设而逐步完善，最终建成较为完善的综合运输服务系统。

按照上述基本方针，首先选择建立以煤炭为代表的大宗物资综合运输系统，并以交通基础设施系统较为发达、运输能力较为充足以及市场经济水平较高的东部或中部地区构建有效的综合运输服务系统，实行先行推进。其次，积极探索最具有运输服务特性的集装箱综合运输系统，以建立集装箱多式联运系统作为完善综合运输服务系统的框架目标，实现构建综合运输体系的最终目标。

(1) 煤炭综合运输系统。煤炭是我国不可或缺的一项重要物资，并呈现出西北丰富、

东南匮乏的资源分布禀赋，具有量大且稳定的供求关系。另一方面，我国经过长期建设，已经初步构建了一个比较完整的煤炭运输系统。作为煤炭综合运输系统应包括煤炭运输基础设施系统和煤炭运输服务系统两大系统。煤炭运输基础设施系统由铁路、港口、航道及公路等组成，其中铁路既包含像大(同)秦(皇岛)线这类煤炭专用铁路，也包含石(家庄)太(原)线等国家铁路网内运输线路；港口则既包含煤炭专用泊位，也包含货物通用泊位，等等。煤炭运输服务系统由运输组织、运输管理(含运输规制等)、运输经营等组成，既包含单一方式运输，也包含多种方式运输。目前，煤炭运输基础设施系统相对较为发达，具备较好条件；而煤炭运输服务系统则还很不完善，尤其是在运输管理方面尚存在较大问题，煤炭运输中转环节成本过高，抬高了煤炭运输的总费用。因此，建设和完善煤炭综合运输系统可成为先行推进的专项综合运输系统。

(2) 集装箱综合运输系统(集装箱多式联运系统)。集装箱运输作为件杂货物运输的一次革命，是现代化的运输形式，最能体现运输服务系统的作用。从20世纪80年代起，国家出台了许多积极政策以推动集装性运输发展，并取得了巨大成绩，如沿海集装箱专用泊位快速建设，到2010年我国港口集装箱吞吐量达到1.45亿TEU。但是，经过长达30年的努力，仍然未能建立完善的集装箱运输系统，多式联运发展缓慢。究其原因，一是综合运输基础设施网络系统不发达，尤其是铁路运输能力不足，以及能承担各种运输方式换装的集装箱中转站缺乏；二是集装箱综合运输服务系统严重落后，包括国际集装箱运输中各部门管理环节不协调，如海关、检验检疫、货代、承运人等相互间业务手续繁杂、作业程序不方便；运输服务难以做到密切衔接，如运输代理行业不发达，运输经营人规模小且业务范围狭窄，承运人之间无法衔接等等。预计在“十二五”期间，铁路运输形势将发生重大变化，由于客运专线的投入运行和铁路双层集装箱列车的开行，既有铁路的货物运输能力将出现较大释放，使适应于集装箱运输的综合运输基础设施系统发生较大改观，从而为铁路集装箱运输发展创造良好环境。为此，可选择某些集装箱运输线路起步，协同发展运输基础设施和运输服务两个系统，努力突破集装箱运输服务系统存在的难点，逐步建立以集装箱运输为重点的综合运输服务系统。

3. 实行综合运输服务系统与综合运输基础设施网络系统同步建设

我国经济社会仍处于工业化、城镇化快速发展阶段，未来对交通运输需求还将持续增长。目前我国交通运输基本适应国民经济与社会发展需求的形势仅仅是初步的和低水平的，仍然面临着大量的运输需求数量增长和运输需求质量提高的共同作用。因此，未来的综合运输体系建设任务包含完善综合运输基础设施网络与综合运输服务两大系统，来满足经济社会发展的需求。

由此，在“十二五”期及稍后一段时期内，综合运输体系建设的首要任务仍然是要继续实施交通基础设施发展战略，继续贯彻加快交通基础设施网络系统建设的方针，争取到2020年实现我国综合运输基础设施网络系统基本完善并使综合运输能力适当超前于经济社会发展需求，这是推进综合运输服务系统建设与完善的基础条件，也是确保综合运输体系建设与完善、满足经济社会发展需求的关键。其次，我国交通基础设施网络系统已经取得了较大进展，彻底改变了长期以来存在的交通运输瓶颈制约，交通运输业在总体上进入了一个新的发展阶段，这就是逐步将综合运输体系建设由重点建设基础设施网络系统阶段转向基础设施系统与运输服务系统协调发展阶段，即以提升综合运输服务水平为主要内容与继续完善基础设施网络并重。

无论从历史的发展还是从现实的环境看，综合运输基础设施网络系统建设都是一项国家与社会都十分关心的工程，并且在未来时间仍将具有较大的发展惯性，这将是影响综合运输服务系统与综合运输基础设施网络系统同步建设的最大障碍。但应该清楚地认识到，加快综合运输服务系统的建设，提升运输服务水平才是交通运输业发展的根本任务。同时，加快综合运输服务系统的建设也是完善综合运输体系的重要内容。因此，在未来时期内应逐步加大综合运输服务系统的建设力度，甚至采取矫枉过正方针，使之略高于同期综合运输基础设施网络系统的建设力度，确保综合运输服务系统与综合运输基础设施网络系统同步建设，同步发展。

4. 按照综合运输服务系统构建的要求，进一步科学规划、合理布局与建设综合运输基础设施网络系统

我国在计划经济时代和不完善的社会主义市场经济时代，综合运输体系建设基本上是在未能准确把握运输供求关系的情况下展开的，这就难免造成综合运输基础设施网络系统与综合运输服务系统相脱节，或者说综合运输基础设施网络系统建设是在未能完整、准确考虑综合运输服务系统要求的情况下进行的。例如，①在多种运输方式基础设施协调方面，缺乏统一的、科学的规划、布局和设计，造成运输设施提供的服务条件先天不足，后天无法改造，投入使用后难以提供优质服务；②不同运输方式的基础设施和设备尤其是运输场站的设计标准与规范、规则不同，导致不同运输工具难以使用与相互衔接，影响运输服务水平的提高；③部分交通运输基础设施网络系统建设缺乏对运输服务规律性的认识，造成交通基础设施硬件与运输服务“软件”不能衔接，等等。以上种种都表现出综合运输基础设施系统对综合运输服务系统的不适应。

建设与完善综合运输服务系统，还应该针对经济社会发展的不同发展阶段以及交通运输的适应性水平，转变长期实行的以综合运输基础设施系统建设为中心的基本思路，实行按照提供高质量运输服务的要求对综合运输基础设施系统进行科学规划、合理布局与建设，这是一种根据交通运输需求确定提供交通运输供给，即按照综合运输服务需求规划建设综合运输基础设施系统的推进方式，因而更加具有建设综合运输基础设施系统的合理性与科学性。同时，科学规划、合理布局与建设的综合运输基础设施系统将是构建综合运输服务系统、完善综合运输体系的有效途径，应该在全面、科学及综合性规划的基础上进行综合运输基础设施系统建设，以提高综合运输系统能力为手段，实现增强运输服务水平的目标。

第五节　综合运输体系构建发展中政府与市场的作用

综合运输体系的构建与发展是从国家层面对组成交通运输系统诸要素的有机整合，因此，政府将首先根据经济社会的发展水平并考虑国情因素对综合运输体系的发展要求和实施步骤进行宏观调控，通过资源调配引导不同交通运输领域的发展方向，促进综合运输体系结构优化和整体效率的提高。在社会主义市场经济体制下，政府宏观调控政策需要通过市场机制的作用得以落实，即通过不同的市场主体使政府的调控目标成为现实。市场机制的根本着力点在于价值规律的作用，而政府根据发展要求调节各种交通资源要素的价格(价值的货币表现)水平，从而影响供需关系。简言之，综合运输体系的构建与发展需要政府主导、市场化运作共同来推进。

(一) 政府在推进综合运输体系构建与发展中应发挥主导作用

由于综合运输体系的构建与发展更主要地体现于政府在宏观层面上对交通运输发展理念整体性的选择，因此，政府特别是中央政府在推进综合运输体系建设中应发挥主导作用，这种主导作用主要体现在以下四个方面：

一是通过交通运输发展战略、规划和相关政策的制定和贯彻落实引导交通运输的发展方向。明确不同运输方式或交通领域的发展任务，为交通运输发展提供政策保障，使交通运输的发展按照政府的意志朝着综合运输体系所要求的“结构优化、布局合理、分工协作、连接贯通、协调衔接、运输高效”方向发展。在交通运输领域的各类规划和政策中，处于上位的综合运输体系规划具有统领全局的指导作用。

二是通过经济手段和必要的行政手段提供与经济社会发展水平相适应的交通基础设施和运输服务，有效满足不同层次和不同类型的运输需求。政府具有提供交通供给的责任并不意味着政府应该直接生产各类交通基础设施或服务，而是通过投资、财税、价格等经济手段和必要的行政手段来调节交通供给的规模和结构，避免由于市场失灵带来的盲目性以及由此造成综合运输体系结构的失衡。而满足基本交通服务和具有纯粹公益性的基础设施及相关服务(如农村公路、国防交通等)则需要政府投资或补贴承担，甚至采取必要的行政手段来保证供给。

三是政府在主要运输通道或运输走廊上不同运输方式的配置上发挥协调或指导作用。在交通运输网络中，主要运输通道或运输走廊是网络的主骨架，它通常处于经济社会活动活跃的地区或连接主要的产业集群，承担着主要的客货运输量或交通流。在主要运输通道上，通常至少需要配置两种及以上的运输方式来满足不同类型的交通需求，这就要求不同运输方式的能力配置达到适当的比例，既要保证不同功能的设施得到充分利用，相互补充，同时要避免某种方式过度发展对其他方式形成挤出效应，造成交通资源的浪费。在这些运输通道上，通常线位、桥位资源比较稀缺，对配置交通资源的约束性比较强，这就要求政府发挥作用来引导不同方式的合理配置，而不能完全由行业部门甚至市场自发地去发挥作用，造成“先占者通吃”现象的发生。在建设资源节约型和环境友好性社会的战略要求下，政府对运输通道上交通资源的配置更应该发挥先导性作用，积极引导资源占用少、环境影响小的运输方式发展，实现交通运输的可持续发展。

四是政府在不同运输方式的衔接方面发挥重要的协调或指导作用。不同运输方式的衔接是综合运输体系建设的另一个核心内容之一。综合运输体系着重于交通运输系统的整体效率，这种整体效率的高低首先由运输结构的合理与否来决定，在运输结构相对稳定的前提下，交通运输系统的整体效率能否得到发挥则主要决定于不同运输方式能否有机地衔接。在按运输方式实行分部门管理体制下，各种运输方式本位地强调自系统的发展，不可避免地造成不同运输方式在结合部上人为割裂，这种状况突出地反映在不同运输方式的站点在物理上分离，运输组织管理上各自封闭运行，信息不互通，难以实现对运输枢纽进行功能性综合集成和运营服务的一体化组织。要打破既有的运输方式间衔接不畅的弊端，必须通过政府从规划、政策、标准等方面进行约束或引导，实现不同运输方式在结合部的无缝衔接，使运输系统的组合效率得到充分的发挥。

（二）充分发挥市场机制的基础性作用，建设一体化的运输服务体系

综合运输体系包括由不同运输方式按照一定的结构模式组成的基础设施网络系统和依托该网络形成的运输服务系统两个方面。如果说政府在综合运输体系的发展中的作用主要是通过规划、政策等宏观调控手段来引导交通网络的建设的话，那么政府发展目标的具体落实和运输服务体系的微观运行则基本上由市场来发挥作用，这是社会主义市场经济体制下定位政府与市场作用的基本出发点和落脚点。

一是要充分发挥市场配置交通运输资源的基础性作用。在经济社会这个大系统中，所有的交通运输资源或要素都属于经济资源的一部分，因而都存在不同程度的稀缺性，这些资源或要素的使用都存在机会成本。市场机制作用的根本着力点在于价值规律，虽然政府在综合运输体系的构建与发展中发挥着主导作用，但这种主导作用更主要地体现在基础设施网络建设方面，并主要通过行政的和经济的宏观手段调控运输方式结构和促进方式间的有机衔接，但这些调控手段从根本上讲不应违背价值规律。政府特别是中央政府需要将交通运输的发展放在国民经济大系统中统筹考虑，即交通运输的发展要考虑对其他产业的支撑、资源能源的承载力、环境影响程度、社会公平等因素，需要根据经济社会发展要求调节为交通运输所需要的各类资源或要素的价格水平，从而影响交通运输供需关系。政府在综合运输体系发展中的主导作用从根本上讲还是遵循价值规律的作用，而市场力则是在基

于这种政府调节所形成的资源要素价格体系上发挥作用。但是，需要防止政府对资源要素价格的调节受部门或行业利益左右造成人为的扭曲，在这样的基准价格体系上，市场力的作用会将这种扭曲放大，造成更加严重的资源浪费，偏离政府调节的目的。由于我国的市场体系尚不完备，特别是在交通运输领域的改革进程不同步，铁路行业仍处于政企合一的垄断状况，其他运输领域基本形成相对开放的市场化格局，这就使得在不同运输领域市场力配置资源力度和效果明显不同，其中在垄断性行业领域出现市场失灵，如在铁路领域，而在竞争性行业领域出现不同程度的政府失灵，如在道路货运、民航客运等领域。未来交通运输领域改革的主要任务仍然是打破垄断，建立有利于各种运输方式充分发挥其技术经济优势的市场体系，保证市场配置资源的基础性作用得到充分发挥。

二是建立和完善一体化的运输服务体系。作为国民经济的基础产业和生产性服务业，交通运输业发展的根本目的是以尽可能低的经济成本和社会代价最大程度地满足各类客货运输需求。综合运输理论所要求的运输服务体系就是以一体化的交通运输网络为物理基础，实现运输服务的高效无缝衔接。建立一体化的运输服务体系首先要求打破不同运输领域或环节的垄断或区域壁垒，为市场力发挥作用消除障碍，其次是政府要建立完善和具有约束力的市场规则体系，规范市场秩序，一方面为各类市场主体提供公平的竞争环境，另一方面要为不同类型的服务主体之间的合作提供机制保证，特别是在我国按运输方式分部门管理体制下，运输市场按行业领域或区域存在不同程度的分割状况，不同方式或不同区域间运输组织衔接不畅，服务信息相对封闭，多式联运发展明显滞后，应加强该领域的制度建设，使之成为一体化运输服务体系建设和完善的突破点；再次是完善交通运输各服务领域的价格形成机制，形成有利于体现资源优化配置和差异化服务的交通运输价格体系。价格是反映资源要素稀缺程度和供求关系最直接的经济杠杆，也是影响投资收益最直接的经济参数，如果不同运输服务的比价关系不合理，就会使整个交通运输服务市场的价格体系产生扭曲。我国目前不同交通运输领域存在政府定价（如铁路运输、城市公共客运等）、政府指导下的市场浮动价（如民航客运等）和完全市场定价（如道路货运等）等多种价格形成方式。此外，交通运输系统外部的相关资源要素价格，如土地价格，燃油、电力等能源品的价格，也存在不同的价格形成机制，对交通运输业产生重大影响。由于价格体系存在缺陷，某些投入品或服务价格被扭曲，就会造成服务结构失衡，如果这种价格扭曲的状况与某些垄断部门或地方政府不受约束的投资冲动结合起来，就会加剧结构的失衡和资源的浪费。因此，在加快推进铁路等领域的管理体制改革的基础上，深化交通运输领域价格形成机制的改革，只有价格关系理顺了，市场的作用才能真正发挥出来，这既是政府在交通运输发展中发挥主导作用的体现，也是完善一体化运输服务体系的必然要求和紧迫任务。

（执笔人：第一节罗仁坚，第二节谢雨蓉，第三和第五节吴文化，第四节郭小碚）

第五章 >>>

未来我国交通运输需求发展趋势分析

内容提要：随着重化工业大幅发展和城市化进程加快，过去十年客货运输量增长弹性系数增高；未来一段时期在工业化、城市化发展的推动下，弹性系数不会快速大幅下降，虽然许多大宗货物因将趋于接近峰值，它们的运输量增长速度放缓和随后可能小幅波动或有所下降，但总货运量在短途物流运输量较快增长支持下将会继续保持一定较快的速度增长。随着高铁逐步成网、既有线货运能力释放，铁路客货运输量增长较快，所占干线运输比重提高。

第一节　经济社会发展总体趋势和对交通运输需求的影响

现在和未来的二三十年中，对我国社会经济发展影响最大最深的就是工业化、城镇化进程的加快，对交通运输影响较大的还有经济全球化的扩展和深入。

(一) 工业化

1. 我国所处的工业化阶段和未来发展趋势

关于工业化阶段的判断是一个复杂而难以精确处理的问题，根据已有的研究，定量分析主要采用人均国内生产总值、三次产业结构和工业内部轻重工业比重等三大指标来衡量。2009 年我国人均 GDP 为 25575 元，按当年汇率折算为 3744 美元，三次产业结构比例为 10. 3∶46. 3∶43. 4，规模以上工业企业指标显示，轻重工业产值分别为 161498 亿元和 386813 亿元，重化工业占工业比重 70% 以上。由此判断，目前我国国民经济发展总体处于工业化中期阶段，工业主导型和工业重型化特征明显，未来一段时间内仍将保持重工业快于轻工业的发展态势。

我国属于后发工业化国家，在技术、产业上不是循序渐进，在科技高度发达的今天，信息技术、新材料技术和节能环保技术突飞猛进，新技术的发展和应用不仅加快了我国工业化发展的进程，而且也使我国的工业化过程脱离了以往先行工业化国家循序渐进的发展轨迹。英美两国耗时上百年才完成从农业向轻纺工业、重化工业以及高新技术产业和服务业的产业升级过程，我国是后发追赶，走的是新型工业化道路，在提高工业总体基础的同时，加大现代科技、信息化等技术的应用，发展进程大大加快，社会变革也是巨大而激烈的。当前，在我国全面进入工业化发展阶段，主体处于工业化中期的同时，部分产业或地区已进入工业化高级阶段，实际上是工业化与后工业化并行发展。如北京、上海以及东南沿海部分地区等，北京2009年人均地区生产总值为70452元，按当年汇率折算为10314美元，三次产业结构比例为1.0∶23.5∶75.5，是以高新技术产业和服务业为主。

我国的重化工业发展。重化工业化是大国工业化发展过程中难以跨越的发展阶段，但是在科技获得高度发展后的今天，在技术上可以跨越，建设过程可以大大缩短。重化工业化的发展对产业整体水平的提升、产业结构变化以及工业体系的建立与完善的影响是巨大的。目前，我国还处于重化工业化加快发展的过程，在未来一段时期内仍将继续完成这一过程，能源、石油化工、钢铁、汽车、机械制造等产业在经济发展中的地位和作用将进一步加强。当然，在发展中走的是新型工业化道路，一是加大技术应用，促进产业升级和结构优化；二是规模化、集约化发展；三是节能减排、环境保护；四是合理布局，充分利用国内和国际两个市场、两种资源。

基本实现工业化的时间。"十六大"提出，到2020年我国基本实现工业化，建成完善的社会主义市场经济体制和更具活力、更加开放的经济体系。根据实际发展状况和趋势，至2020年我国将基本完成工业化过程，进入后工业化为中心的发展时代。与此同时，在国家政策和地方政府的大力支持下，第三产业的发展将进一步加强，其总体发展速度将快于一、二产业的发展速度，预计到2020年，全国第一产业的比重将在10%以下，第二产业的比重在42%~45%之间，第三产业比重将超过第二产业，达45%以上，北京等部分城市第三产业的比重将接近80%。

2. 发达国家在工业化发展阶段的货物运输量发展趋势

货物运输需求的产生主要决定于经济社会发展水平和产业结构，工业化发展的不同阶段，对应着不同的经济发展水平、产业结构以及工业内部结构，货物运输需求特征也明显不同。根据工业化发展历程分析，货物运输需求规模和结构特征与其所处的工业化发展阶段密切相关，如表5-1所示。

不同工业化阶段货物运输需求分析表　　表 5-1

工业化阶段	货运量规模	结构特征	需求特点
准工业化阶段	货运量规模较小，由于基数小，增长速度较快	农副产品、轻工业品及木材等散杂货运量为主	对运输能力和时效性要求不高
工业化前期	运量规模扩大，增长速度较快	大宗原材料物资运量增加	对运输能力需求明显增加
工业化中期	运量规模空前，增长速度加快	煤炭、矿石、钢铁、石油、化工等重工业原料和产品以及水泥等建材物资运量为主	大能力通道、中长距离运输需求特点突出
工业化后期	运量规模较大，增长速度放缓	大宗原材料物资运输增量减小，轻质高值货物运量和集装箱运量快速增长	货运集装化程度提高，货运时效性要求增强
后工业化阶段	运量平稳增长，增长速度较小	货运增量以轻质高值和集装箱运量为主	小批量、多批次、短距离运输，时效性强

限于数据可得性，我们对美国和日本自 20 世纪 70 年代以来的货运周转量变化规律进行分析，以期得到发达国家在工业化后期和后工业化阶段的货物运输需求变化规律。

美国的产业结构及货运周转量变化情况(图 5-1)显示，80 年代以后美国国内生产总值三次产业结构中第二产业所占比重逐年下降，货运周转量年均增长速度基本平稳，1995 年以来略有下降，基本保持在 1% ~3% 之间。

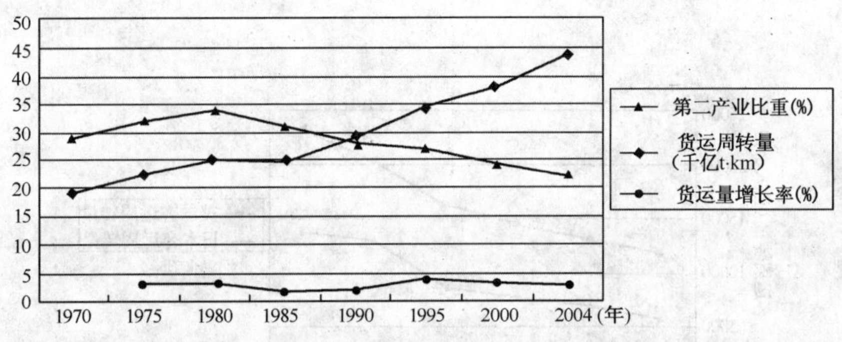

图 5-1　美国产业结构及货运周转量变化情况

日本 20 世纪 70 年代以来的产业结构及货运量变化情况(图 5-2)同样显示，其国内生产总值三次产业结构中第二产业所占比重逐年下降，货运周转量年均增长速度平稳，1995 年以后略有下降，基本保持在 3. 5% 以内。

美日两国货物周转量曲线显示，自 80 年代中后期，货运周转量逐年增长，但增长率略有下降，即在工业化后期和后工业化时代，随着第二产业比重的下降和工业内部产业结构的升级，货运总量规模虽继续有所增加，但增长幅度减小，货运量逐步趋于平稳。

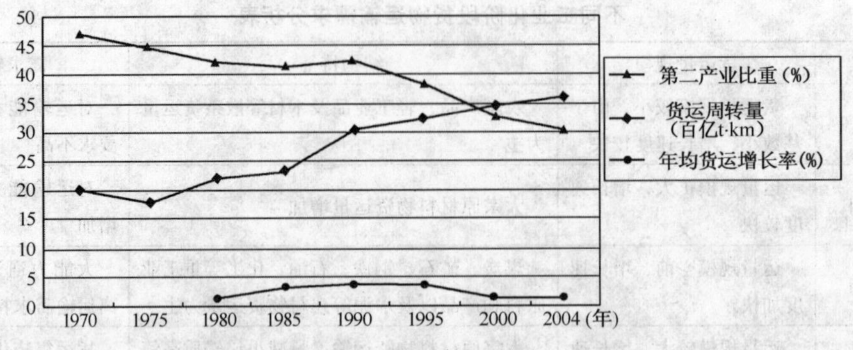

图 5-2　日本产业结构及货运周转量变化情况

3. *发达国家在工业化发展阶段的旅客运输量发展趋势*

在工业化发展过程中，产业的发展必然吸纳大量的劳动力，特别是工业化中后期，产业发展速度加快，农村劳动力较多地流入第二产业，同时，这一时期由于产业的加快发展带动经济水平迅速提高，人口的聚集和经济发展水平的提升加快了城市化进程，世界工业化和城市化发展的经验证明，城市化是工业化发展的必然结果，是工业化水平的重要表征，工业化催生城市化。

伴随城市化的发展，城市规模和范围扩大，城市群和城镇带不断形成，带动旅客运输需求增长。限于数据可得性，对 20 世纪后期美国、日本的旅客运输量增长情况分析如图 5-3所示。

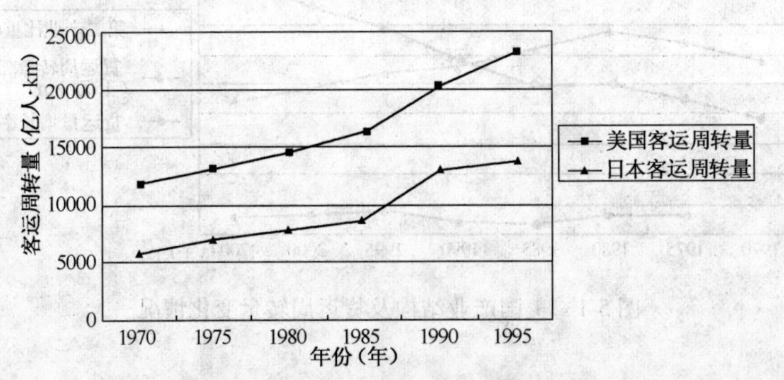

图 5-3　美国、日本客运周转量增长情况

美、日两国在 20 世纪后期客运周转量呈持续增长态势，增长率除在 80 年代后期的几年里大幅高于其他各时期外基本保持在 2% 左右，两国客运周转量在 80 年代后期同时表现为高于其他各时期的增长，可能源于最新一轮经济全球化进程的加快。对美国、日本 20 世纪后期客运周转量变化曲线分析可以看出，在工业化发展过程中，客运量呈持续增长趋势。

综上所述，我国目前总体处于工业化中期向中后期发展的阶段，近几年经济的高增长率和大规模的投资建设，使得货运周转量基本保持了两位数的增长速度，"十一五"期间货运周转量年均增速达到11.07%，客运量也呈现出快速增长态势。根据国外工业化时期的货运增长规律，以及我国未来经济发展趋势，今后一段时期内，货运总量仍将会保持一定的增长速度，但货物结构比重会发生一定的变化；到2020年左右，我国将逐步进入后工业化时代，国内货物运输需求曲线也将逐步趋于高位平缓。

（二）城镇化

1. 城镇化发展水平

城镇化是经济社会发展的一种必然趋势，是伴随着工业化而发展，其对整个社会结构的转变以及现代化的实现影响至深。随着国家工业化进程的加快和农业生产力水平的提高，我国城镇规模逐步扩大，城市人口比例逐渐上升。近几年我国城镇人口规模在不断增长，城镇化也以接近1个百分点的速度增长。2009年，我国的城镇人口，已经达到了6.22亿人，城镇化水平46.6%。近5年来，年均增加0.9个百分点。预计2015年将超过50%。

我国是在城乡二元结构、城乡差距不断扩大的状况下加快城市化进程的，目前面临着城镇对农村剩余劳动力和新生代农村青年的强大吸引与城镇就业岗位的提供、城镇安置落户的成本之间的巨大矛盾，这次国际金融危机也一定程度上影响了农民工就业，对城镇化的速度产生了一些暂时性的影响，但城镇化的总体发展趋势不会改变，随着危机的过去、产业的恢复，以及一些歧视性政策的取消和进入门槛的降低，城镇化进程在越来越多的在城镇就业和安置下来的人的带动下，以及比以前可以有更多的亲情、乡情关系渠道等，会逐步加快，预计至2025年城镇化将达到60%以上，2030年达到65%以上，通过一代、二代、三代的转移和城乡一体化的发展、农村条件的改善，农村人口的转移速度会逐步趋于平缓和下降，并最终形成基本固定的比例结构。

2. 城镇化发展模式和人口分布形态

我国城镇化的发展经历了从"抑制大城市，积极发展小城市"到"大中小城市和小城镇协调发展"的转变。2006年，《"十一五"规划纲要》中提出"把城市群作为推进城镇化的主体形态"，明确了城市群作为未来我国城镇化发展主体形态的空间布局战略。党的十七大报告提出："走中国特色城镇化道路，按照统筹城乡、布局合理、节约土地、功能完善、以大带小的原则，促进大中小城市和小城镇协调发展。以增强综合承载能力为重点，以特大城市为依托，形成辐射作用大的城市群，培育新的经济增长极。"

随着城镇化的发展，我国人口分布形态包括以城市群、特大城市为中心的人口分布以及大区域上的人口分布将会随之发生变化。在城镇化过程中，不同区域经济发展水平的差异将逐渐缩小，交通基础设施瓶颈将逐渐消除。区域经济的平衡协调发展以及以铁路为主导的大通道逐渐建成和交通瓶颈消除，这些都会对人口区域转移、分布产生和发挥巨大的作用，人口空间分布形态也由此发生改变。

3. 对交通运输基础设施建设和交通运输需求的影响

在城镇化进程中，人口持续转移的规模是空前的，影响是巨大的，其通过人口分布的变化、城镇的大规模建设、产业的发展以及人员流动性的加大，对交通运输需求和建设发展产生巨大影响。

城镇化进程的快速推进，将直接促进城市和农村交通运输基础设施的建设和发展，包括城市规模扩大后对本地区的基础设施、对外运输通道、城际和区域交通网络的建设以及供给能力的提升。

同时，城镇化进程的加快，将直接影响到城市人口的分布、密度、城市空间形态、产业规模和分布等，直接增加城市和区域城际间运输能力的刚性需求，在有限的可供给空间范围内，城市交通将面临需求强度不断增强的压力和挑战。

对客运需求而言，随着城镇化水平的不断提高，居民的出行次数增多、流动性增大，除了日常出行以外，区域范围的包括商务、休闲度假等各种出行增多，长途的以旅游、探亲等为目的对外出行增多。

对货运需求而言，城镇化的发展要求以城市、城市群、城市带为中心的城市或区域的产业群或产业带的形成和较大规模的发展，由此必然带来区域内外部原材料、产品之间货物交流和运输量的大幅增多。此外，随着城市及周围地区人口的增多，各种物品消耗增多，零售消费性物品的运输需求也会增多。

（三）经济全球化

依照相关专家学者的研究，经济全球化已经有数轮。最新一轮经济全球化是20世纪70年代末、80年代初，由英国首相撒切尔夫人与美国总统里根开启，以新自由主义理论为指导，在世界范围内竭力推行市场化、自由化、私有化与国际化。正是有了经济全球化，美国的资本驰骋世界，美国将金融衍生产品行销到世界，将风险转移给世界。经济全球化不断演绎的一个重要结果是世界经济愈发失衡，主要是以美国为代表的持续、巨额的贸易逆差，以资源输出国、日本、“四小龙”、中国等其他外向型国家为代表的巨额贸易顺差。

1. 经济全球化对我国经济和产业发展以及城市化进程的重要作用

（1）外贸出口对我国经济发展的重要性。改革开放特别是20世纪90年代以来，我国经济的对外依存度日益提高，外贸发展与经济增长的关系日益密切。改革开放初期，中国是全世界最大的成本“低洼地”，因此资本涌进中国，沿海地区经济因此而快速发展，改革开放30年取得的成就离不开外向型经济的发展和全球化背景下的产业转移。随着改革开放的不断深入，我国外贸已逐渐成为国民经济的重要组成部分。1990年以来我国货物和服务净出口对经济增长的贡献率和拉动作用以及出口总额占GDP比重情况见表5-2。

我国货物和服务净出口对经济增长的贡献率及拉动　　表 5-2

年　份	2000 年	2001 年	2002 年	2003 年	2004 年	2005 年	2006 年	2007 年	2008 年	2009 年
贡献率(%)	12.5	-0.1	7.6	1	6	23.1	16.1	18.1	9	-40.6
拉动(百分点)	1	—	0.7	0.1	0.6	2.6	2	2.5	0.8	-3.7
出口总额占 GDP 比重(%)	20.8	20.1	22.4	26.7	30.7	33.9	35.9	35.2	32.0	24.1

资料来源：《中国统计年鉴》。

外贸出口的作用不仅体现其本身对经济增长的贡献率，同时，在中国经济三驾马车中，出口对投资和消费也产生一定影响。有关分析表明，我国出口每下降1%，会使消费下降0.68%，国内资本形成下降0.74%，事实证明，对外贸易已成为我国经济增长的主要动力之一。

(2) 产业转移对我国工业发展、劳动力就业的重要作用。近年来，我国工业化的快速发展是在开放的条件下实现的，廉价的劳动力和广阔的市场空间，为国际加工制造业、劳动密集型产业加速向我国转移提供了有利基础和支撑条件，同时也加快了我国工业化发展进程和工业基础的加强，不仅有力推动了我国沿海地区工业的发展和技术研发实力的提升、产品品牌的创造形成，而且带动和促进了全国整体工业水平、产品生产水平、装备水平、管理水平的提升，以及国际贸易经营能力的提高。国际产业向我国的转移，除了加快经济发展以外，(技术和市场需求)对我国装备制造业的发展具有极为重要的推动作用。

国际产业转移为我国劳动力就业、大量的农村剩余劳动力转移创造了条件，加快了我国城市化进程。我国总体城市化水平低，还有大量的农村人口需要转移，就业问题是社会发展和社会稳定的重要问题，承接国际产业转移、大力发展相关产业和扩大出口是我国未来解决就业问题的重要途径之一。

(3) 国际资源的利用对加快我国经济发展的重要性。重化工业的发展关系到国家的工业基础和竞争力，我国正处于工业化中期，经济增长主要依靠重化工业的发展，我国重化工业发展的原料很大程度上依赖进口，我国是第二大石油消费国，石油对外依存度已超过50%，2009 年我国进口原油达 2.04 亿 t。我国是钢铁生产和消费第一大国，铁矿石 50%以上依靠进口，2009 年进口铁矿石 6.28 亿 t。国际资源的利用弥补了我国能源、原材料资源的不足，对于支撑我国经济的快速发展起到了重要作用。

2. 经济全球化下，提升参与国际产业分工和竞争力需要的基础条件

经济全球化促使世界各种资源等生产要素在全球范围优化配置，向具有比较优势的国家流动，推动全球范围的产业结构、布局和分工的调整，使劳动密集型产业从发达国家向发展中国家转移，为各国的发展提供了机遇。我国劳动力成本和土地成本相对较低，20 世纪 80 年代以来，随着我国的对外开放，大量的劳动密集型产业已开始向我国转移，我国已逐渐成为世界加工制造业大国，目前已拥有较好的产业基础和发展环境，为解决我国众多人口就业和城镇化发展问题，需要吸纳更多的劳动密集型产业，在新一轮的国际产业

结构调整和分工过程中，我国将加快沿海地区的产业升级，同时，积极推动加工制造业从沿海到内地的转移。

我国重化工业的发展将会继续加大石油等能源、原材料的进口需求，同时也会加大相关产品的出口。全球经济的逐渐复苏和外围经济环境的好转将使我国对外产品出口逐步恢复并进一步增长，未来国际货物运输量将进一步增加，集装箱海运量继续增长；2020 年以后，我国重化工业发展规模和布局将基本趋于稳定，大宗原材料进口和重化工业产品的出口运量将不会再继续大幅度的增加，而随着产业结构调整和不断升级，高附加产品和适箱货物不断增加，集装箱运量将加快增长。

3. 我国未来外向型企业发展趋势

长期以来，外贸经济的发展是我国经济增长的重要推动力，进一步融入经济全球化，积极参与国际产业分工，提高产品竞争力和国际影响力，是中国经济发展的必然趋势。

30 年来，我国依靠劳动力成本优势，承接了大量的国际产业转移，促进了经济的快速增长和城市化进程的加快，同时夯实了我国工业发展的基础，未来一段时期，为了巩固加工制造业大国的地位，继续推动经济增长，同时为解决城市化进程中的人口就业问题，我国仍将积极吸纳劳动密集型产业。

随着我国经济发展水平的大幅提高和融入世界经济的程度加强，我国劳动力成本优势逐渐下降，产品竞争力有待进一步提高，同时，继续承接和发展传统制造业和低端产业已不能支撑我国经济的持续快速增长，未来我国将在继续承接新的国际产业转移的同时加强自主创新，大力发展机电、高新技术产业，推动传统产业升级和生产技术更新，进一步提高产品的国际竞争力，外向型企业将逐步向高端发展。

改革开放以来，随着外资投入和产业转移，东部沿海地区的经济得到了快速发展，一方面东部与中西部地区差距加大，另一方面，新的国际经济环境下，要保证东部地区经济的持续发展，迫切需要加快产业升级，两方面因素决定了未来我国东部地区的加工制造业将逐步向中西部地区转移，交通基础设施条件的改善和运输成本的降低为实现这一目标创造了条件；此外，陆路出口通路的建设和通道运输条件的改善为内陆省市出口产品降低成本、提高竞争力创造了有利条件，内陆地区外向型经济和对外贸易额将呈快速增长态势。

我国正处在工业化中期，重化工业的发展需要大量的能源、原材料等资源，而我国的资源储量有限，同时考虑能源战略储备，开采量难以满足消费需求，石油、天然气、铁矿石等对外依存度较高，进口量接近或超过 50%，一段时期以来，国际资源的利用有力支撑和加快了我国的经济发展，未来，随着一批跨国油气管线的建成，我国的石油、天然气进口量还将继续增加，国际资源的利用程度将进一步加大。

（四）未来全国经济总体增长率

“十五”期间，我国经济年均增长率为 9.76%；“十一五”期间，2006 年～2009 年分别为12.7%、14.2%、9.6%和9.1%，年均增长11.37%。2010年全国国内生产总值达39.79万亿元，经济增长速度为10.3%。根据我国以往经济的发展速度和保障就业以及推进城镇化进程的需要，保持8%~9%的增长速度是必要的，也是积极争取的。

随着国际金融危机影响的逐步减弱，我国经济以及全球经济的逐步复苏，在国家财政、金融等各项有力措施的支持下，"十二五"期间，我国经济将继续保持平稳较快增长。预计全国经济年均增长率：2011年~2020年在8%~9%之间；2021年~2030年在6%左右。

在国家转变经济发展方式和增长方式相关战略和政策要求与支持下，产业结构调整、节能减排力度将加大，GDP质量将提高。同时，在扩大内需、提高消费比重的发展方针下，经济增长将会逐步由投资和外需拉动为主导过渡到以内需和消费为主导的发展模式上，未来消费占总GDP的比重将会较大提高。

第二节 中远期旅客运输需求发展趋势和主要结构特征

(一) 目前旅客运输量水平及主要结构

1. 客运量规模及其结构

目前，我国旅客运输量已具相当规模。截至2009年底，全社会客运量已达297.7亿人，客运周转量24773.6亿人·km。2000年以来，我国旅客运量年均增长8.09%，较"九五"、"十五"期间的4.75%和4.55%有了显著上升；同期旅客周转量年均增长8.13%，较"九五"、"十五"期间年均增长率分别提高了0.8和1.76个百分点。"十一五"期间，全社会客运量和客运周转量增长尤为迅速，年均增长率分别到达了12.67%和9.13%。其中，民航客运规模增长速度最快，旅客运输量和周转量年均增长率分别达到13.57%和13.34%；公路次之，分别达到13.13%和9.69%；铁路保持逐年稳步增长，分别为7.09%和6.77%；水运增长相对缓慢，分别为2.12%和0.48%。近三个五年计划期内我国旅客运输量年均增长速度如表5-3所示，旅客运输量及周转量变化曲线如图5-4所示。

我国旅客运输量年均增长速度 表5-3

年 份	时期	客运量(%)	旅客周转量(%)
1996年~2000年	"九五"期间	4.75	6.37
2001年~2005年	"十五"期间	4.55	7.33
2001年~2009年	21世纪	8.09	8.13
2006年~2009年	"十一五"前期	12.67	9.13

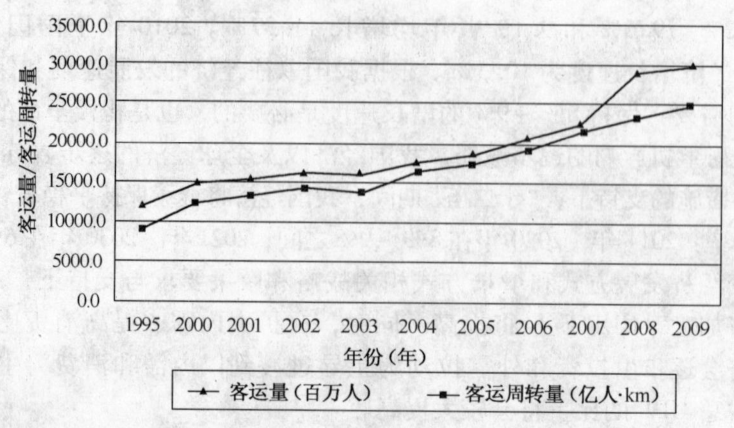

图5-4　我国旅客运输量及周转量变化情况

从客运方式结构来看，各种运输方式完成的运量份额差别较大。客运量中公路运输所占份额较大，近十年来一直保持在90%以上。2009年，公路完成了全社会客运量的93.38%，铁路完成了5.11%，其余为民航和水运运量。客运周转量中公路运输和铁路运输所占比重都较大，近十年来分别保持在50%和30%以上。但是整体上看，近十年客运周转量中铁路运输比重有所下降，民航运输比重快速上升，公路运输比重基本保持不变。2009年，公路完成了全社会客运周转量的54.29%，铁路完成了31.8%，民航完成了13.62%，水运完成了0.28%。1990年以来我国各种运输方式完成客运量和客运周转量构成如图5-5和图5-6所示。

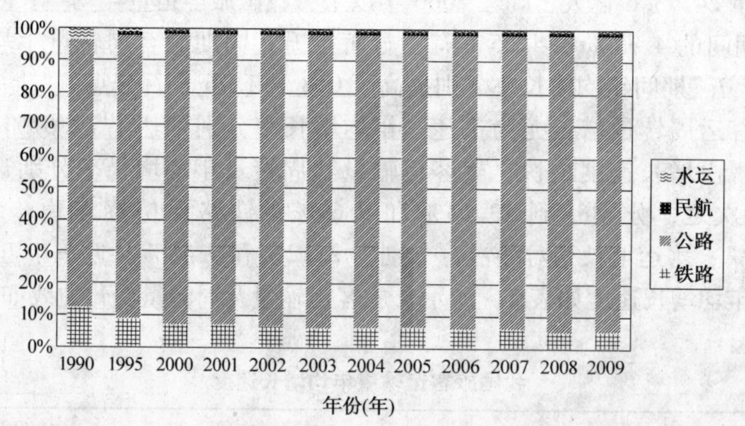

图5-5　我国各种运输方式历年客运量构成情况

2. 人均旅行次数及其结构

近年来，我国人均旅行次数不断增加。2009年，我国人均各种交通方式的出行次数

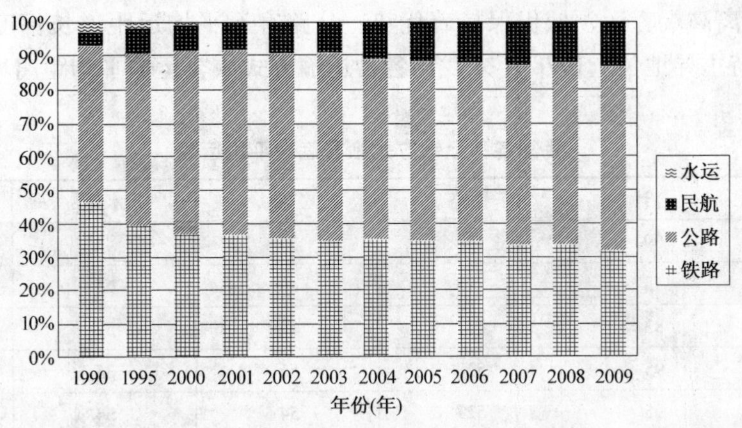

图 5-6 我国各种运输方式历年旅客周转量构成情况

(不含城市交通方式)达到 22.3 次，比 1990 年的人均 6.76 次几乎翻了两番。分运输方式来看，民航年人均出行次数从 1990 年的 0.01 次快速增加到 2009 年的 0.17 次，增长了十几倍；而同期铁路年人均出行次数变动幅度较小，近 20 年来增长还不到 40%，基本保持在年人均出行 1 次左右的水平。公路人均出行次数增长也较快，从 1990 年的 5.67 次快速增加到 2009 年的 20.83 次，增长了约 4 倍；水运人均出行次数增长幅度较小，基本保持在 0.2 次左右。1978 年来我国各种运输方式人均旅客出行次数见表 5-4。

我国各种运输方式人均旅客出行次数 表 5-4

年 份	总次数	铁路	公路	民航	水运
1978 年	2.64	0.85	1.55	0	0.24
1990 年	6.76	0.84	5.67	0.01	0.24
2000 年	11.67	0.83	10.63	0.05	0.15
2005 年	14.09	0.89	12.94	0.11	0.15
2006 年	15.4	0.96	14.15	0.12	0.17
2007 年	16.86	1.03	15.52	0.14	0.17
2008 年	21.6	1.1	20.2	0.14	0.15
2009 年	22.30	1.14	20.83	0.17	0.16

3. 旅客运输距离结构

从旅客运输距离结构来看，铁路和民航平均运距逐渐加大，中长途客运量比重逐渐加大。铁路旅客运输平均运距从 1990 年的 273km 增长到 2009 年的 518km，增长了 88.4%，在中长途客运方面的份额得到了巩固。民航平均运距从 1388km 增长到 1467km，增长了

5.6%，在长距离高端客运领域仍保持着优势。公路客运平均运距增长幅度较小，但在短途客运中仍保持主导地位。1978年来我国各种运输方式旅客运输平均距离见表5-5。

我国各种运输方式旅客运输平均运距　　表5-5

年　份	合计	铁路	公路	水运	民航
1978年	69	134	35	44	1208
1990年	73	273	40	61	1388
2000年	83	431	49	52	1444
2005年	95	523	55	35	1479
2006年	95	527	54	34	1485
2007年	97	532	56	34	1503
2008年	81	532	47	29	1498
2009年	83	518	48	31	1467

注：2008年平均运距减少主要是因为公路客运量统计口径发生了变化。

（二）未来旅客运输需求规模

1. *旅客运输需求增长趋势判断*

未来旅客运输需求规模的变化趋势与我国人口规模、结构和增长水平以及城镇化水平、人们收入水平和生活质量等因素直接相关。

在我国人口规模不断壮大、人口数量仍处于上升趋势阶段，随着我国工业化和城镇化进程的推进，农村城镇化率水平将逐步提高，农村剩余劳动力逐渐向城镇转移，城乡人口比例进一步提高，城镇人口流动性将进一步增强，居民的出行次数也将不断增加，旅客运输需求将不断增加。

在我国人口增长速度逐步趋缓、人口数量接近峰值、老年化问题日益突出时期，伴随着社会经济的发展，人们收入水平和生活质量的不断提高，人们的经济、生活活动出行次数将会不断增多，以旅游观光、休闲疗养、文化娱乐为目的的交通出行次数不断增多，城市居民的活动范围不断扩大，旅客运输需求量仍将有较大幅度地增长。

2. *旅客运输需求规模测算*

在充分考虑人口因素、城镇化进程和社会经济发展水平等因素的影响和作用下，结合目前我国旅客运输量规模水平，预计未来10年内我国全社会客运量年均增长速度基本保持在5.5%～6%。由此推测，到2020年我国客运量规模在540亿～590亿人。

分运输方式来看，铁路运输由于高速铁路的大规模建设和运输服务质量的大幅度提高，铁路旅客运输需求规模将会快速增加，预计在未来十年内铁路客运量年均增长速度保持在10%左右；公路运输由于其机动灵活性和较强的通用连续性以及城市私人机动化进程的加快，公路客运量规模也将进一步增加，未来十年内公路客运量年均增长速度大致保持在5.5%；民航运输由于其自身的高成长性和旅客伴随生活水平的提高对高端运输服务质量的不断追求，民航在长距离旅客运输中的作用也越来越突出。但是，由于城际高速铁路和客运专线网络的不断建成通车，必将吸引转移相当一部分民航客流，航空旅客运输需求在一定时期内将会出现低速增长。预计未来民航客运量年均增长速度将在"十二五"中后期会有一个骤减的过程，经过几年的波动，逐步与铁路形成比较平稳的关系后，又会走向逐步上升的趋势。未来十年各种运输方式客运需求规模见表5-6。

未来中远期客运需求规模预测表(单位：亿人)　　表5-6

特征年		全社会	铁路	公路	水运	民航
2010年		320~330	约16.6	约300	约2.2	约2.6
2020年		540~590	约43	约515	约2.3	约5.0
年均增长速度	2009年~2010年	8.5%~9%	约9.5%	约8.5%	约0.2%	约15%
	2010年~2020年	5.5%~6%	约10%	约5.5%	约0.4%	约6.5%

注：铁路未考虑市郊铁路客运量。

（三）未来旅客运输需求主要增长特点和结构特征

1. 客运总需求增长的基本态势及其结构特征

（1）区域间、区域内客运量都呈较快增长趋势。在区域经济一体化和工业化进程中，随着区域经济的协调发展和区域间经济联系的加强，区域之间尤其是城市群(带)之间、城际之间、城乡之间、市郊之间人员交流日趋频繁，区域内以公务、商务、旅游、务工、探亲等为出行目的旅行次数增多，区域间、区域内客运量都将呈现出较快增长趋势。

（2）区域内客运量增长尤为迅速。随着城市化进程的不断推进，更多的城市群和城市化地带将逐渐形成，人口不断地向以大城市为中心的城市群和城市化地带集中，客流量不断增加。城市对旅客的集聚和吸引能力随着城市对外经济辐射带动能力的不断增长而逐渐加强，围绕城市周围的出行将会大幅增加，通勤、城郊客流增大，区域内客运量增长尤为迅速。

2. 区域间客运需求特点及其主要运输方式结构特征

（1）区域间客运需求的主要特点。随着区域经济一体化进程的加快和城市群快速客运系统的不断完善，区域间经商流、探亲流、旅游流将出现快速增长。同时，传统城市内部通勤交通流的相当部分转移到城市群地域上，通勤客流也会急剧上升。

（2）航空、铁路、高速公路发展对出行方式选择和最终结构的影响。随着航空、城际铁路客运专线和高速公路等交通基础设施网络供给能力的不断提升以及运输组织方式的不断改进，我国城际快速客运系统和一体化客运服务系统将逐步建立并以其快速、便捷、舒适的技术经济特性吸引着越来越多的区域城际之间中长途客流，城际快速客运需求将迅速增长。

3. 区域内客运需求特点及其主要运输方式结构特征

（1）区域内客运需求的主要特点。随着人们生活水平的提高和城市化进程的加快，区域内通勤、旅游、休闲、度假等消费性需求将会增加。与其同时，随着交通运输技术的发展、机动化进程的加快以及人们交通消费观和生活价值观的不断改变，个性化交通方式的消费倾向越来越明显，以追求旅客自身物质和精神双重享受并彰显个性的多样化客运需求将不断增加。

（2）城市轨道交通、市郊铁路、高速公路发展对出行方式选择和最终结构的影响。随着城市大容量快速轨道交通、市郊铁路以及城乡公共交通的快速发展，市郊客运需求将会出现跨阶梯式的增长。同时，随着人们消费水平的不断提高，城市市郊及周边地区休闲出行和观光旅游的出行次数也会逐渐增多，消费性客运需求将会不断增加。

第三节　中远期货物运输需求规模和主要结构特征

（一）目前货物运输量水平及主要结构

改革开放以来我国经济持续快速增长，货物运输需求旺盛，货运量及货物周转量逐年增加，2009 年完成全社会货物运输总量(不含远洋)277. 3 亿 t，货物周转量 82609 亿 t · km。

进入新世纪以来，经济全球化进程加快，国内经济发展水平提高，工业化、城市化进程加快，货物交流范围扩大，平均运距延长，货物周转量增长速度高于货运量增长速度，我国货运量及货物周转量变化曲线如图 5-7 所示。

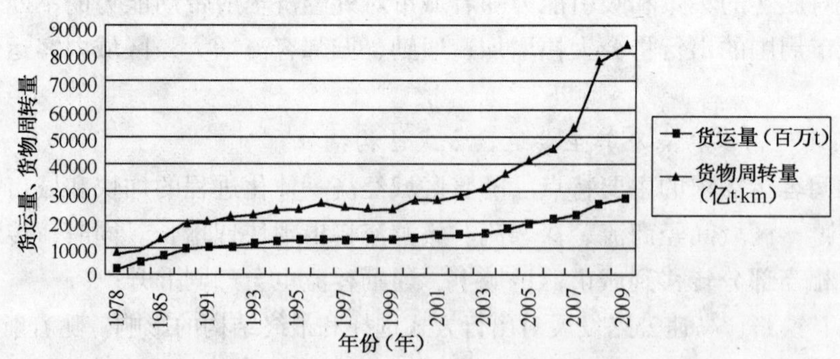

图 5-7　我国货运量及货物周转量变化情况

对各种运输方式完成运量份额分析可知，由于各种运输方式具有各自的技术经济特征，在运输市场中发挥着不同的作用，铁路和公路分别在长、短途货运市场中占据主力地位，他们的平均运距相差悬殊，因此在货运量和货运周转量中所占份额差别较大。货运量中公路运输所占份额较大，公路完成了货运量的 75% 左右，铁路完成 15% 左右，其余为水运和管道运量，货物周转量中铁路所占份额较大，铁路完成了货物周转量的 50% 左右，公路和水运各完成 20% 和近 30% 。近几年铁路货运量和货物周转量份额有所下降，由于 2008 年公路运输量统计口径的调整，货物周转量中公路份额上升明显，其他方式份额下降。1990 年以来我国各种运输方式完成货运量和货物周转量构成如图 5-8 和图 5-9 所示。

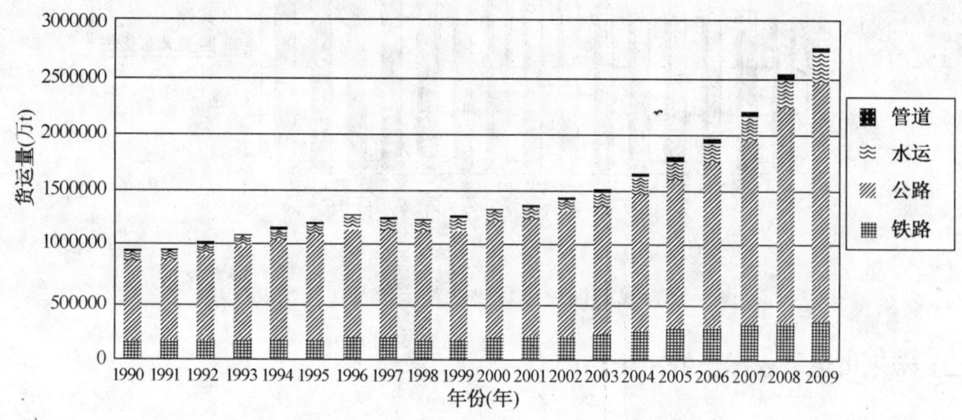

图 5-8　我国各种运输方式历年货运量构成情况

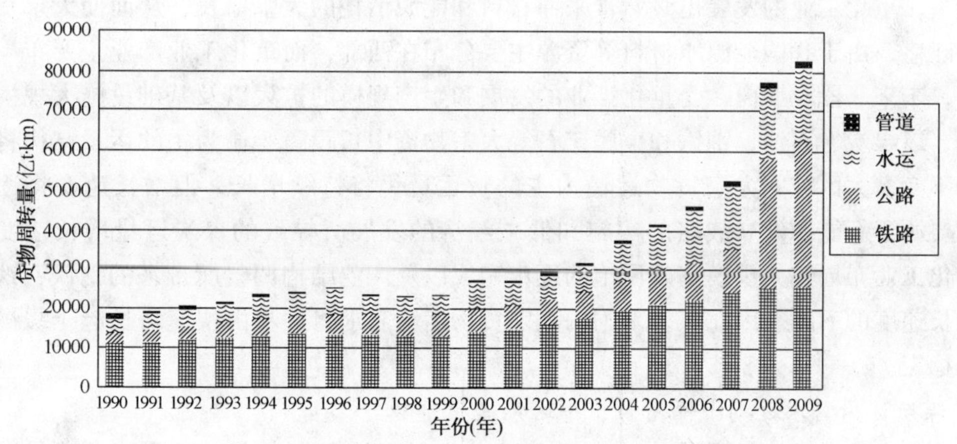

图 5-9　我国各种运输方式历年货运周转量构成情况

从货种结构来看，我国正处于重化工业发展阶段，货物运输以能源、原材料等大宗物资运输量为主，煤炭、石油、钢铁和金属矿石四大类货物运量在运输总量中所占比重较大，近年来，铁路货运量的增长主要是这四种大宗货物运量的增长，大宗货物运量在国铁总运量中的比例由1995年的61.6%逐步上升到2009年的76%。这四大类货物国铁运量及国铁货物总运量增长情况如图5-10所示。

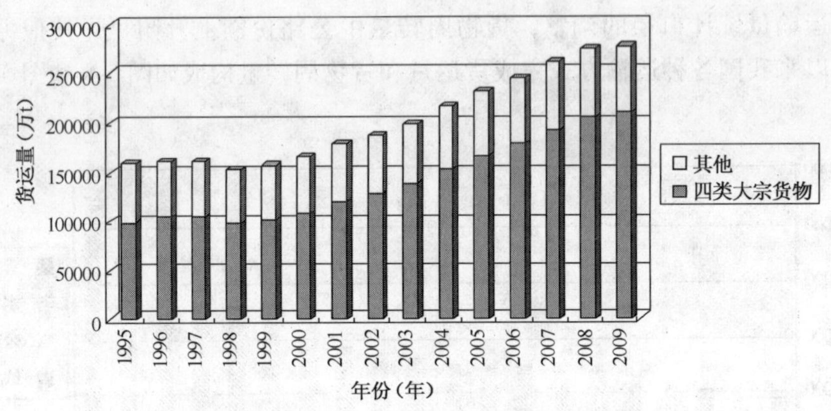

图5-10　我国四大类货物铁路运量及比重情况

（二）未来货运需求增长的主要特点

1. *以大宗能源、原材料为主的国内货物运输需求增长曲线将逐步趋于平缓*

大宗货物运输量的增长与工业生产规模的扩张速度，基础设施、市政工程的建设规模密切相关，重化工业的发展也必然带来原材料和能源消耗的大幅增长，从而使大宗货物运输需求旺盛，由于我国能源原材料等资源主要分布在西部，而重化工业产业主要布局在东部地区，未来一段时期内，受重化工业的发展和生产规模的扩大以及基础设施大规模建设的影响，以煤炭、石油、钢铁和金属矿石等大宗物资中长距离运输为主的运量结构将会基本维持不变，大区域间大宗货物运输为主的货运量仍将持续增长，但增长速度将逐步放缓，主要源于新能源发展战略的实施和低碳经济的发展所导致的煤炭运量增长速度的减缓，重化工业布局和大规模基础设施的逐步完成以及产业结构调整所带来的钢铁、铁矿石运量增长速度的下降。因此，未来国内大宗货物运输需求将逐步由快速增长趋于缓慢增长和基本稳定。

2. *煤炭运输需求近期小幅增长，中远期趋于平稳*

随着未来国民经济的平稳快速发展和城市化水平的提高，未来能源需求还将继续增加，预计2020年在目前的基础上还翻一番，但是，在国家一系列政策影响下，能源结构将发生较大变化，对煤炭运输需求增长趋势将产生较大影响。

（1）能源结构变化。一次能源结构将不断优化，即将出台的国家新能源发展规划，将促进清洁能源的大发展，未来能源的“一特四大”发展战略，即加快建设特高压电网，充分发挥特高压长距离、大容量、高效率、低损耗输电的优势，促进大水电、大煤电、大核电、大型可再生能源基地的集约化开发和更大范围的资源优化配置。这在一定程度上可减少对煤炭的需求。

根据有关报道，国家能源局牵头编制的新兴能源产业规划将进一步细化发展目标，初步计划到2020年，我国水电装机容量达到3.8亿kW，风电装机1.5亿kW，核电装机大约7000万~8000万kW，生物质能发电3000万kW，太阳能发电装机容量达到2000万kW。我国的新能源和再生能源产业将步入发展的快车道。

（2）通过能源效率提高和节能，减少能源总需求。一是产业升级和对设备进行改造，提升技术水平，使能源使用效率提高；二是大力贯彻实施节能减排政策和措施，以及对“两高一资”产业、产品的严格控制；三是积极发展低碳经济。

（3）电厂布局对输煤、输电的变化。特高压输电技术的成熟和推广应用，将会更多地采用输电方式，而减少输煤比例，从地方利益的角度，只要有条件，将会积极建设坑口电站。从目前在建核规划建设的电厂布局来看，未来东部新增的火力电厂并不多，核电倒是增加较多。

总体上，我国“以煤为主”的能源结构短期内难以改变，煤炭将继续承担着保障能源供应的主要责任，但国家将对煤炭产量增速加以控制，实现煤炭资源的集约开发，高效利用。根据有关研究和预测，2015年，我国煤炭需求量将达38亿t。未来中远期我国煤炭资源的消耗量和运输量的增长将会逐渐趋于平缓。2009年，我国煤炭产量29.73亿t，消费量30.2亿t，作为大宗物资中长距离运输主要方式的铁路承担着绝大部分煤炭的调运任务，2009年铁路煤炭调运量完成17.5亿t，占铁路总运量的52.5%。预计2020年前后，铁路煤炭调运量将达到22亿t左右。

3. 钢铁、铁矿石运输量增长有限，远期有逐步下降趋势

钢铁产业的发展需要综合平衡各种外部条件，我国是目前世界上最大的钢材消费国，也是第一大生产国，钢铁工业有比较雄厚的基础，但铁矿石资源明显不足，2009年进口铁矿石达6.28亿t，技术水平相对落后，综合竞争力不强；产能总量过剩，2009年，我国粗钢产能达到7亿t，接近全球50%。有关分析表明，我国钢铁工业应选择“供需平衡”的发展模式，“钢铁进口大国”和“钢铁出口大国”都不符合我国国情，因此，未来我国钢铁产量和运输量的变化主要取决于国内市场的需求。

从与钢铁工业相关的下游产业来看，大规模基础设施建设尚未完成，建筑、汽车等行业还在发展，因此，在未来一段时期内，我国的钢材消费市场仍然处于高位旺盛阶段，但总消费基本或接近到顶，增幅有限。当工业化发展到达中后期和基础设施建设规模达到高位、总累积量大幅提高并不断趋于完善后，国内钢铁需求量将会在某一相对高位达到平衡

后保持相当长一段时期的相对稳定，或逐步有所减少。未来的钢铁出口量，取决于贯彻的产业战略和国际市场情况，总体上，从节能减排和控制“两高一资”产品生产出口的大方向和政策分析，出口量也不可能有太大的增长。

从钢材需求量和生产量分析，钢材运输需求未来增长有限。但是，可能会因行业的整合，钢铁厂更大规模化和区域布局的调整，而增加部分运输需求。

同样，作为钢铁原材料的铁矿石消费量将基本与钢铁产量同步变化，未来总需求增幅不大，但是，会因铁矿石市场的因素，国内矿、国际矿使用比例会产生变化，从而导致运输量的不同。

4. 进口能源运输继续保持较高增长，且呈多方式、多通路趋势

在国内经济快速增长的拉动下，我国石油消费量持续增加，石油对外依存度不断上升，2009 年我国原油对外依存度达到 51.8%，原油进口量 20379 万 t，主要来自中东、非洲、俄罗斯及中亚等地区，运输方式以海运为主，采用管道运输的石油主要来自中亚地区，来自俄罗斯的石油基本是通过铁路运输。天然气进口目前主要是海运液化天然气，来自澳大利亚、印尼、俄罗斯等国，未来俄罗斯及中亚国家将成为我国天然气进口来源，从这些地区进口天然气将采用管道运输方式。

未来，随着我国经济的持续平稳发展，私人汽车需求量高速增长，石化工业快速发展，对石油的消费量快速增加，进口量继续增大；作为清洁能源，天然气的使用范围逐渐扩大，工业企业及民用天然气量不断增加，我国的石油天然气资源储量有限，对外依存度高，50% 左右需要从国外进口，2020 年我国石油进口量将达到 3 亿 t，天然气进口量将超过 1000 亿 m^3。运输方式依靠国际海运、管道和铁路等，运输通道除东南沿海地区的海上运输通道外，还有西北地区的国际管线以及西北、西南的国际铁路运输通道。

5. 国际集装箱运输需求将恢复增长，但增幅趋缓；国内产成品运输增多，集装箱运输需求将快速增长

（1）国际集装箱运输。由于国际金融危机的影响，外需萎缩，国际集装箱运输需求下降。随着全球经济尤其是欧美经济的逐步复苏，外贸进出口也将会逐步恢复增长。但总体上，需求增长力度减弱，不可能达到过去几年的增长速度；同时，尽管我国仍然会有大量的资源密集型、劳动密集型外向型企业，但是，产业升级和高新技术产业、产品的较大规模发展，将使集装箱运输量的增长较多地低于出口额的增长。

（2）国内产品运输。一方面，随着我国经济的发展和人们生活水平的提高，产品种类更加丰富，产品需求量增加。另一方面，工业化进程发展已达到一定程度，大宗产品需求量将逐步趋于稳定，以消费拉动经济发展的战略促使与人们生活密切相关的产品生产与市场需求的增加，既要通过生产，也要通过消费来提高和丰富人们的生活水平，既要外向型加工制造，也要国内市场消费，扩大内需，因此，未来与人们生活密切相关的国内产品运输所占比例会不断逐步提高。此外，区域经济发展以及产业分布的不平衡，国内市场的统一开放和竞

争，将促使产品市场在更大范围中相互渗透，区域内、区域间的产品运输量增加。

(3)国内集装箱运输。我国未来经济的持续发展，既要继续争取保持外需的增长，更需要依靠内需消费的扩大和增长，内需的扩大将带动适箱货运量的增加，在开展和做好相应的国内集装箱运输组织下，未来的国内集装箱运输量将会呈现快速增长趋势。

近年来，水运国内集装箱运量增长迅速，增速保持在20%以上。2009年，受金融危机影响，集装箱吞吐量小幅下降，全国港口集装箱吞吐量为1.22亿TEU，比上年减少4.6%。其中沿海港口完成1.10亿TEU，比上年减少5.6%，内河港口完成1220万TEU，实现比上年增长5.4%。随着出口形势的好转和国内集装箱运输的快速发展，未来水运集装箱总量将会继续保持较快的增长。

随着铁路双层集装箱运输通道和规划布局的集装箱中心站的不断建成使用，以及更多数量的集装箱投放，铁路集装运输系统将逐步建成和完善，将为集装箱运输的大规模开展创造有利的发展条件。由于不断创新运输组织方式，提高运输服务水平，完善运价政策和机制，国际、国内铁路集装箱运量将会在规模上大幅度提升，会逐步达到一个较高水平。而且，集装箱海铁联运组织模式将更加成型，合作更加紧密且得到广泛推广，集装箱铁海联运量也将会大幅增加。

6. 区域经济以及物流运输组织方式的发展，短距离货物运输量增长较快

城镇化水平的提高和区域经济一体化的发展，促使更多产业集群和产业带的加快形成和发展壮大，产业群内部专业化分工更加精细，形成完整的生产链，相关企业间的原料、半成品、零部件、产成品的运输大幅增加，并由以往的企业内部运输转化为企业外部的营业性运输，使得区域小批量、多批次的短距离货物运输需求量增加。

产业园区的生业布局和生产模式，将促使公共仓储模式和物流配送方式的发展，在减少企业自身库存的同时，将增加短距离的运输次数和运输总量。

7. 货物运输需求多样化趋势更加明显

随着经济的发展，产业结构和消费结构升级，高附加值货物比例不断增加，运输成本因素对运输方式选择的影响作用降低。对不同的货物、不同类型的货主呈现出的要求越来越多样化。

(1)运输的安全可靠性要求。在经济、技术高度发达的当今社会，高科技产品增加、精密仪器、电子设备等高端产品对运输的安全可靠性要求更高，不仅产品本身对运输技术性要求较强，其所附加的经济价值也对运输安全保障提出更高要求；在以人为本的和谐社会，易燃、易爆、易腐蚀、易对环境产生污染的危险化学品以及油气管道等运输安全也更为重要。

(2)运输时效性要求。在信息高度发达的时代，时间的经济价值比以往更高，经济的发达也使资金的占用成本提高，资金的占用时间一定程度上受货物在途时间的影响，货物运输时效性要求更强，货物送达时间成为运输企业间竞争的重要指标之一；随着城市人口

的增加和生活水平的不断提高，鲜活易腐的农副产品运输量增加。

(3) 运输经济性要求。在能源紧缺、环境约束条件下，无论从企业本身还是从全社会角度考虑，运输经济性都更为重要，选择能耗低，污染少的运输方式和运输径路不仅可以为企业节约运输成本，提高产品竞争力，同时为全社会的节能环保作出贡献。

(4) 机动化要求，门到门运输要求。随着社会经济实力的增强，城市、乡村以及城乡之间的短途货物运输度普遍提高，便捷的运输服务不仅成为运输企业追求的目标，而且是整个社会对货物运输的普遍要求，门到门的取送业务已成为货运代理和物流服务企业必备的基本服务项目。

未来城市化进程的加快和区域经济一体化发展，使城市群、产业带内的短距离、小批量、多批次、物流配送式的货物运输需求增加，社会的进步和高科技产业的发展对运输专业化提出更高要求。总之，未来大宗货物运量逐渐趋于平稳，而产品运输需求增加，货物运输需求结构逐渐发生变化，货物运输时效性增强，便捷快速的货物运输需求旺盛，货物运输需求呈现多样化特征。

(三) 未来的货物运输总量规模和运输结构

1. 货物运输总量规模

根据上述货物运输需求影响因素的分析，预计未来我国货物运输需求总量在一定时期内仍将保持快速增长，增长率逐步放缓，货运量增长率将由 2000 年以来的 8.5% 逐步下将到 3.5% 左右，货物周转量增长率将由 13% 逐步下降到 2.7% 左右，到 2020 年，货运量和货物周转量(不含远洋)将分别达到 455 亿 t 和 13.3 万亿 t · km。

根据现有各种运输方式完成货运量份额及未来交通运输结构发展趋势判断，铁路建设和发展速度加快，铁路货运量及货物周转量所占份额将有一定幅度的上升，其他方式保持稳步发展，公路和水运份额略有下降，2015 年以后各种运输方式份额基本保持稳定。预计 2020 年铁路、公路、水运和管道货运量将分别达到 54 亿 t、350 亿 t、41 亿 t 和 10 亿 t 左右，货物周转量将分别达到 4.1 万亿 t · km、5.9 万亿 t · km、2.8 万亿 t · km 和 5000 亿 t · km(表 5-7)。

2020 年货运量预测表(单位：亿 t)　　表 5-7

年　份	合计	铁路	公路	水运	管道
2010 年	293	36	223	29	5
"十一五"年均增长(%)	10.07	5.98	10.69	11.13	10.01
2020 年	455	54	350	41	10
2010 年 ~2020 年均增长(%)	4.50	4.14	4.61	3.52	7.18

注：水运不含远洋。

2. 长途货物运输的主要方式结构

一般长途货物运输对于运输成本的要求较为突出，水运在各种运输方式中经济性最好，最适宜大宗物资的长距离运输，同时，水运在节能环保方面优势突出，是国家倡导的符合可持续发展方向的运输方式，未来长江水运的优势将得到进一步发挥，水运货物运输量将会保持一定的增长。但受铁路大宗物资直达运量增多的影响，水运承担份额将略有下降。

近几年来，国家已加大了铁路建设的投资力度，铁路建设速度加快，大量新线及客运专线即将建成，繁忙干线客货分线运营，既有线货运能力得到释放，铁路大通道在长途货物运输中的主导作用进一步增强，大宗直达货物运量增加，将有一部分原来铁水联运的货物改由铁路直达运输。同时，随着运输市场竞争的加剧，铁路经营管理思想转变，服务意识与合作意识增强，运输服务质量提高，在克服能力瓶颈后，运输市场竞争力大大增强，分担率将有所上升。

高速公路在附加值较高，时效性强，批量小的长途货物运输方面仍占有一定优势，总量还将继续增加，但在铁路竞争下，份额将会有所下降。

航空货物运输量增长将会加快，但相对规模和比例很小。

3. 短途货物运输的主要方式结构

在短途货物运输中公路占据着绝对主导的地位，根据货运发展趋势分析，未来短距离货运量将快速增长，而且相当部分货物运输将以物流配送形式完成。因此，公路运量将有较大幅度的增长。

在短途货物运输中，水运由于受地域条件和本身技术特征的限制，主要承担水网地区时效性要求不强的低值货物运输，增长幅度有限。

铁路运输短途货物运输所占比例较小，对于100km以下的货物运输铁路执行公铁分工的较高运价政策，再就是公路已较发达，比铁路更加便捷。铁路承担较多的主要是拥有铁路专用线与外部连接的大型生产企业的大宗货物运输，如矿山至钢铁厂、码头至发电厂等。

第四节 “十二五”交通运输需求预测和主要增长特征

（一）“十二五”期我国社会经济发展的主要形势分析

2008年爆发的国际金融危机对全球金融市场和实体经济造成了巨大冲击，各国政府以及全球主要国家联合实施了一系列拯救措施，我国政府及时采取了积极的财政政策和适度宽松的货币政策，实施了四万亿投资等一揽子刺激经济计划，取得了显著效果，经济率先企稳回升，2009 年 GDP 保持了 9.1% 的增长速度，2010 年二季度出口已由负增长转向正增长，1 月 ~10 月，全国进出口总额达 23934 亿美元，同比增长 36.3%，其中，出口 12706 亿美元，增长 32.7%，与 2008 年同期相比，2010 年 1 月 ~10 月进出口总额增长 9.2%，出口、进口分别增长 5.5% 和 13.8%。

随着金融危机的逐渐过去，预计"十二五"期，我国经济将逐渐恢复到正常增长轨道，在此过程中实施的一系列结构调整和转变发展方式的效果也将渐渐显现。为了更清晰地把握交通运输的建设发展趋势和分析对国民经济的适应关系，参照相关研究分析和社会经济报道等，对"十二五"期的社会经济总体趋势大致估判如下。

1. 人口和城市化

全国人口按目前的自然增长率趋势计算，"十二五"末将达 13.73 亿人，比 2010 年增加近 4000 万人。

我国正处于城市化进程加速的发展阶段，中国的城市化方向将以城市群为主体形态的城市化道路，在空间布局上以特大城市群、大城市群、其他城市化地区(大都市区、城市圈、城市带)人口密集的城市化为主要格局，支持中小城市和城镇加快建设发展，形成大中小城市协调发展，大力吸引农村富余劳动力转移。尽管目前还有 1.45 亿左右在城市生活 6 个月以上但没有享受到和城市居民同等的公共福利和政治权利待遇的农民工，以及 4000 多万在镇区生活但仍从事务农的农业户籍人口，但随着城乡差距的不断扩大和国家对户籍等相关限制性政策的改革，以及农村年青一代对城市的向往和对农村农活的厌恶，城市化进程不会减慢，至少会保持"十一五"期的速度。预计"十二五"末，全国城镇化率将达 50% 以上，城镇总人口数将达 6.9 亿人以上。

2. 经济增长

不低于 9% 又不过热的增长率是我国适应城市化进程加快、保障就业、经济良性发展的较佳速度。我国政府在应对 2008 年金融危机时的战略方针是"保增长、扩内需、调结构"，采取了很多及时有力的措施以保证就业和社会稳定，经济恢复了正常增长，2010 年经济总量已超过日本，跃居世界第二大经济体。尽管未来影响的不确定因素很多，尤其是出口受欧美等世界经济复苏状况以及"再工业化"、贸易政策等影响较大，但是，经济总体向好的前景已经比较明朗，我国各地政府对经济增长的信心十足，已有多个省提出"十二五"经济总量翻番的目标。

十七届五中全会指出，综合判断国际国内形势，我国发展仍处于可以大有作为的重要战略机遇期，既面临难得的历史机遇，也面对诸多可以预见和难以预见的风险挑战。提出了"以科学发展为主题，以加快转变经济发展方式为主线，深化改革开放，保障和改善民生，巩固和扩大应对国际金融危机冲击成果，促进经济长期平稳较快发展和社会和谐稳定，为全面建成小康社会打下具有决定性意义的基础"的"十二五"规划的指导思想和保持经济平稳较快发展、经济结构战略性调整取得重大进展的发展目标。

综合各方面的发展形势和各界的分析判断，“十二五”GDP 增长率预计会在 9% ~ 10%，甚至更高，目标规划保守一些也会在 9% 左右。

3. 外贸出口

对我国外贸出口影响最大的是美国、欧洲经济的复苏和发展状况，外需是我们自身所无法左右的，贸易保护主义以及美国力图改变纯进口国、加强本国产业发展和增加出口的经济发展战略等，都会对我国的贸易出口形成影响，但是趋势不会立即改变，会是一个逐渐的过程。2010 年我国出口已恢复了正增长，而且比 2008 年的水平还高出 10% 左右，“十二五”期我国将坚持扩大内需战略，保持经济平稳较快发展，形成消费、投资、出口协调拉动经济增长新局面，出口虽然排到第三位，但对劳动就业和国民经济的增长仍然非常重要，预计在产业转型升级、结构调整和提升传统产业竞争力的作用下，“十二五”期国际贸易进出口额年均增长率仍有可能达到 15% ~20%。

4. 产业结构调整

我国经济在持续 30 年的快速发展后，过去那种依赖投资、依赖出口带动增长的模式已经开始越来越难以实现持续增长的愿望，必须在发展方式和增长模式上实现重大转变。

这一轮金融危机，外需大幅萎缩，无论是压力还是机遇都进一步促使了我国加大产业结构调整和转变经济发展方式。加大产业结构调整，加快产业升级和技术提升，是保持我国经济持续增长和提高发展竞争力的重要措施，调结构是优化经济增长的内容，从而拉动经济增长，不仅有助于产业结构优化，节约资源，而且还会有助于扩大市场驱动的投资。

（1）扩内需。十七届五中全会把扩大内需作为保持经济平稳较快发展的重要战略，提出必须充分挖掘我国内需的巨大潜力，着力破解制约扩大内需的体制机制障碍，建立扩大消费需求的长效机制，发展新型消费业态，拓展新兴服务消费，完善鼓励消费的政策，积极促进消费结构升级。过去主要以“外需 + 投资”为主导的经济增长模式将会逐步过渡到“内需 + 投资”为主导，积极发展外贸的经济增长模式，形成消费、投资、出口协调拉动经济增长新局面，内生性增长动力将会发挥更显著的作用。因此，预计“十二五”期内需拉动经济增长的作用会有所增大，贡献率会有一定的提高，内贸品的生产和运输量会相对较快增长。

（2）调结构和转变发展方式。调整产业结构是我国经济发展长期面临的基本矛盾，国家政府一直在加大产业结构调整力度，促进产业升级、产品换代。五中全会指出，要处理好保持经济平稳较快发展、调整经济结构和管理通胀预期的关系，保持宏观经济政策的连续性和稳定性，增强针对性和灵活性；要把短期调控政策和长期发展政策有机结合起来，加强各项政策协调配合，促进经济平稳较快发展；要发挥投资对扩大内需的重要作用，保持投资合理增长，优化投资结构，完善投资体制机制，提高投资质量和效益，有效拉动经济增长。由此，“十二五”及未来将会更加注重推进结构调整，更加注重加快自主创新，更加注重加强节能环保。总体上，根据我国已经成为世界制造业大国的既有基础条件，大量低劳动力素质、低技能的现状，以及处于产业链分工末端的现实，在保就业、保城市化进程顺利进行的现实要求下，一方面，需要继续巩固我国作为世界加工制造业大国的地位，发挥劳动力低成本优势，参与国际产业分工，劳动密集型、资源密集型产业在城市化进程相当长的时期还需要发展和占有相当大的比例，这是我国所处发展阶段和比较优势决定的，具有一定的客观必然性；另一方面，应借机大力推进产业升级、产业结构调整，提升经济发展质量，积极发展资金和技术密集型产业、高新技术产业，加大自主创新，对“两高一资”产业加以限制性发展，抑制部分产业产能过剩和重复建设，抓住国际分工新机遇，转变经济发展方式和外贸发展方式，主动转变过度依赖外需的增长模式，实现经济社会又好又快发展。因此，在可能是后金融危机时代初期的“十二五”期，我国依然是世界“加工制造业大国”，距离“制造业强国”还有相当距离。在产品出口结构中，机电产品、高新技术产品所占比例会继续有一定程度的提高，但玩具、服装、鞋帽、纺织品等传统出口产品仍会占相当高的比例。

（3）大力发展服务业。作为提高生活质量、改善经济发展支撑环境、增加就业以及突破资源约束的经济增长模式的服务业，在“十二五”期将会继续获得较快发展，第三产业在一、二、三产业结构中的比重将会继续提高，尤其是城市化水平较高的大城市、特大城市。因此，以单位GDP计算的货运量将会继续降低。

5. *产量需求达到或接近最大规模的大宗产品行业*

在原材料、产品运输总量较大，需要较大规模运输能力支持的行业中，目前水泥、钢铁、造船已被国务院列为产能过剩行业，产量需求虽然随着固定资产投资的增加可能还会有所增长，但在转变发展方式和投资结构调整优化的发展政策下，需求增速将会大大放缓，有的甚至已基本接近拐点。这些行业相对应于产品产量的最大运输需求量也将基本上逐步达到最高位水平，未来产生运输量进一步较大突破将主要是由产业布局、产品结构的调整以及原材料、产品市场的变化等因素决定，而非产量规模。

（1）基础设施建设规模。四万亿投资很大部分用于基础设施投资，为了保证建设项目的顺利完成，预计“十二五”前期还会保持较大的规模。从目前各地对投资建设的极大热情和对GDP增长的追求，预计“十二五”仍会保持高投资、大建设的格局。交通、水利、能源、城市等基础设施建设仍会保持较大规模的投资，尤其是城市轨道交通投资会较大幅度增长。

（2）房地产建设规模。随着房地产的开发建设，城市住房累计量规模不断迅速增大，住房条件总体改善明显。随着经济结构的调整，2010年国家对房地产的投资、投机展开了三次较大力度的调控，房地产作为经济增长的支柱产业的地位也已在逐渐改变，尽管城市化进程和改善居住条件以及城市建设发展对房地产仍然会保持相当一段时期的旺盛需求，但在目前每年 3 万多亿到 4 万亿元的房地产开发投资，房地产开发企业房屋施工面积在 30 亿 ~40 亿 m^2 的基础上，再大幅增长将面临土地支撑和房地产泡沫等问题。因此，“十二五”将会在政策的引导下，呈相对平稳增长趋势，房地产的建设施工规模还需再经过一段时期的增长后才有可能达到行业的最大临界规模。

(3) 汽车产量。我国汽车的产销正以火车头的速度向前飞驰，2005 年，我国汽车销量达到 590 万辆，首次超过日本成为全球继美国后的第二大新车消费市场；2008 年我国生产汽车 934.5 万辆，2009 年我国汽车共生产 1379.10 万辆，销售 1364.48 万辆，同比分别增长 48.30% 和 46.15%，正式超越美国，成为全球第一大新车市场(2009 年美国新车销量为 1043 万辆，比 2008 年销量减少了 280 万辆)。2010 年全国产销总量已超过了 1800 万辆，同比增长 30% 多。汽车的飞速增长，一方面体现了经济发展水平的提高和人民生活水平的改善，另一方面也带来了越来越严重的交通问题和社会的承受能力。目前的趋势是市场的旺盛需求给汽车行业带来了很多的生机和机遇，各地和汽车企业争相扩大产量规模，全国目前已有 27 个省、自治区和直辖市生产整车，主要的 30 家汽车企业 2009 年底整车产能 1359 万辆，规划的 2015 年底的产能达 3124 万辆，中国汽车工业协会预计的十二五期间全国汽车产量将达 3000 万辆，其中国内销售 2500 万辆，外销 500 万辆。目前对于这种发展趋势和产能将严重过剩有很多争论，当然，还有很多人希望能开上自己的汽车，但是，从环境角度、城市交通容纳能力、石油供给瓶颈(近期新能源汽车所能占的比例极小)，汽车发展的空间已然严峻。我国已经有五分之一的城市大气污染严重，113 个重点城市中三分之一以上空气质量达不到国家二级标准，交通越来越拥堵更是大城市的通病。汽车产销与汽车使用政策密切相关，城市公共交通、城际轨道交通的大力发展和交通保障条件的改善，以及对机动车征收排放税、污染防治税等措施的出台，将会在一定程度上减缓对汽车的需要和汽车保有量的快速增长。

(4) 水泥。水泥的需求量与投资建设极其密切，其需求量数据也很难让人预测，一方面，政府部门说行业产能过剩，另一方面，产销量还在不断大幅增长，新增产能远大于淘汰落后的产能。2007 年全国水泥总产量 13.6 亿 t，2008 年 14.2 亿 t，2009 年达到 16.5 亿 t，人均 1t 多，2010 年已超过了 18 亿 t。与国家投资密切相关，2009 年由于 4 万亿投资计划的刺激，重点工程项目、房地产业开发、新农村发展的投资使水泥需求量和产量一下子增到了 16.5 亿 t，2010 年 4 万亿刺激进一步发挥作用，使水泥需求量和产量进一步增高。国家推出的 4 万亿经济刺激计划让水泥产量陡增，随着国民经济发展步入“4 万亿”后期，逐步回归正常，以及转变经济发展方式和调整优化结构，大规模的基础设施投资将逐步放缓，对水泥的需求量近期将会进一步达到峰值，然后从峰值逐步向下回归，水泥行业产能将可能严重过剩。但地区差异性较大，去年以来，全国各地水泥用量呈现不平衡的状态，中西部的增量比较大，受益于西部大开发的拉动，2010 年上半年水泥产量实现17.5%的增长，沿海地区水泥用量的增幅远低于平均水平，北京、上海等一线城市水泥用量的增幅比较小。例如：近年来，北京每年的水泥需求量基本上没有增长，已经进入一个相对稳定的状态，2007年需求相对较高，为2800万~3000万t；2008年由于奥运的影响，下降为2500万t；2009年为2800万t，2010年也在2800万~3000万t之间。因此，总体上，“十二五”期间水泥需求量和产量基本上不可能再大幅增加。

（5）钢铁。根据《钢铁产业调整和振兴规划》，我国是钢铁生产和消费大国，粗钢产量连续13年居世界第一。2008年，粗钢产量达到5亿t，占全球产量的38%，国内粗钢表观消费量4.53亿t，直接出口折合粗钢6000万t，占世界钢铁贸易量的15%。目前，产能总量过剩严重，截至2008年年底，我国粗钢产能达到6.6亿t，超出实际需求约1亿t。2009年我国粗钢产量5.68亿t，占全球粗钢总产量12.197亿t的46.6%，所占比例比2008年提高8.8个百分点，连续14年位居世界第一，世界其他国家粗钢产量6.519亿t，同比下降21.1%，其中，欧盟27国粗钢产量1.391亿t，独联体粗钢产量9736万t，北美粗钢产量8225万t，日本粗钢产量8953万t。2010年我国粗钢产量6.26亿t左右，比上年增加5300万t，粗钢表观消费量约在5.98亿t，比上年增加3400万t左右。

钢材需求规模主要取决于建筑、汽车、造船、装备制造、家电等相关产业，建筑用钢占国内消费量的比重约在50%。随着钢材投入使用的累积量的逐年上升，建筑等钢材主要消费行业在已达到较高规模基础上的继续增长相对较小，以及投资结构和产业结构的调整优化，尽管“十二五”期固定资产投资规模还将会保持较高的增长，但对钢铁消费的增长将会相对有限，而且我国未来钢铁业的发展将以满足国内市场需求为主，出口增长也将受到限制“两高一资”产品出口的约束。因此，“十二五”期粗钢产量会在6亿~6.5亿t之间。

（6）铁矿石。我国国内铁矿资源禀赋低，自给率不足50%。随着粗钢产量的逐年飞速递增，我国进口铁矿石量也随之飞速上升，从1990年的1419万t上升到了2008年的44413万t，翻了近31.3倍。到2009年的6.28亿t，2010年进口铁矿石量6.2亿t，略低于2009年，主要源于国产铁矿石产量的持续增加和进口铁矿石成本的攀升。根据充分利用两个市场、两种资源的战略，以及未来的粗钢产量规模，国产铁矿石产量继续增加的空间有限，预计“十二五”期进口铁矿石规模基本上会在6亿t。

（7）煤炭。2010年全国原煤产量在32.5亿t左右，净进口约1.23亿t，消费量大约在32.5亿t。根据相关的能源和电力规划意见稿，我国以煤为主的能源结构短期内难以改变，煤炭将继续承担起保障我国能源供应的责任，但必须控制煤炭总量增速，未来中国煤炭工业不能再走无节制增加煤炭产量的道路，要控制煤炭产量增速，提高能效，未来中国煤炭产量增长必须处于一个合理的水平，实现煤炭资源的集约化开发，同时，保持适度规模的煤炭进口。“十二五”期间我国规划的煤炭产量天花板是37亿t。在电力方面，“十二五”

期间将重点突出电力发展方式的转变，并主要围绕电源结构、电网建设和电力改革三大方向展开；将对东部地区实施煤炭消费总量控制，对环渤海、长江三角洲、珠江三角洲和东北的部分地区，严格控制煤电发展，煤电建设仅考虑支撑电源建设和消耗进口煤炭的电厂建设，东部的电厂建设将以核电和燃气电厂为主；到2015年，清洁能源的装机比重将从2009年的24%上升到2015年的30.9%、2020年的34.9%，发电量比重也从2009年的18.8%上升到2015年的23.7%和2020年的27.6%，"十二五"末煤电的发电和装机比重都下降6%左右，清洁能源将进一步优化电源结构。到2015年阶段性完成2020年非化石能源占比15%和减排40%~45%的目标。

（二）"十二五"期旅客运输需求发展趋势及特点

1. 总量规模水平

"十二五"是金融危机后的经济恢复增长期，我国经济发展、城市化进程将逐渐回归到原有的发展轨道和趋势，根据前面对各种因素的分析，全社会旅客运输量将继续保持较快增长态势，预计"十二五"期间我国旅客运输需求量年均增长率将保持在6%左右，2015年全社会客运量在430亿~440亿人次。其中：铁路客运量约29亿人，公路客运量为390亿~430亿人，水运客运量约2.3亿人，民航客运量为3.4亿~3.8亿人。详细情况见表5-8。

"十二五"期间我国旅客运输需求量预测(单位：亿人)　表5-8

年　份	合计	铁路	公路	水运	民航
2009年	297.7	15.2	278	2.2	2.3
2010年	320~330	约16.6	约300	约2.2	约2.6
2015年	430~440	约29	390~430	约2.3	3.4~3.8
"十一五"年均增长速度(%)	4.5	1.9	4.7	0.9	13.8
"十二五"年均增长速度(%)	约6	约12	5.5~6.5	约0.5	5~8

注：铁路未考虑市郊铁路客运量。

(1)铁路。根据我国中长期铁路网规划，到2010年，我国铁路营业里程达到9万km以上，其中客运专线7000km左右；到2020年，全国铁路营业里程将达到12万km以上，其中客运专线将达到1.6万km以上。2008年底国家出台的4万亿投资计划，其中基础设施投资达1.5万亿，进一步加快了铁路基础设施尤其是高速铁路/客运专线网络的建设。原规划的许多项目将提前完成或开工建设，原规划2020年完成的项目大部分将在"十二五"期间建成投入使用。大量铁路线路的建设和运营，将大大刺激沿线区域旅客运输需求的产生，并大量吸引和承接其他运输方式转移过来的旅客运输量。由于运量转移以及刺激增长的运量有一个逐步的增强过程，并最终达到相对的平衡。因此，尽管“十一五”期前三年我国铁路客运量保持了8%以上的增长速度，但在经济环境影响和铁路总体能力非常紧张以及其他通道线路客运增幅受到能力很大限制的情况下，2009年我国铁路完成客运量15.2亿人次，较上一年仅增长了4%。2010年，我国经济形势整体趋于好转，部分客运专线开始投入使用，铁路客运量规模有了较大幅度地提高。2010年前三个季度，我国铁路客运量累计完成12.78亿人次，比上一年同期增长9.2%，由于第四季度恰逢春运客运高峰期，全年铁路客运量增长速度大约在9.5%。“十二”期间，在客运专线、尤其是在城际铁路客运量的大幅增长下，铁路总客运量会在2010年较大规模的基础上持续较大幅度增长，年均增长速度约为12%。至“十二五”期末，主要铁路通道客运紧张、一票难求状况将基本得到解决，但其他线路客运紧张状况仍待解决。

（2）公路。随着以高速公路为骨架的公路网络的不断完善，社会经济的发展和人们生活水平的提高，城市化进程的加快，城乡一体化发展，汽车保有量的持续不断增长，公路客运出行仍将会继续保持较快增长，尤其是城市周边出行、区域范围内出行、城乡和农村出行，高速公路自驾长途出行也会较大增加，但主要城市群(带)的城际公路客运以及自驾出行受城际铁路的吸引分流影响较大。总体上，“十二五”期间，公路客运量将会在“十一五”较快增长以及较大规模的基础上，继续保持相对较快的增长，预计“十二五”期间年均增长速度大约在6%左右，比“十一五”前期(2006年~2009年)年均增长13.13%的速度要低，基本上与2000年以来(2001年~2007年)客运量年均增长速度(6.18%)持平。

（3）民航。由于城际高速铁路和客运专线建设的影响，未来民航客运量将会进入一个低速增长时期。近期内，由于高速铁路还未大规模建成运营，并且受旅客消费选择和出行惯性、运价调整等众多因素的影响，民航客流转移至高速铁路上还需要一个过渡期，因此“十一五”后期民航客运量仍维持在12%~13%。2010年前三季度，民航完成客运量2.01亿人次，较上年同期增长17.8%，2010年全年较上年增长15%左右。“十二五”期间，民航客运量增长速度明显趋缓，预计“十二五”初期民航客运量仍将保持两位数增长，随着高速铁路线路的不断建成投入使用和逐步连接形成网络，对民航客运量的分流作用会逐步显现，影响加大，民航客运总量增长的幅度会相对较大下降，整个“十二五”期间的平均增长率会在两位数以内，具体影响幅度与高铁票价、国际石油价格、民航业执行的票价水平有关。

（4）水运。未来随着沿海、沿江陆路交通网络的不断完善，水运客运量增长速度将会出现逐年下降趋势。但是随着人们生活水平的提高和沿海、沿江自然风景和人文旅游资源的不断开发，人们乘船旅游的次数将会增多，水运客运量仍将会以较低的速度增长。2001年~2008年，我国水运完成客运量年均增长率大约在0.6%，2010年前三季度累计完成客运量1.66亿人次，较上年同期增长0.1%，2010年全年水运客运量增速大约在0.2%，“十二五”期间则将会维持在0.5%左右水平。

2. 总体增长趋势

（1）区域间长途旅客出行继续保持原有增长趋势。随着人们生活水平的不断提高，区域间各种活动交往、探亲访友、休闲旅游等出行增多。特别是"十二五"期间我国开始逐渐步入人口老年化阶段，长途旅行的旅客尤其是中老年人的旅游人数将逐渐增多。区域间长途旅客出行将继续保持原有增长趋势。

（2）主要区域城际出行开始步入快速增长。随着城市规模的不断扩大和区域一体化的发展，区域城际之间同城效应日趋明显，区域城际间产业分工、资源配置、人文地理等各种关系更加紧密，包括通勤、商务等各种交往出行开始逐步进入快速增长期。

（3）农村居民出行开始步入快速增长期。随着我国农村居民收入水平的不断提高，农村居民总体上具备了外出的经济基础，出门看世界、观光旅游、学技术等出行增多，并由以往个别人开始逐步向较多人发展。同时，进城务工人员以及跟随子女或父母进城探亲的旅行也在逐渐增多，并且也由个别人逐步开始向较多人普及。

随着城乡一体化进程的加快，农村地区生产、生活活动范围逐步扩大，与地区的行政中心、商业中心、集贸中心的关系更加密切，农村居民的出行次数由以往的少数人、偶尔逐步开始变为多数人、比较经常性。

此外，农村经济结构的调整和农村人口流动性程度的提高在一定程度上促使了新的旅客运输需求的产生，城乡交通条件的改善和农民活动范围的扩大也将促使城乡客运需求的增长。

3. 主要结构发展趋势

（1）主要运输通道上铁路旅客运输份额将大幅提高，航空、高速公路客运受到强烈竞争。"十二五"期间，随着中长期铁路网规划的逐步实施，多条运行速度在200km/h甚至300km/h以上的铁路客运专线将要建成。城市群、都市圈等区域城际铁路将逐步通车并连接成网，铁路快速客运在中长途旅客运输市场上的竞争力将得到较大的提升，主要运输通道上铁路旅客运输的份额也因此将会有大幅度地提高。当然，在运输通道需求潜力保持一定的情况下，城际高速铁路和客运专线的大规模建设和发展，必将大量分担和转移航空客流，并挤压高速公路客运班线发展空间，从而使大通道上航空和高速公路中长途客运市场受到强烈竞争。

（2）私人机动化出行占总出行量的比重将逐步提高。随着城市私人机动化水平的不断提高，我国各大中型城市机动车尤其是私人小客车的保有量将会迅速增加。与其同时，随着人们生活水平的不断提高和工作调剂、休闲度假意识和愿望的增强，私人机动化出行占总出行量的比重将逐步提高。私人机动车的自由和灵活性不仅为旅客出行带来了舒适、便捷、准时的运输服务，而且为个人生活个性和多样化的消费需求提供了条件。人们可以在几十公里、甚至上百公里范围内选择其就业、购物、交往、探亲访友等，而休闲、旅游等活动在几百公里范围内也可朝发夕归。

(3) 客运服务需求层次总体上会不断提高，但分化比较明显。随着人民生活水平的不断提高和消费结构的升级，旅客运输需求的层次将会不断提高，旅客对运输效率和服务质量要求也越来越高。同时，由于消费者收入水平和支付能力的不同，不同消费层次的旅客对客运服务需求层次要求也不一样。对收入水平较高、交通费用支付能力较强的旅客群体而言，越来越多的旅客要求享有安全、快速、舒适、高服务水平的旅客运输服务；但是对相当多的工薪阶层群体、农民工群体、农民以及大部分的学生群体而言，他们对运输价格的承受能力或支付意愿仍然很敏感，因此对经济型的大众化交通运输方式的要求或渴望仍将较为强烈。

(三)"十二五"期货物运输需求发展趋势

1. 总量规模水平

为应对国际金融危机，抵御国际经济环境对我国经济社会的不利影响，国家出台了一系列政策措施，"扩内需、保增长"，十大产业调整和振兴规划，其中 9 个制造产业工业增加值占全部工业增加值的 80%，占 GDP 比重达 1/3，从当前产业运行态势来看，已初见成效，国内市场需求逐步扩大，宏观经济环境明显改善，重点产业已全部实现正增长，预计"十二五"期间，我国经济将保持较快增长，重化工业稳步发展，城镇化进程步入加快发展轨道，以高投资和大规模基础设施建设保持经济高增长的模式和发展趋势会有所改善，但不会出现重大改变。预计"十二五"期间我国货物运输需求总量仍将保持较快增长，但由于总量规模扩大，增长率将有一定的下降，货运量增长率将由 2000 年以来的 8.5% 逐步下将到 5.5% 左右，货物周转量增长率将由 13% 逐步下降到 6% 左右，到 2015 年，货运量和货物周转量(不含远洋)将分别达到 384 亿 t 和 11.6 万亿 t · km。

根据现有各种运输方式完成货运量份额及"十二五"交通运输结构发展趋势判断，铁路建设和发展速度加快，大量新线及客运专线将在"十二五"期间建成运营，铁路货运量及货物周转量所占份额将有一定幅度的上升，其他方式保持稳步发展，公路和水运份额略有下降，预计 2015 年铁路、公路、水运和管道货运量将分别达到 48 亿 t、293 亿 t、35 亿 t 和 8 亿 t 左右，货物周转量将分别达到 3.65 万亿 t · km、5.2 万亿 t · km、2.38 万亿 t · km 和 4000 亿 t · km(表 5-9)。

2015 年货运量预测表(单位：亿 t) 表 5-9

年　份	合计	铁路	公路	水运	管道
2010 年	293	36	223	29	5
"十一五"年均增长(%)	10.07	5.98	10.69	11.13	10.01
2015 年	384	48	293	35	8
"十二五"年均增长(%)	5.56	5.92	5.61	3.83	9.86

注：水运不含远洋。

2. 主要结构发展趋势

(1) 铁路货运量呈较大幅度增长，铁路煤炭直达运输开始增多。目前正在筹建或已开工建设的大量铁路客运专线将于"十二五"建成运营，届时，主要繁忙干线客货分线运行，铁路货运能力大幅提高，将使交通运输结构发生变化，对目前的货运格局及货物运输需求产生一定影响，铁路煤炭直达运量增加，部分替代了铁水联运煤炭运量，同时疆煤外运启动，铁路煤炭运输网络能力加强，通道增多，铁路货运量将有较大幅度增长。

由于受铁路直达运量增加的影响，沿海水运煤炭运量将略有下降，从经济性考虑，到达我国中部和华东地区的煤炭可能转由铁路直达运输，但到达福建、广东等东南沿海省份的煤炭经济合理的运输路径仍然是铁水联运，同时，长江流域省份规模较大的用煤企业多为沿江布局，加之疆煤入渝影响，长江煤炭运量将有所增加。

(2) 铁路集装箱运输开始步入加快发展，初步形成规模，海铁联运比重提高。"十二五"期间，铁路集装箱运输系统建设将取得初步成效，规划的大部分双层集装箱运输通道及集装箱中心站建设基本完成，系统建设逐步完善，铁路适箱货装箱率将大幅提高，随着"十二五"期铁路运输能力的显著提高以及集装箱运输管理技术和服务水平的提升，铁路集装箱运量增长速度开始加快，同时在港口集疏运中承担份额明显加大，海铁联运比重提高。

(3) 管道油气运输比重提高。我国管道建设的规模和速度居世界前列，已建成油气管道超过 8 万 km，到"十二五"末，油气管道总里程将超过 10 万 km。目前正在建设和筹备开工一批跨国油气管道，未来几年，随着一系列油气管道项目的不断建成，我国管道运输业将得到更快发展，管道油气运输量将快速增长。

油气消费需求是推动运量增长和管道运输业发展的动力，2009 年我国石油消费量已超过 4 亿 t，进口 2.04 亿 t，天然气消费量 875 亿 m^3。"十二五"期间，我国经济将会继续保持较高增长速度，在经济持续增长的推动下，石油、天然气消费需求将继续呈高速增长态势，根据有关预测，2015 年我国天然气消费量将增长至 1500 亿 m^3，进口量将持续增加。

(4) 大宗货物运输量增速开始下降，其他产品运量增速加快。重化工业的发展决定着大宗货物运输量的增速，改革开放 30 年来，特别是进入 21 世纪以来，我国的重化工业发展迅速，各类基础设施建设、钢铁、房地产、汽车等行业发展速度加快，"十二五"期间，大规模基础设施建设陆续完成，钢铁、房地产、汽车等大宗原料及产品运输需求行业的发展将接近或达到最大规模，大宗货物运输需求增速减缓，开始呈现下降趋势。

改革开放初期，我国是世界上最大的成本"低洼地"，承接大量国际产业的转移，经济增长开始加速，经过 30 年的发展，我国竞争成本已逐渐升高，依靠传统制造业和低端产业的发展已难以支撑经济的持续快速增长。未来几年，我国将在继续巩固我国加工制造业大国地位的同时，积极推进产业结构调整和技术升级换代，提高我国工业产品的国际竞争力，这将意味着未来几年大宗原料及产品运输需求的下降和高附加值货物运量的增加。

(5) 短途货运量占总货运量的比重上升。随着我国城市化进程的加快和区域经济一体化的发展，产业集群和产业带形成并发展壮大，促使区域内部企业间原料及产品运输需求增加，人们生活质量和消费水平的提高，也对货物运输便捷程度的要求提高，物流配送式的运输需求不断增长，因此，“十二五”期间，短途货物运输需求增长速度将超过总量增长，短途货运量所占比重将有所上升。

总之，“十二五”期间，货物运输需求总量将继续保持增长，但总体增长幅度因许多大宗货物运量增长有限而趋小。煤炭运量继续有一定的增长，其他大宗货物运输需求相当部分基本达到高位稳定或开始呈现略有下降趋势，一般产品及原材料运输需求增长，集装箱运输需求增长幅度较大。

（执笔人：赵丽珍、向爱兵、罗仁坚）

第六章

我国综合运输体系的建设发展目标

内容提要："十二五"及未来一段时期是我国各种运输方式快速发展、加快成型的重要发展期，必须大力贯彻实施综合运输发展战略，加大战略引导和结构优化力度，促使各种运输方式从各自为主的发展模式迈向整体统筹规划、协调发展、一体化发展的模式；交通基础设施总体网络和运输保障能力跃升一个新层级，综合运输体系框架初步构建形成，总体适应国民经济发展和城镇化加快推进的要求。

第一节　我国综合运输体系目标制订的立足点

(一) 支持社会经济发展和增强国际竞争能力

交通运输是社会经济发展和人们生活活动的重要功能性基础设施和服务性行业，在全球化不断增强的发展趋势和国际环境下，已超越了其传统的产业概念和意义，成为经济发展和国家竞争力的关键领域，是社会经济发展与繁荣、政治稳定、区域协调、社会公平、资源以及生态环境平衡、国际参与能力与竞争力的战略性要素。在国际竞争越来越激烈、资源环境约束越来越强的大背景下，决定了其既要网络发达，往高水平发展，较好地满足当前和未来客货交通运输的需要，支持经济社会发展，增强全球化竞争能力；又要结合国情，充分考虑资源和环境的可承载能力，实施战略引导，科学发展，正确处理好规模、结构、供给与需求平衡等问题。这既是构建和发展综合运输体系的基本出发点，也是国家经济战略的根本要求。

（二）符合大国特点，各种运输方式共容与优势发挥

我国是一个大国，各种运输方式都可以发挥很大的作用，有很大的市场和发展空间。首先，幅员辽阔、面向海洋以及较为发达的内河江湖水系，为各种运输方式提供了发展的自然条件；其次，人口、城市、产业的广泛分布以及自然资源的不均衡分布，形成了大量的与短途、中长途、长途相对应的地方性、区域范围、区际之间、国际间交通与运输，为各种运输方式依据各自的技术经济特征进行发展和市场竞争提供了广阔的空间；同时，经济总量规模大、人口数量规模大，不仅为各种运输方式的发展提供了大市场，而且城市、城市群大规模的人口和经济集聚，使得连接各点的通道客货流量规模大，对运输方式需求以及服务需求呈现显著多样化，为各种运输方式的共存组合以及互补提供了强大的发展空间。因此，既要根据各种运输方式的技术经济特征和自然条件，充分发挥各种运输方式的作用，进行合理发展，形成相应的网络化布局，又要根据比较优势和复合功能要求，进行优选发展、组合发展、集约化发展，形成合理分工、功能完善、协调发展、紧密配合的共容体。

（三）支持强国发展和交通运输现代化与技术创新

我国不仅是一个大国，还要努力发展成为强国，交通运输是支持经济强国、贸易强国、国防强国的重要条件，要服从强国发展需要，从战略高度系统性地谋划构建我国发达的、技术先进的国内与国际运输的交通网络系统；要充分利用发展机遇和经济发展能力加快建设，发挥交通运输在经济发展、城市化进程中的促进作用、引领作用；要依靠技术进步和科技创新提升整体发展水平和增加供给。要做到强国发展需要，一要网络功能强大、能力保障性强、机动性好，即要网络发达、布局和结构完善；二要积极面向现代化，技术研发与推广应用能力强，整体装备水平高，安全性高；三要各种运输方式子系统以及综合运输整体大系统效率水平高，行业主导企业生存与发展能力强，国际竞争力强，拥有较强的国际谈判能力和国际规则制定影响力；四要拥有较强的创新能力，包括技术创新、管理创新、运输组织创新；五要较完善地促进市场积极发展的制度和机制。

（四）结构优化，节约资源和保护环境

交通运输大系统总运输能力和分布由各种运输方式共同构成，在运输市场以及运输组织中，各种运输方式之间既是协作、组合以及互补的关系，同时，在一定的范围、区域以及相应的价格政策、使用成本下，又是竞争关系、替代关系。在可用资源的约束下，它们存在着此消彼长的关系，而且不同交通运输结构模式，形成的运输能力不同，有效满足需求的程度不同。

我国是一个人口大国，在城市、城市群以及城际通道、区际通道上产生的客货流运输

需求规模大，而受资源和环境的约束，没有条件做到各种运输方式能力都能充分供给，更没有条件发展成为像美国那样生活在“车轮”上的国家，强调资源节约和集约化发展，利用有限的资源最大化地有效满足当前和不断增长的运输需求，是我国交通运输可持续发展的客观必然要求，也是综合运输体系构建和发展的根本目标。因此，应通过科学地系统规划和资源的合理配置，引导交通模式、运输模式的结构优化，平衡资源约束与交通运输发展之间的关系，作出社会总体层面的最佳或较佳选择，支持社会、经济持续发展和人们生活品质不断提高，同时满足节约资源和保护环境的社会要求。

第二节　我国综合运输体系的长远期目标

（一）长远发展目标的重要指导作用

交通运输问题，归根到底，是交通运输需求快速增长以及对质量、多样性要求不断提高与交通运输能力供给、资源环境约束、系统效率以及服务水平之间的矛盾问题。

从供给与需求关系的理性角度分析，在资源和环境约束、投资的经济性、统筹社会经济各部门发展与平衡等综合因素的作用和制约下，交通运输的供给是有限性的，而需求会随着经济生产规模而不断增长以及人的消费欲望而不断提升；也就是说，所谓的“满足”、“适应”，无论是在交通运输的发展时期，还是成熟发展时期，都是指一定条件下的、总体有效性的“满足”或“适应”，是对应于发展目标和衡量标准而言达到的程度和水平，而不是指充分满足各种需求要求；换言之，在交通运输发展上，完全的“满足”或“适应”在资源方面是难以支撑的，即使是资源比较丰富的美国等西方发达国家，也是无法完全满足需求，照样存在许多诸如拥堵、不够方便、不够舒适等问题，需求欲望的满足是有节制性的、引导性的，但这种节制性及引导性又会因资源条件的不同、发展的系统结构模式的不同而具有差异性。因此，对于交通运输的发展必须要有理性的长远目标，明确在资源环境约束的条件下，从经济社会发展整体角度应该或者需要达到怎样的发展水平和程度，才能依此制订相应的发展战略和规划，保障发展方向的统一、持续以及所倡导的发展理念被有效贯彻，其直接关系到资源的配置和社会成本的大小。

长远目标是对交通运输未来达到发展水平以及与需求、社会经济发展的适应性的战略性把握，其关系到交通运输建设发展的方向、总体战略措施以及规划的制订，关系到逐步形成的综合运输体系的最终结构，对综合运输体系各阶段发展目标以及措施的制订具有重要的指导作用和约束作用，指引着各阶段规划与建设朝着同一目标持续推进。阶段性目标必须根据长远目标要求、结合当前的发展实际而制订，是明确当前阶段发展任务以及采取措施的主要依据，是长远目标在各阶段的分解落实。因此，在研究和制订"十二五"综合运输体系阶段性发展目标时，必须要对未来成熟发展期的目标追求有一个比较清晰、明确的认识。

虽然"十五"规划中提出了我国综合交通体系发展的长期战略目标是：**以市场经济为导向，以可持续发展为前提，建立客运快速化、货运物流化的智能型综合交通运输体系**。但是，作者认为过于笼统和简单化，不够准确和严谨，主要是对运行状态的表述，对于综合运输体系的核心问题——总量发展水平、结构、一体化系统没有提及；而且，以市场经济为导向对于交通基础设施布局以及交通资源配置是否符合其属性，客运快速化是在什么范围和以什么标准衡量，货运物流化的概念是否确切等都值得商榷。其不仅对交通运输发展战略和综合运输体系总体规划的制订指导作用不强，对阶段性目标的制订也缺乏指导。如在《"十一五"综合交通体系发展规划》中提出的阶段性目标是：**"通过大力发展与改革，大幅度提高运输能力，基本消除运输对经济增长的制约；公平与效率充分兼顾，推进城乡、区域交通协调发展；运输质量、资源利用效率明显提高，交通安全得到有效保障，管理体制获得创新；初步形成便捷、通畅、高效、安全的综合交通运输体系"**，与以上的长期战略目标好像关系不大，而且公平与效率充分兼顾，推进城乡、区域交通协调发展的提法与市场经济为导向也不在同一个范畴和方向。因此，对于综合运输体系（综合交通体系、综合交通运输体系的叫法统一规范到综合运输体系）的长远发展目标还需进一步深入研究，集社会各界的智慧而制订。以下是作者对长远目标的一些研究和认识。

（二）我国综合运输体系的长远期发展目标

本研究所指的长远期目标，主要是指我国交通运输基础设施网络布局建设基本完成、网络总体格局和结构趋于完善、运输市场结构和运输组织系统进入成熟稳定发展的时期，大体为2030年前后的目标。

根据前面对运输需求、发展要求、发展理念、发展原则和立足点的分析，作者对我国综合运输体系长远期发展目标归纳表述为：**力争建成与我国经济地理特征、未来社会经济发展目标、国际经济战略相适应，网络发达、系统完善、各种运输方式优势组合和一体化发展、布局合理、结构优化、技术先进，有效满足旅客出行和货物运输需求的安全、畅通、便捷、高效、智能化的现代化综合运输体系**。为国民经济持续增长、人们生活品质提高、增强国际竞争力和中国的强国崛起提供强有力的支撑。

（1）未来经济地理特征——进入后工业化时期的我国人口、城市、城市群分布，经济和产业结构以及区域格局，国际贸易以及经济活动等。

（2）未来社会经济发展目标——人口15亿左右，城镇化率为65%～70%，经济持续平稳较快增长，经济总量与世界第一大经济体差距不断缩小的第二大经济体，人均国民生产总值达世界中等水平。

(3) 国际经济战略——与经济全球化、国家经济安全等有关的战略，持续平稳快速发展将继续增大我国的国际贸易规模，国际运输的保障能力和竞争力对拓展我国产品的国际市场和获取经济发展所需的国际资源、战略性资源具有极其重要的意义，同时对提升我国在国际经济与事务中的参与能力和反应能力具有重要影响。

第三节 “十二五”综合运输体系发展的指导思想和目标

(一)“十二五”我国综合运输体系所处的发展阶段

1. 当前我国交通运输所处的发展阶段

在综合运输体系思想的指导下，加快推动了我国各种运输方式的规模发展和结构协调发展，尤其是近20年来，各种运输方式的网络规模和运输能力显著增长，交通基础条件显著改善，基本改变了落后、薄弱、严重不适应的局面，对国民经济发展的支持保障能力显著增强。目前，我国港口相对比较发达，公路、铁路、航空等运输方式也都总体上完成了基本的网络和通道布局(除了少数农村和边远偏僻地区)。从20世纪末以来已由**基本的连通、覆盖布局为主要目标的初级架构建设发展阶段**逐步进入了**以通道和城市密集地区为重点、以高等级基础设施为核心的强化干线、提升功能、增强覆盖、完善网络的大发展阶段**，交通运输对于国民经济发展以及运输需求，将逐步从被动适应型发展向适度超前和先导性发展的转变。具体可从以下几方面大致判断：

(1) 全国公路、铁路、航空总体网络规模和布局已实现基本覆盖和连通，干线骨架基本形成，相当一部分省市的网络密度达到较高水平，形成了比较发达的交通网络；“走得了、运得出”的基本需求总体上已解决，对国民经济发展已由严重不适应、“瓶颈”制约发展到总体基本适应。尽管布局、能力供给各地区差异较大，基本适应的程度情况有差别，但各种运输方式总体形成了相对成型的基本网络形态，具备了满足基本要求的畅通性、机动性，尤其是代表反映紧张状况的全国性大通道，尽管技术等级和服务质量有待进一步提高，但总体能力供给与需求的矛盾已大为缓解，运输和交通出行保障性显著提高，非高峰时期综合运输能力基本上可以满足现阶段需求。

(2) 港口已完成高速发展阶段，高速公路、现代化机场已达相当数量规模，进入了中期快速发展阶段，对一定人口规模以上城市的覆盖和网络化已初步形成；高速铁路里程已开始形成规模，进入快速发展阶段。干线通道基础设施布局和质量正在发生根本性改变。

（3）各种运输方式都经历了或正在经历规模大发展过程，已形成了较大的规模基础和运输实力，相互之间形成了一定程度的市场化竞争性，为多样化的交通运输选择创造了一定的条件。尽管各种运输方式的能力仍然不充分，满足需求的刚性强，多样化自由选择的余地不大，但是，总体上与现阶段的小康发展水平基本相符。

（4）各种运输方式的技术装备水平大幅提高，相当一部分为世界先进水平，高层次的运输服务也已逐步向世界先进水平靠拢。

可以说，综合各种运输发展水平和状况，整个交通运输大行业正处于从满足基本交通要求向更上一个层次跃升的临界发展时期。

2."十二五"我国综合运输体系的发展阶段分析

我国交通运输在以往建设发展的几十年中，由于既有的基础底子很差、规模很小、与基本要求差距巨大、总量供给严重不足，无论何种运输方式布局和能力供给都非常欠缺。因此，首要任务是尽可能地通过各种渠道加快发展、加快布局，综合运输的任务也主要是促进各种运输方式加快发展。在整个发展过程中，虽然关于资源综合利用、发挥各种运输方式的优势作用、加强比例协调、统筹规划的综合运输发展的思想和理论在实践发展中发挥了积极的指导与促进作用，但各种运输方式长期以来基本都是以各自的网络布局和系统构建进行规划和建设，综合运输统筹规划、结构优化在总量供给不足和宏观调控能力不强的情况下体现得不是非常突出、积极，而且在没有统一价值观、发展战略、规划纲要的指导下，相互之间的竞争性、替代性进一步促使了各种运输方式尽量尽快扩大自身规模、占领更大市场份额。因此，可以说，直到目前为止，我国综合运输体系的建设一直处于加强基础建设、增加总量供给、统筹协调组织不很明显的基础性建设的初级发展阶段，尚未较全面进入按照综合运输体系发展理念和内涵，围绕统一发展目标和体系总体框架规划，进行统一协调发展、构建真正意义上的综合运输体系的实质发展阶段。目前所形成的综合运输体系也是与现发展阶段相对应的初级形态，还很不完善，与理想和期望还有很大的差距，仅是体现了一定的综合运输发展的思想，更多的是体现各种运输方式发展结果的"总合"。

"十二五"是我国交通运输在"十一五"快速发展的基础上继续完成大发展的重要时期，各种运输方式基础设施网络将进一步完善成型、质量提升，以主要通道、城际交通和大型枢纽为主的大量高等级基础设施项目将安排建设和建成投入使用；同时，增加运输系统建设投入和提升运输服务也将是各种运输方式"十二五"期间发展的重要内容。加强对这一时期综合运输体系发展思想和战略的贯彻，既是促进各种运输方式又好又快发展、协调发展的客观要求，也是促进各种运输方式朝着综合运输体系长远目标统一整体、结构优化发展的关键，其直接关系到未来综合运输体系的结构形态和交通模式构成，而且，在我国交通运输已取得巨大发展和较大能力规模的保障下，也完全具备了在发展过程中加强模式选择和引导、加大结构优化、加强协调和构建一体化运输系统的条件。

因此，“十二五”是我国各种运输方式快速发展、网络加快完善和成型的重要发展期，是关系到我国综合运输体系未来整体结构和布局形态的关键期，对未来旅客出行和货物运输的主要交通模式、效率以及对资源的总体占用和消耗具有重大影响，是我国交通运输发展进入到了以未来长远目标和结构形态为指向的系统性构建综合运输体系框架的关键发展阶段，是必须大力贯彻实施综合运输发展战略，加大战略引导和结构优化力度，促使各种运输方式从各自为主的发展模式迈向整体统筹规划、协调发展、一体化发展的模式，构建可持续发展的现代化综合运输体系的系统性顶层设计规划与建设的关键期。

（二）“十二五”我国综合运输体系发展的指导思想

国际金融危机发生以来，对世界经济和我国经济影响都很大，我国在采取积极财政政策和适度宽松的货币政策、加大投资力度应对的同时，提出了加快经济发展方式转变和调整经济结构的发展方针；尽管目前经济回升向好势头已越来越明显和巩固，但是当前经济发展环境仍极为复杂，经济快速增长较大程度上还是政策刺激的结果，经济回升向好过程中还存在许多矛盾和困难，尤其是世界经济复苏存在不确定性对我国经济(尤其是出口)的影响很大。“十二五”期间投资对保经济增长的任务依然很重，交通运输要继续抓住发展机遇，加快基础设施建设，完善网络布局，适度超前发展，为经济复苏、城镇化加速发展创造有利条件，发挥先导促进作用；同时，无论是我国自身可持续的发展要求，还是应对国际竞争以及气候变化，加大发展方式转变和经济结构调整仍将是“十二五”以及更长时期的主线，交通运输要紧密根据这一发展主线，积极加强交通运输发展的整体系统规划，科学发展，推进系统结构优化，着力加快构建符合我国国情的现代综合运输体系，有效满足和结构引导不断增长的客货运输需求，使交通运输的发展真正步入与经济社会发展相协调的可持续发展轨道。此外，相适应的体制和机制是综合运输体系构建目标和措施能被相关部门认真贯彻执行的重要保障前提，因此，“十二五”还应进一步推进深化交通运输管理体制改革，尤其要建立有效机制，以及相应的制度作为保障。

为此，作者提出“十二五”我国综合运输体系发展的指导思想是：以邓小平理论和“三个代表”重要思想为指导，深入贯彻落实科学发展观，进一步解放思想，抓住交通运输大发展的战略机遇，发挥交通运输对经济发展、空间布局结构的先导性作用，继续保持快速发展势头，加快交通基础设施网络的充实、完善、提升和一体化综合运输服务系统建设，加快综合运输体系结构优化和发展绿色交通，加快运输装备现代化和系统智能化，深化交通运输管理体制改革，整体性构建惠及全国人民的“资源节约型，环境友好型”的现代化综合运输体系。

（三）“十二五”我国综合运输体系发展的方针和目标

根据前面的分析，“十二五”期仍然是交通运输大发展的重要机遇期，也是构建符合我国国情的现代综合运输体系的战略关键期。为此，“十二五”的目标和任务就是要在交通运输发展、综合运输体系构建这两大方面取得较大成就，并为今后继续进一步发展和发展方式的转变创造有利的制度环境。

1.“十二五”综合运输体系发展的方针

（1）适度超前布局建设。在“十一五”快速发展的基础上，继续保持较大的交通基础设施建设投资力度，适度开展对区际通道、城际通道、城市轨道、大型枢纽等重大基础设施的超前布局建设，加快各种运输方式网络的完善和质量结构的提升，实现“交通先行”和交通对经济发展、城镇体系建设的先导促进作用。

（2）加大综合运输体系的构建力度。进一步加强统筹规划和战略引导，促进各种运输方式发展规划编制和项目实施的协调；优先和加大发展区际、城际、城市交通中所倡导的主导型运输方式网络，同时加强多种运输方式的组合，促进结构优化和适应多样化的交通运输需求。

（3）紧密配合国家经济社会发展战略和政策。加大对西部地区、国家区域规划地区、农村地区的交通基础设施规划布局与建设，促进地区间、城乡间协调与公平发展。

（4）加强运输系统建设，提高运输效率效益和服务水平。进一步加强和完善各级网络重要结点的枢纽站场布局与建设，积极创新运输组织方式，推进综合运输联运系统和服务系统的建设和完善，促进各种运输方式紧密衔接和运输服务一体化。

（5）大力提升交通运输技术装备水平。加大交通运输科技投入，鼓励科技创新和先进技术的推广使用，发展高速铁路；加强交通运输信息化、智能化以及综合运输信息服务系统的建设。

（6）继续深化交通运输管理体制改革。加强制度建设，形成有效的协调机制和约束机制，保障和促进综合运输体系的加快构建。

2.“十二五”综合运输体系发展的目标

“十二五”综合运输体系发展的目标为：**交通基础设施总体网络和运输保障能力跃升一个新层级，各种运输方式统筹协调发展、一体化衔接得到有力加强，优化结构、节约资源、绿色交通发展取得较好成效，安全、畅通、便捷、高效、可持续发展的综合运输体系框架初步构建形成，总体适应国民经济发展和城镇化进程对交通运输的要求。**

（1）综合运输基础设施网络。基本建成“五纵五横”全国综合运输大通道和以高速铁路为主体骨架的国家快速铁路网、高速公路网以及干线机场体系等各种运输方式干线网络系统；主要城市群、都市圈城际主干通道项目基本建成，部分地区和通道实现一定程度的先行发展；农村地区交通网络、国际通道建设取得显著发展。

（2）综合运输服务系统。基本消除各种运输方式硬件、软件衔接障碍，枢纽间衔接和集疏运系统建设有效加强，综合客运枢纽建设得到较大发展，货物多式联运模式得到较积极推广，一体化综合货运服务系统和旅客联程运输服务系统初步建成。

(3) 综合运输体系结构优化。各种运输方式优势发挥、协调发展、组合发展的思想和原则得到积极贯彻；铁路在区际大通道、城际主干通道的骨干作用进一步突出，承担客运出行比例提高；水运和管道运输得到进一步发展和完善；城市公共交通得到优先发展和倾斜支持，主要特大城市轨道交通干线网络初步建成，出行分担显著提高。

(4) 综合运输体系发展的体制机制。交通运输管理体制改革进一步深化，统筹规划、宏观调控的制度基本建立，部门间、部委与地方政府间的有效协调机制进一步加强和完善。

（执笔人：罗仁坚）

第七章

“十二五”综合运输体系构建发展的主要任务

内容提要：应加快编制国家综合运输体系总体框架发展规划，以指导“十二五”及未来综合运输体系基础设施网络和运输服务系统建设发展，引导和促进各种运输方式干线网络的布局完善和综合运输体系的结构优化，适度超前发展，合理布局建设高速公路、高速铁路和提高网络化规模效益，加强制度、土地等方面的保障，积极发展绿色交通。

综合运输体系建设是一项非常复杂、长期的系统工程，既需要科学地系统谋划、统一的协调组织，更需要逐步推进，将体系的建设与各种运输方式的发展相结合，将当前的布局建设和解决当前交通运输的问题与远期发展方向和目标相结合，将发展理念、发展战略尽最大可能地贯彻和体现到发展过程的各个阶段中。也就是说，综合运输体系从促进各种运输方式共同加快发展，以改变网络布局和能力供给严重不足以及各种运输方式发展非常不平衡的**基础性建设的初级发展阶段**，进入到以未来体系目标和结构形态为主要建设发展方向的**系统性体系框架构建的关键发展阶段**，所遇到的问题更复杂、难度更大，不仅需要更加明确的价值取向和连续统一的发展目标作指导，而且需要更强有力的组织协调和宏观调控。在目前体制下，部门发展之争激烈，地方发展攀比严重，综合运输体系建设很难完全用理想的愿望和方式推进，更不可能一步到位。因此，要根据当前的实际发展趋势研究采取相应积极的对策和措施，在发展过程中加强引导和调控，协调部门发展和系统一体化建设，促使综合运输体系的发展不断走向自觉追求的常态发展轨道。

第一节　综合运输体系总体框架的系统性构建设计

(一) 必要性、迫切性

任何重大的系统工程都需要对达到目标、系统组织结构、实现的路径等进行科学严密的系统性设计，才能有计划性地被组织实施，达到预期的目标结果。我国综合运输体系在以往基础性建设的发展过程中，由于受发展的基础条件差、认识的局限性、体制机制等原因的影响，以及对社会经济巨变发展过程中各种相关因素及政策前瞻性判断不够准确等方面的制约，并没有对系统进行完整的设计和严密的组织实施，而主要是通过行业发展政策的支持以及重大项目的立项审批(这种审批依据也不是基于完整的系统理论与设计)进行很有限度的引导和调控。综合运输体系更多的是体现各种运输方式发展结果的汇总，是在没有明确系统长远目标和框架指导下为解决阶段性问题所形成的结果。目前的发展基础和发展阶段已发生了巨大变化，进入了综合运输体系**系统性框架构建的关键发展阶段**，迫切需要在价值观取向、发展理念、目标、框架结构、实施路径、战略措施等方面有一个比较明确、整体的系统性宏观设计，也就是综合运输体系发展的"顶层设计"(其最终体现为**综合运输体系总体框架构建发展规划**)，并达到各部门、各界的共识，得到国家政府的批准并具有相应的约束力。一方面为各方面的发展、子系统的建设以及相互间的协调提供发展方向和遵循的宏观原则，另一方面为有计划地组织实施和宏观调控提供可遵循的依据，使相关政策制定和规划的审批具有系统性、连续性。只有这样，在综合运输体系的建设发展过程中，才能更具有统一的目标性、方向性、组织性，改变以往的发散型发展模式，才有可能构建和加快形成较完善的、预期所希望的现代综合运输体系。

（二）难度性、艰巨性

综合运输体系总体框架构建发展规划不同于一般性的建设发展规划，是要体现我国交通运输发展的深刻思想、理念、目标、战略的最高层级的规划，需要集国家各界、各方面的专家智慧于一体，并对相关问题进行深入、高端的研究。因此，需要相应的国家部门和经费支持来组织开展这项复杂、难度很大的系统工程工作，需要有一批睿智的专家、学者以及政府官员致力于该项工作，而且，需要有足够的时间进行研究、广泛讨论、提升完善、达成共识等。这项工作非常必要，关系到对整个交通运输大行业发展方向的指导，关系到能否以较低的社会成本较快地建成符合我国国情和发展要求的现代综合运输体系，任务非常艰巨，是对智慧和战略思维的考验。

由于综合运输体系总体框架构建发展规划涉及的重大问题面广、层次高，不仅仅是交通运输本身，而是包括社会、经济、国际贸易与竞争等多方面，以往交通运输方面的研究和建设重点主要聚焦在当前和近中期，对长远发展以及战略规划、价值观取向等深刻方面问题的研究比较少，也比较粗浅。可以说，理论基础还相当薄弱，加之社会发展的多元化价值观，不仅使得该项工作的难度大，而且最终的结果和用于评判的标准也不是唯一的，是选择性的、取舍性的。目前的难度主要在于以下几方面：

(1) 交通运输的总供给和服务是由五种运输方式共同组成，总供给规模和供给结构既取决于社会资源的可投入量，也取决于各种运输方式的组合形式和结构比例，而各种运输方式组合选择又具有多样性、可变化性，不同的部门以及群体对交通运输的发展和消费有着不同的价值观，对当前与长远、现实与理想的关系认识各有不同，因此，在部门利益竞争较为激烈的发展环境中，如何使发展理念和评价发展的衡量标准逐步做到比较统一、明确，具有很大的难度。

（2）交通运输总的发展和不同的交通模式组合与国民经济和社会发展的关系，在整个社会经济发展中交通运输可占用社会资源的合理数量，以及交通运输如何发展才能更好地适应国家经济社会各项发展战略的要求等都需要进一步深入科学、客观地研究。

（3）在工业化、城镇化、国际化快速发展的进程中，比较深入准确地把握国家相关的发展战略以及未来的社会经济发展趋势，有相当的难度。

（4）定位和约束力问题。如何实现综合运输体系总体框架构建发展规划对各专项交通运输规划的指导作用，面临着不少问题：一是如何确立与各交通部门专项规划的指导关系，各种运输方式的中长期规划都是直接报国务院批准通过的，各部门也都按自己的规划在建设；二是社会经济发展形势变化很快，各部门对专项规划的调整变化也很快、很大，不仅建设发展速度变化快，而且发展思路也经常较大变化，由此，将会造成现实的发展与综合运输体系总体框架构建发展规划的宗旨和发展结构相偏离，要么被迫根据现实再重新作调整，要么被架空失去意义。

（5）在现行的体制机制下，不仅需要很大的努力促进各方达成共识，更大的难度在于被有效贯彻执行，即实施的保障措施很大部分将又回到体制的深化改革问题上。

（三）规划编制工作建议

1. 尽快开展综合运输体系总体框架发展规划研究和及时编制国家综合运输体系中长期发展纲要

从我国交通运输建设发展的进程看，综合运输体系总体框架构建发展规划很必要、很迫切，需要尽快从国家战略的高度，用长远的发展眼光审视和明确未来的发展方向、交通模式、体系结构等重大问题，努力提高规划的前瞻性、系统性。不能等到各种运输方式网络已经成型固化或能力相对过剩、市场竞争激烈的时候再进行指导调整，那样将达不到我们发展综合运输体系优化结构、节约资源和社会成本的最大目标。因此，国家交通运输综合主管部门应会同相关行业部门尽快开展编制的相关研究工作，但由于该项研究和编制工作涉及的范围、内容、重大问题多，系统性很强，研究成果要达到较高质量和战略高度的要求，需要进行大量的高水平研究并推进部门间达成共识，需要广泛讨论、反复修改、提高完善等，最终成果的形成和批准需要较长的时间。为了及时对“十二五”交通运输专项规划的编制与实施提供指导，建议分两步走：第一步按照纲要形式提出比较粗线条的、原则性的《国家综合运输体系中长期发展纲要》，报国务院批准后，用于指导“十二五”以及“十三五”交通运输发展和综合运输体系的构建，并作为主管部门对项目立项审批的原则依据，以及各专项中长期规划修编调整时应遵守的上一层级原则；第二步系统地完成更为具体化的综合运输体系总体框架发展规划的编制，包括体系主体架构、结构比例、重大基础设施布局、运输服务系统建设等。

2. 及时研究和编制"十二五"国家综合运输体系发展规划

"十二五"是我国交通运输快速发展和质量结构大幅提升的大发展期，对此要进一步加强综合运输发展对各种运输方式建设的指导与引导，加快促进综合运输体系的整体性构建和各种运输方式的更加合理协调发展。"十二五"与以往时期的不同主要在于：以往主要是进行基本网络布局，经济性、社会性都非常显著，可以比较粗放；而"十二五"主要是在完成基本网络布局、各种运输中长期发展规划实施进度大大提前、"十二五"末或"十三五"初期即将基本完成的发展基础和背景上，进行更有全局性、系统性的强化、提升、网化、密化以及通达延伸，具有明显的空间布局结构优化、层次质量结构优化的发展性质；在这样的发展基础和阶段上，并不是所有的粗放式布局和项目建设都是非常合理、符合未来发展原则、具有较好的边际效益的。因此，无论是何种运输方式网络布局还是综合运输网络构建，都需要更加充分地考虑未来社会经济发展的各种因素和需求以及交通运输的发展方式，要根据我国人均 GDP 已接近 4000 美元，已开始迈入中等收入国家水平，而且几大重点经济区域的人均收入已达到发达国家水平，城市化进程进入快速发展阶段等现状，对未来发展趋势和对交通运输的需求规模、技术质量、服务质量的要求以及资源的可供给性、可支撑性进行深入地分析和前瞻性地判断，对整体网络系统进行科学地系统性设计，在此基础上对"十二五"规划和项目建设做出安排。

由于前述综合运输体系总体框架发展规划的研究和编制尚未开展且需要较长时间才能完成，已经滞后于"十二五"规划的编制，如果前述的综合运输体系中长期发展纲要能够及时出台，"十二五"发展规划可根据《国家综合运输体系中长期发展纲要》确定的发展方向和原则，结合对"十二五"期的发展趋势和要求的分析研究进行编制。从目前情况看，"十二五"综合运输体系发展规划按传统路径和模式编制的可能性更大，为此，应加强对"十二五"期间发展的条件和要求进行深入地研究和把握，考虑已形成的既有发展趋势和惯性，并以积极促进综合运输体系构建发展的思想和要求进行编制，尽可能地发挥对各种运输方式发展的指导、协调作用。

第二节　综合运输体系基础设施网络建设发展

（一）继续以发展为主题

尽管目前我国的交通基础设施建设取得了巨大成就，高速公路、现代化机场、高速铁路不断建成，出行方便性不断改善，不再像以往那么困难，交通运输严重发展滞后和短缺的时代已经过去，甚至少数地区达到了一定程度的超前发展，并引发了部分人士对继续大规模布局加快建设可能产生供给过剩、资源过度占用、社会效益成本比不合理等问题的担忧，但是，从交通运输行业发展的总体上看，从交通基础设施对社会经济发展的基础性支撑作用和长期使用服务的角度分析，从各层级功能作用的基础设施网络化要求和效益的角度分析，目前交通基础设施发展总体规模和技术质量水平仍然存在较大不足，还有待于根据交通运输的基础属性和发展规律继续较快地完成大发展过程，形成比较完善的网络布局和客货运输系统。其主要表现在以下几方面：

（1）交通运输能力供给对需求的基本适应仅是暂时的、较低层次和规模水平上的平衡适应，而且刚性很强，缺乏必要的能力储备，应对需求波动的弹性和灵活性差。如，铁路主要干线普遍存在线路能力利用率接近饱和，旅客列车客座（站）利用率偏高，城镇密集、城市化水平较高的地区国省道干线交通拥挤度也普遍较高，高峰时期铁路能力短缺明显、公路交通拥挤。从现状和基本的发展趋势就可以得出判断：以现有的发展水平和状况几乎是不可能应对未来不断快速增长的出行需求，更不要说提高出行质量。

（2）各种运输方式的发展程度存在较大的地域差别，东部省市发展相对较好，中部、西部省市发展程度相对较差，不仅对外通道发展不足对经济发展的"瓶颈"制约尚未消除，而且区域内基本网络覆盖密度和通达深度也不足；即使是在东部，不仅网络化水平有待进一步提高，同时也有相当一部分地区的网络覆盖需要加强和延伸。从全国而言，各种运输方式的网络规模和布局形态距离完善的程度还有相当的差距。

（3）交通网络现代化建设和质量结构提升正在快速发展过程中。我国既有的大部分交通基础设施是在资金严重短缺和传统的一般技术条件下建造的，基础设施网络总体技术等级层次不高，高技术等级的现代先进设施所占比重较小，尚未构建形成以高技术等级基础设施为骨架的多层次的网络系统。随着交通技术的进步和经济实力的增强，逐步满足人们对交通和生活质量提高的要求，以现代新技术为基础进行构建的高质量的现代化交通网络也正在大规模地构建形成之中，但距离规划目标和相对完善的布局还有很大的差距。到目前为止，规划的国家高速公路网约完成4/5；新建成高速铁路约4400km（至2010年10月），"四纵四横"客运专线的建设正在全面展开，规模化的网络还未形成；一批枢纽机场、干线机场能力已趋于饱和，亟待改扩建或增建新机场。同时，既有铁路和既有公路也需要进行相应的大规模技术改造提级，以适应对质量和运输能力的要求。

（4）交通基础设施从规划到建设到建成投入使用需要较长的周期，面对已经成为确定趋势的随着工业化、城镇化而快速增长的客货运输需求，需要提前在规划建设与能力供给上做出应对准备，才能保障供给和交通状况不会进一步恶化，或有条件得到改善和更好地进行结构调整优化。此外，交通基础设施项目的规划建设，不仅是为了解决当前的交通问题，而且还要与相关项目一起系统性地满足未来二十年甚至更长时期的需求。

因此，“十二五”期仍然应是我国交通基础设施网络建设的大发展期，综合运输体系的首要任务仍然是继续“十一五”期的快速发展趋势，推进总量供给增加，改善供需矛盾。一是综合运输体系的建设必须以促进发展和满足需求为前提，只有在发展的基础上才能为结构调整优化和进一步深化管理体制改革创造较为宽松的有利条件，减少阻力和可能产生的波动。二是综合运输体系的构建是以各种运输方式的发展为基础的，没有各种运输方式的有效发展和基础支撑是难以进行完整的体系构建的，在我国目前的发展阶段，必须是在促进各种运输方式加快完善网络布局和现代化建设的发展过程中通过施加有效的引导等手段，才能创造更好的基础和逐步构建形成现代化的综合运输基础设施网络系统，否则，综合运输体系建设将会成为空中楼阁。

（二）继续加快主干大通道建设与提升

主干大通道分为全国性、地区性，省市一级的地区性主干大通道基本上都与全国性的国家主干大通道在地区范围内重合，这是由通道是对主要城市和主要大节点的连接功能性质决定的。它既是各种运输方式骨架网络的构成部分，也是综合运输体系的网络骨架、国家以及地区综合运输大通道的组成部分。它不仅承担大量的、集中的运输量/交通量，还是网络的大动脉，是经济、城市、城市群发展的关键基础。其布局完善程度和技术等级等发展水平决定了我国交通的发达程度与效率，虽然总量供给来自于全部网络，但发展主要是由主干大通道引领的。因此，在当前各种运输方式发展以及综合运输体系构建中，首要任务就是抓住核心，加快主干大通道的建设，提高主干大通道基础设施的技术等级，形成覆盖全国主要发展带、城市群的由高等级基础设施引领的多层次组合的综合运输大通道。

根据即将公布实施的《全国主体功能区规划》和全国城镇化发展专项规划有关战略，未来我国将构建“两横三纵”为主体的城市化战略格局。即构建以陆桥通道和沿江通道为两条横轴，以沿海、京哈、京广和包昆通道为三条纵轴，以国家优化开发和重点开发的城市群为支撑点，以轴线上其他城市化地区和城市为重要组成的城市化战略格局。推进长江三角洲、珠江三角洲和环渤海地区的优化开发，形成三个特大城市群；推进哈长、海峡西岸、中原、长江中游、北部湾、成渝、关中等地区的重点开发，形成若干新的大城市群和区域性城市群。总体发展思路是：把提高空间利用效率作为国土空间开发的重要任务，引导人口相对集中、经济相对集中的布局，走空间集约的发展道路。继续实行大中小城市和小城镇协调发展的政策；在经济基础好、资源环境承载能力较强、人口密度较高的地区将城市群作为推进城镇化的主体形态；优化提升东部三大城市群，培育发展北京、上海、广州成为国际大都市，培育形成能够容纳 5000 万到 1 亿人口的具有国际影响力的特大城市群；到 2020 年，实现全国重要城市群集中全国 65% 左右的人口和 80% 左右的经济总量，成为我国工业化城镇化的主体。

为此，“十二五”应重点围绕“两横三纵”城市化战略格局，根据国家《综合交通网中长期发展规划》、《中长期铁路网规划(2008 年调整)》、《国家高速公路网规划》、《全国民用机场布局规划》，加快相关主干通道的建设。

1. 区际主干通道

重点是“四纵四横”铁路客运专线、国家高速公路网规划线路的全部贯通、主要城市的大型枢纽机场及主要干线机场的改扩建或增建。相关高等级的新项目建成后，将会大幅提升原本就是各种运输方式主干骨架的通道功能和能力规模量级，进一步强化在整体网络中的主干地位和功能作用。由于主要大区域、大城市之间客货流总量规模大且需求多样化，是各种运输方式主干线布局的主要带状区域，也只有多种运输方式共同组合形成综合运输大通道才能有效满足功能要求和运输需求，因此，综合运输体系基础设施网络构建的重点也是这些区域。通过指导协调各种运输方式主干线的建设发展和合理组合布局，形成集多种运输方式于一体的大能力、强功能、多样化供给的综合型大通道。这些布局于连接相关大区域和城市群以及主要大节点的综合型大通道构成综合运输体系基础设施网络的主体骨架。

2. 城际主干通道

重点是珠江三角洲、长江三角洲、京津冀三大城市群的城际主干通道，根据客运需求和城际功能要求，对于主轴通道应规划建设突出城际服务功能的与区际干线分工合作的城际交通基础设施，包括城际铁路、城际高速公路(省道高速公路，有的地方将其称之为国家高速公路在该区域城际的复线)，顺应和促进大都市圈、特大城市群的形成与发展。同时，加快成渝、辽中南、胶州半岛、长江中游、海峡西岸等地区主要相邻特大城市之间的城际主干线的建设，它们重点是依托国家客运专线建立服务于城际交通功能强的城际客运系统以及改扩建区域内的国家高速公路，对于需求量特别大的通道，规划建设与区际干线分工合作的主要服务于城际的交通基础设施。合理规划和推进规模较大的都市型中心城市与周边大中城市之间的城际干线的建设，它们的重点是规划布局建设以核心城市为中心、为沿线城镇服务的城际铁路线/或市郊铁路线/或城市轨道交通延伸线以及对既有高速公路进行改扩建(对于交通量非常大的，在深入可行性分析的基础上，可考虑规划新建复线高等级公路)，在国家城市群发展战略和城镇化发展的新格局下，以交通为纽带和抓手，增强辐射带动作用，积极推动中心城市与周边城市的合作发展和一体化，促进全国各省大都市的形成与发展。

(三) 加强一般干线网络的建设发展

目前的一般干线在以往路网发展的初级阶段大部分都是路网的基本干线，担负着既有网络的骨干作用，如原来的国道、铁路干线等。随着高等级公路、铁路的布局建设发展，并成为各种运输方式网络(既成或规划建设)的骨架以及综合运输大通道的主体组成部分。整体升级后，网络结构增加了主骨架层次，原有的大部分干线(包括铁路干线、一般国道、省道)在目前新的网络结构层次中担负和发挥着一般干线的功能作用，在大通道中作为高等级骨架干线的辅助，在面上布局中作为整体网络第二层次的次骨架，是路网的重要组成部分，担负着中间层的重要作用，既连接着主要节点、次要节点，担负着干线布局密化的功能作用，又是作为大通道的延伸，担负着上接大通道、下连基础网络(铁路支线)的功能作用。

从结构层次和功能作用可以看出，起着中间层次作用的一般干线网络的发展状况和运行效率对于整体路网运行状况和骨架大通道效率的发挥具有重要的影响作用。在以往十多年中，无论是国家层面还是省级层面，交通建设和投资重点主要集中在主干通道、骨架干线上，对农村路网的建设力度也有所加大，但受投资资金有限的制约以及投资收费高速公路直接回报高的吸引影响，对一般干线的投资建设相对重视不足。后来虽有一定的改善，但明显滞后于整体发展，目前已成为网络中的薄弱环节。因此，“十二五”应在骨架网络得到较大发展和渐趋完善的同时，从网络各层次整体协调发展、提高整体效率和服务水平的角度，加强一般干线网络的建设发展，加大投资，强化干线作用，提升整体和分流骨架大通道交通运输压力。

1. 加强对既有一般干线的扩能改造提级

现有的一般干线大部分技术等级与骨架干线差距较大，与其承担的功能和交通运输量不相匹配，大部分能力利用率高、饱和度高，既影响整体网络效率，也不能有效适应不断增长的未来需求。“十二五”期间应增加投资加大改扩建规模，公路方面，要加大安排一批国道、省道进行改扩建并提高技术等级，还要打通断头路、形成网络连接；铁路方面，重点对一批运输量大、能力利用率高的干线进行增建复线、电气化扩能改造，尤其是要加大煤运通道线路的扩能技术改造，对于其他一般干线也要安排与路网整体提升要求相对应的技术改造提级，提高通行能力和运行速度；机场方面，以相应的支持和引导手段，积极推进一批一般性的干线机场进行技术改造和设施配套完善；水运方面，加大对内河主要航道的渠化和改造提级，以及改造提升各主要地区的整体航道网络技术等级。

2. 合理规划布局新增一般干线建设

从完善网络、增强连通、提高效益的角度，还应在现有的基础上进一步增加一般干线布局、提高一般干线在整体路网中的比重。公路方面，重点增加优化开发区域、重点开发区域的一般干线布局密度，以适应城市群、城镇化的快速发展需要，加大山区、西部地区的一般干线通达深度，提高交通对落后地区经济发展的支持并增强地区机动性。铁路方面，以加强港口铁路集疏运系统、扩大西部铁路网规模为建设重点，加大安排一批相关铁路新线建设，包括加密铁路网络地区覆盖的一般线路、港口连接后方腹地的一般经济干线、资源与国土开发的开发性新线、煤炭外运通道新线及集运线、路网联络线等，加快促进铁路网络布局的不断完善。在完善网络的新线布局规划中，要充分考虑骨架通道的铁路客运专线建成使用后，对既有线路货运能力的释放以及煤炭等大宗货物直达运输的增多，所构成的对铁路货物运输需求的刺激以及流向变化的影响，适当增加联络线以及直达大用户的专用线路，对提高运输效率和效益具有积极作用。

（四）继续加大农村公路建设，促进质量提高和连片成网

农村交通除极少量水网地区水运交通占有一定比例以及沿海离岛主要依靠水路外，基本上都是依靠公路交通。"九五"以来，国家加大了对农村公路建设的投资支持力度，农村公路获得了较大的发展，农村公路网规模、通达深度显著提高。至2009年，县道以下的农村公路里程（包括村道）达到了333.6万km，乡镇通公路比例达到99.4%、行政村通公路比例达到96.3%，农村公路总里程占全国公路总里程的比例约为87%。尽管各大区域以及区域内不同地区的发展情况差别较大，但农村交通总体状况的不断改善非常明显，对促进农村经济的发展、社会文明的进步以及对外交流、人口转移和城镇化都起到了重要作用。但是，截至目前，农村公路发展的总体水平还不高，主要是低层次的以基本连通为主，大部分技术等级低、线形差、路面窄、防护设施少、养护缺失，主体形态为树状单线连通。

随着农村经济的发展以及外出务工流回资金的增多，农村地区的机动化水平发展迅速，不仅摩托车大量普及，汽车保有量增长也很快，富裕地区甚至超过城市的户均保有量，农村路网交通量增长较快，对道路技术状况的要求提高，原有相当一部分基础较差的道路将逐渐不能满足需要。实际上，农村交通呈现两种并存状况，一方面是私人机动化水平逐渐提高，出行增加；另一方面是相当大一部分农村和居民，虽然路通了，但基本交通出行保障不足，尤其是妇女儿童和老人交通出行难问题尚未得到有效解决，此外，还有相当一部分自然村不通公路。

农村路网既是全国路网的重要组成部分，也是农村社会经济发展和建设社会主义新农村的重要基础设施，直接关系到全面小康社会的建设、改变城乡二元结构的城乡统筹和一体化发展、城镇化进程的推进以及社会公平、和谐等。为此，"十二五"应根据提升整体路网水平和改善农村路网的重要性，进一步加大对农村路网的投入和支持，使其发展与全国路网发展相协调，与社会发展和全面建设小康社会相协调，与农村机动化交通量增长以及提高基本公共服务均等化水平要求相协调。

一是进一步增大网络规模，提高通达深度和网络连接。在已取得成就的基础上，立足于城乡统筹，从全面建设小康社会和推进城镇化的全局高度，继续加大对农村公路的投资，进一步扩大县道、乡道、村道里程，提高县乡村公路的通达深度和网络覆盖密度，实现所有的行政村和具备条件的自然村通公路，并逐步增强乡镇之间、乡镇与村之间、村与村之间的连通度，减少绕行和断头路，形成农村公路连片成网以及与干线公路便捷连接。要紧密围绕推进城镇化建设发展和以城带乡发展战略，加大地市中心、县城至中心镇、建制镇的快捷公路建设，为城镇体系建设和支持引导小城镇发展提供较好的交通基础。

二是加大安排农村公路改造，有序提高农村公路技术等级和质量。一方面，要重点提高农村公路等级化、路面硬化的"双化"水平，提高油路/水泥路通乡、通行政村率；另一方面，要根据农村干线路网的发展需要以及不同地区的交通量发展趋势，安排一定比例的资金合理有序地对县道、乡道以及部分村道进行改造提级，提高道路质量和通行能力，基本实现通乡公路达到三级以上标准。

三是加强农村公路养护，保障农村公路畅通。当前农村公路养护仍然是一大问题，许多道路有人修建，无人养护，随着交通量上升以及自然灾害，损毁情况越来越多，使用周期缩短。为此，应根据《农村公路管理养护体制改革方案》(国办发〔2005〕49号)和《农村公路养护管理暂行办法》进一步明确落实责任主体和养护资金来源，加强养护维修，保障基本路况和通行。

四是加强农村客运站场等设施建设，完善农村公共客运网络，保障基本出行需求。要从城乡一体化、和谐发展、广大农民平等参与现代化进程、共享改革发展成果的政治高度，加大公共财政对农村交通的支持，提高农村居民出行的便捷性和基本交通服务的保障性及均等化水平，促进城乡人口、要素有序流动以及基础设施、社会事业协调发展。

(五) 进一步完善港口和机场布局

港口和机场是国家综合运输体系的重要组成部分，是综合交通网络的节点，承担着不同运输方式与不同运输区段之间的中转、衔接任务，是人员与物资的集散地，也是开展运输组织活动、实现一体化运输服务所依托的平台。一方面，港口与机场的布局受综合运输体系通道布局的影响，一些主要港口与机场通常位于主干大通道上，作为通道的构成要件，发挥着重要的节点作用；另一方面，港口与机场的布局也会影响综合运输大通道的走向与网络的承载能力，枢纽港口、枢纽机场之间会产生较大规模的运输需求，从而形成主干大通道，不同层次的港口、机场将综合运输体系干、支线路相连接，形成综合交通网。因此，应该从发挥综合运输体系网络规模效应与整体效益的角度，进一步完善我国港口和机场的布局，突出重点，并形成完整、清晰的层次体系，充分发挥其运输枢纽的交通衔接与运输组织功能。

1. 港口

港口的布局与建设以合理利用和有序开发有限的岸线与航道资源为前提，结合我国沿海、沿江产业布局，形成环渤海、长江三角洲、东南沿海、珠江三角洲、西南沿海等五大区域规模化、集约化、现代化沿海港口群和依托"两横一纵两网十八线"内河高等级航道网的内河港口群，满足我国经济社会快速发展对能源、原材料、产成品以及人员运输所产生的巨大需求。从保障国家经济安全、提高国际竞争力与国家综合国力、促进对外贸易发展的需要出发，重点加强煤炭、石油、铁矿石、集装箱等运输系统建设。

"十二五"时期，我国将加大国内煤炭产量调控力度，增加进口比重，煤炭南北调运不会大规模增长，加之客运专线成网后，铁路煤炭直达运输将增加，铁水联运比重将减小，煤炭沿海运输的迅猛增长势头将趋于平缓。因此，煤炭运输系统以东南沿海、珠江三角洲和西南沿海地区港口群为主，布局专业化煤炭接卸设施，满足不断增长的煤炭进口需求和长距离北煤南运需求；适当安排长江三角洲地区港口群煤炭接卸与中转储运设施建设，基本可以满足华北、西北至华东地区煤炭沿海运输需求；环渤海地区港口群以京津冀沿海和山东沿海港口为主，重点布局煤炭下水港，满足北煤南运出港运输需求；加强长江上的煤炭装卸港口布局，满足沿江用煤企业继续增长的煤炭运输需求。

随着我国石油消费量的增长，石油进口量将继续增加，除中亚、俄罗斯的石油经管道、铁路运达以外，连接东南沿海地区主要港口的国际海上运输通道仍然是我国进口石油的主通道。"十二五"时期，以长江三角洲、东南沿海、珠江三角洲和西南沿海港口群为主，建设大型、专业化进口石油接卸中转储运设施，形成较大规模的进口石油接卸与储运能力；环渤海地区围绕大连、天津、青岛等主要港口集中布局大型、专业化石油中转储运设施，重点加强原油储备系统建设，形成充足可靠的原油战略储备能力。

抑制钢铁产能过剩是当前及今后一段时期宏观调控的重点任务，且随着我国工业化、城镇化达到一定水平，钢铁需求量将基本保持稳定，并逐步有所减少，因此，"十二五"时期国内钢铁产量不会大幅增长，对铁矿石的需求将稳定在一个较高规模水平上。随着钢铁产业的整合与较大范围内的区域布局调整，以及国内矿使用比例提高，铁矿石的国内运输量会呈现小幅增长，进口量将基本维持现有规模。据此，"十二五"时期，结合我国钢铁产业布局，以环渤海地区港口群体为主，建设大型矿石码头，完善中转储运系统，在长江三角洲、珠江三角洲、东南沿海地区和西南沿海地区港口群体，重点优化布局进口铁矿石接卸与转运设施，满足矿石进口需求。

随着全球经济回暖，我国进出口贸易已恢复增长，港口外贸集装箱吞吐量也开始回升，但"十二五"时期，国际集装箱运输很难实现危机之前持续多年的高速增长，而是渐趋平缓，我国沿海主要港口的外贸集装箱吞吐量也会随之渐近峰值；内贸集装箱吞吐量会随着铁水联运的发展而诱发新的需求，沿海与内河运输将呈现一定增长。总体上，"十二五"时期，我国港口货物适箱率与集装化率会有所提高，内外贸集装箱吞吐量会保持不同程度的增长。目前，我国港口集装箱吞吐能力与吞吐量基本匹配，"十二五"时期应根据需求，把握建设节奏，重点调整优化布局，明确干线港、支线港与喂给港的功能分工，加强相互之间的协调配合。加快大连东北亚国际航运中心、天津北方国际航运中心和上海国际航运中心建设，依托沿海五大港口群体，重点建设大连、天津、青岛、上海、宁波、苏州、厦门、深圳、广州等 9 大干线港，相应发展沿海支线和喂给港；内河以长江、珠江为主，依托高等级航道网，布局集装箱港口，加强集装箱专业化泊位等设施建设，完善内河集装箱运输系统。

2. 机场

根据全国城市、人口分布状况以及高速公路、铁路客运专线(包括城际铁路)网络的建成使用情况，合理规划机场数量和定位各机场功能，加大对现有机场资源的整合，扩大服务辐射范围。构建并完善北京首都、上海浦东、广州新白云等国际枢纽机场和昆明、成都、西安、武汉、乌鲁木齐等主要干线机场为骨干的机场网络，增强枢纽和干线机场运输能力，在机场密度较低而市场增长潜力较大的地区，鼓励发展支线机场，形成枢纽机场、干线机场、支线机场分工明确及航线网络有机衔接的航空运输系统。以低空空域改革为契机，按照规模合理、经济适用、节能环保的原则，积极布局建设通用航空机场和通勤机场，积极推动通用航空发展，建立航空应急救援、工农业生产等多元服务的通用航空体系，并通过先试点、后推广，逐步形成全国一体的低空空域运行管理和服务保障体系，提高空域资源配置使用效率，发展低空经济和解决主要海岛、边远地区的交通问题。稳步扩大机队规模，强化民航保障体系建设。

第三节　综合运输体系的结构优化和绿色交通发展

(一) 结构优化的衡量与主要实施方式

结构优化是综合运输体系建设的三大目标之一(另两个分别为各种运输方式的协调加快发展和建立一体化运输服务系统)，它既是结果又是手段和途径。从结果的角度看，是指各种运输方式在相关的总体规划和政策措施指导下，达到所希望的合理布局、协调发展、满足需求、节约资源的结果而构成的比例关系、布局关系等。从手段和途径的角度看，是指只有通过宏观调控、资源配置、税费以及价格等政策措施和途径，对各种运输方式间以及方式内的结构在建设发展过程中进行调整优化，才能有效实现各种运输方式综合协调发展、合理布局、有效满足运输需求、节约资源等目的。也就是说，结构优化本身不是目的，而是达到目的的一种手段和途径，是不是结构优化，应该以是否能达到所希望的目的来衡量。而目前国家层面还没有对综合运输体系总体框架制订非常明确的系统性设计或发展规划，不同的群体、不同的部门站在不同的角度有不同的理解和评判衡量尺度，尤其是长期以来不同运输方式分属于不同部门主管的体制下，形成的建设发展方式、管理方式以及部门地位、利益之争等，在体制机制问题没有得到有效解决的状况下，缺少强有力的外力推动是难有较大改变的，也不可能达到理想化的一致观点和认识。因此，本研究主要是根据前面几章所探讨的理念、基本性问题、原则、目标等，以及我国交通运输已从追求规模快速增长为主导的发展阶段逐步进入规模、结构、质量同步发展的关键阶段，结合当前的体制机制的客观实际，以积极的态度，对"十二五"综合运输体系结构调整优化的相关思想、宏观调控措施建议等提出建议。

结构优化是相对于自由式发展、粗放式发展而言，完全理想化的结构优化是做不到的或者说是不存在的。综合运输体系的结构调整优化是一个渐进的不断发展的过程，是相关思想和宏观调控引导政策在各种运输方式建设发展过程中的具体贯彻和体现。交通基础设施网络的结构调整优化不同于其他生产性产业的结构调整，它不是减少或淘汰某一类(或几类)运输方式既有的设施，而去发展或增加发展另一种运输方式，它是在保有、充分利用各种运输方式既有存量的基础上，在总体规划和综合运输发展政策的指导与约束下，通过增量的差异化发展以及对既有基础设施的改造提升逐步实现结构优化。"十二五"及未来交通运输贯彻结构调整优化的主要实施方式是：科学编制综合运输体系发展规划和协调各专项交通规划，以完善网络布局、增强整体功能和总能力供给为重要目标，以提高改善既有设施、差异化建设发展新增高等级基础设施为主要措施，逐步实现体系结构的优化与完善。在交通基础设施网络建设发展中，综合运输体系的结构调整优化主要体现在两个方面：各种运输方式之间的结构关系，各层级网络的结构关系。

(二)各种运输方式间的结构优化

1. 总量规模的结构优化

各种运输方式的技术经济特征和运行方式差异性很大，分别适应不同的区域范围和功能要求、服务要求。虽然它们之间在承担旅客出行和货物运输中具有一定的可替代性，但可布局的广度和深度不同。有些区域是某种运输方式独有的，不适宜其他方式布局或社会成本代价太高(如农村地区主要是公路运输，不适宜布局铁路运输和航空运输，水运服务仅在沿海和拥有内河航道的地区)，而且不同的运输方式拥有各自最佳发挥的区域和适应的不同种类的运输服务需求。因此，各种运输方式间的网络总规模比例和承担的总运输量比例反映不出是否结构优化，不能作为结构优化的衡量指标，尽管它具有简单、明了的特点。

结构优化一方面是对于各种运输方式的网络是否形成完善布局，即是否形成合理布局、有效覆盖的骨架网络而言；另一方面是对于多种运输方式在有竞争、可替代的同一区域所布局的数量密度、技术等级和能力规模之间的比例关系而言。因此，结构优化应以各种运输方式的干线网络规模作为对比和研究；支线等布局和规模是各种运输方式根据自身的特性和服务原则、市场竞争原则进行各自发展的结果，不构成太大的竞争性、替代性，而且，面上运输方式的支线规模庞大(如公路)，线上运输方式的支线规模相对很小(如铁路)，不具有多少可比性，不应纳入方式间对比的范畴中。完成的运输量对比也是同理，遗憾的是目前缺少这方面完整的统计。用于反映方式间结构作为对比的干线网络规模：铁路包括国铁干线和合资铁路干线里程，公路包括国家高速公路、一般国道、省道里程，航空应指干线航路里程，航道应指五级以上航道里程，管道指长输油、输气管道里程。

各种运输方式网络布局完善所需要的干线规模与所需要布局的密度、通达度、枢纽节点的连通度密切相关，而这些又决定于国家综合运输体系的发展思想和对各种运输方式的发展定位。尤其是在目前各种运输方式基本网络已构建形成的基础上，如何进一步发展才能符合结构优化的要求，更需要国家明确的综合运输体系发展思想和战略措施的指导。然而，目前并未形成，在相关规划和部门的文件中只有建设发展规模，没有明确的各种运输方式结构优化的比例关系，大多仅是加大/促进某某运输方式发展的口号性表述，各种运输方式都在竞相提高各自的发展规模。因此，需要组织力量加深研究，并尽快形成比较明确的结构目标和措施。

课题组认为，结构优化是在保证各种运输方式干线网络布局形成合理的全国性、网络化基本骨架的基础上进行方式间的发展增量和布局密度的调整，而不是相互的分割。因此，存在一个基本结构的比例关系和在某一发展思想指导下的结构优化比例关系，在这些方面需要进行更加深入的专项研究。

2. 区际通道的结构优化

区际通道主要是指连接各大经济区、城市群间的大通道交通走廊，不仅连接两端的特大城市、城市群，而且沿线连接许多省会城市和重要城市，基本上都是人口密集、产业聚集、经济发达(相对于区域内其他地区)的地区，各类客货运输流量大、强度高，是国家综合运输网络的大骨架，是国家经济发展的交通命脉。此外，煤炭外运大通道也属于区际通道的范畴。

区际通道是国家社会经济的主要集中带和发展带，是各种运输方式骨干线路必须布局的重要交通走廊，其构成各种运输方式的全国性重要骨架，是综合运输通道构建的重点，是最能体现综合运输发展思想和结构优化的地方。区际通道既是全国性通道，也是各地区交通网络依托的主干骨架，在担负长距离运输服务的同时也要承担沿线大量的区间交通运输服务；不仅要求具备客货运输大能力，而且还要满足快捷性、多样化、经济性、舒适性等不同的要求。因此，需要采取多种运输方式共同布局、组合发展的方式。

区际通道的结构优化，一要保证各种运输骨架网络的连接贯通，发展综合运输通道；二要突出客运快速化、货运经济性；三要按照构建符合我国国情的综合运输体系的发展思想，统筹协调各种运输方式的线路布局和能力发展规模，增加铁路能力供给，积极发展水运和管道，改善公路和航空；四要在突出主导运输方式发展的同时，形成多种运输方式的互补关系以及一定的市场竞争和替代作用，增强机动性和保障性。

（1）大通道组合式协调发展。在综合交通网"五纵五横"综合运输大通道中，与"两横三纵"城市化战略格局相对应的区际通道，应建成高速铁路、铁路、高速公路、一般国道、干线航空组成的综合运输大通道，并根据水运条件和油气资源的供给分布，充分发挥水运和管道运输的优势与作用。其他区际通道建成铁路、高速公路、一般国道、干线航空组成的综合运输大通道。

（2）加强实施导向性供给。区际旅客运输以高速铁路、铁路为主导；沿线区间以公路客运和私人交通为主导；超长距离客运和各大区域中心城市间客运，以航空和高速铁路共同分担为原则。积极利用高速铁路网建成后形成的客货分线，提高铁路对大宗物资、长途运输产品的货运保障能力和运输比重。

（3）适宜的建设标准。东中部地区，城市和人口密集，区域经济和区域一体化发展迅速，综合运输大通道中的区际高速公路应以六车道为主，人口密度大和交通量集中的城市群地区，在充分考虑城际铁路的分流作用和协调发展的情况下，相应路段可按八车道及以上的规模建设。西部地区的区际高速公路应以四车道为主，城市密集地区建设发展六车道。

3. 城际通道的结构优化

随着我国以大城市、城市群为主体形态和区域一体化的城镇化进程的加快推进，区域内特大城市之间、特大城市与大中小城市之间的关系将越来越紧密，带状城镇走廊、产业走廊的发展趋势将愈加明显，城际交通将进入相当长期的高速增长。在旅客运输中，城际间的日常出行、通勤出行的比重将逐步快速提高；在货物运输中，随着产业布局空间的扩大和产业集群在更大区域范围的形成与更加细化的专业化分工，产品、半成品、零部件等生产性和商品性物流运输将大幅增加，同时，随着城市的建设发展和人口规模扩大，各类建筑材料和生活消费品在区域范围内的运输量也将会相应快速增长。

根据城际交通要求快捷、大能力的特点以及减少土地空间占用的要求，必须大力发展与城市交通便捷衔接的城际轨道交通，形成城际轨道交通与高速公路共同发展的结构模式。在客运上，形成以城际轨道为主、公路客运互补的便捷化、快速化的公共客运保障系统，同时适应公共客运引导下的私人交通要求；在货运上，形成以高速公路为主体的高等级公路快速货运物流系统。

（1）规划建设区域内特大城市之间、特大城市与周边大中城市间的城际轨道交通网，构筑适应区域一体化和同城化发展要求的大能力主干交通；城际客流量和区际交通量规模都很大的主要城际通道，在利用区际通道为城际交通服务的同时，应合理规划建设与区际高速铁路互补的更符合城际交通功能要求的城际轨道线。

（2）改扩建城际间能力紧张的高速公路，完善区域内高速公路网络以及延伸城市某些方向的快速路，积极发展公交式公路快速客运（需要修改相关的条例和建设相应的配套保障设施)，形成与城际轨道交通的互补关系，增强沿线公共客运的服务功能；同时，要充分考虑城际以及区域范围的货物运输和私人交通对公路通行能力的要求。

(三) 各层级网络的结构优化

要形成完善的整体网络布局和高效的运输服务，干支必须协调发展。一方面是骨架干线、一般干线、支线(或农村公路)规模要形成比较合理的比例结构；另一方面是各层级网络的结构质量既要达到相应水平的要求，也要体现各层级网络功能和运输能力对技术标准的不同要求。第一个问题主要是各种运输方式根据自身的功能作用和运行特性以及网络化要求在总体架构设计和布局规划以及建设实施中解决。第二个问题非常复杂，一方面是在过去的十多年中，骨架干线(包括主要港口、主要机场)的投资比例较大，规模和质量提升很快，而一般干线的总体质量改善相对缓慢；另一方面是在骨架干线按照高技术等级标准进行基础设施建设的同时，一部分一般干线也在按照高速铁路、高速公路的标准进行规划建设，而且各地有形成相互横向比较的趋势，各地规划的高速铁路、高速公路累加的总规模非常大。

课题组研究认为，"十二五"要大力完善一般干线网络、提高质量，同时要根据功能作用和对交通运输需求的科学分析合理采用技术标准，是否采用高速公路、高速铁路的建设标准，需要国家层面对以下问题提出比较明确性的指导意见：

(1) 功能性问题。高速公路、高速铁路作为全国性骨架干线、城市密集地区主要干线进行配置以外，还可以对哪些线路进行配置，主要覆盖到哪级网络节点？高速公路在省、市、县的不同层级是作为骨架布局，还是作为网络化布局？

(2) 需求量和经济性问题。修建高速公路、高速铁路的基础运输量标准和建成后目标年限的需求量标准，项目投资的经济性衡量标准，如何保证数据客观真实？

(3) 立项审批权限问题。地方性高速公路由省级规划和省级政府审批的管理方式很难控制规模，对于高速铁路、城际铁路的规划建设虽然铁道部拥有较强的可控力，但是省市地方政府的推动影响力非常强，需要有更具约束力和制度性的措施。

(4) 总量规模问题。需要根据构建完善的综合运输体系的发展目标，研究我国合理的高速公路、高速铁路发展规模，编制具有约束力的全国统一规划。

(四) 绿色交通发展

绿色交通是一个理念，并没有确切的定义。网络上查到的绿色交通是：为了减低交通拥挤、降低污染、促进社会公平、节省建设维护费用而发展低污染的有利于城市环境的多元化城市交通工具来完成社会经济活动的协和交通运输系统。它包含三个方面的内容，即通达、有序，安全、舒适，低能耗、低污染。

根据2009年初奥斯陆气候和环境国际研究中心发表的一份研究报告，汽车、轮船、飞机和火车等交通工具所使用燃料释放的气体是目前造成全球变暖的主要原因之一。报告指出，过去10年全球二氧化碳排放总量增加了13%，而源自交通工具的碳排放增长率却达25%。欧盟大部分工业领域都做到了成功减排，但交通工具碳排放却在过去10年增长了21%。因此，发展低碳绿色交通，建设以低碳为特征的交通运输体系，构建低碳绿色的生活方式和消费模式，是未来交通运输发展积极应对气候变化的重要抉择。在我国，交通运输全行业的能源消费量已占到整个国民经济能源消费总量的10%左右，是国家节能减排战略部署的重点领域之一。2009年12月，我国政府在哥本哈根气候大会上宣布，到2020年单位国内生产总值二氧化碳排放比2005年下降40%~45%，并作为约束性指标。发展低碳绿色交通主要包括以下三个方面：

1. 调整优化交通运输结构

随着交通运输朝着快速、舒适的方向发展和机动化水平的不断提高，交通能源消耗总量伴随着生活水平的提高和出行的增多而增加是必然的。例如，美国从1970年到2005年，交通能源用量从4.38亿t油当量增长到6.6亿t油当量，所占份额从24.6%提高到28.1%；英国交通能源占比从1970年的15.5%上升到了2004年的26.8%。但是，采用不同的交通方式所形成的能源消耗、碳排放存在着很大的差别，公共交通比私人交通、铁路旅客运输比航空旅客运输的单位能耗和排放要少得多。结构调整优化的目的就要较大幅度地降低相对消耗量和排放量。

调整优化交通结构就是要通过贯彻低碳绿色交通的发展理念，构建符合经济社会发展战略要求和可持续发展的综合运输体系，以供给引导和宣传引导的方式，大力发展和选择低碳交通模式。主要思路和途径在前面已作过论述。在城市交通发展中，要加强城市轨道交通规划建设，引导小汽车合理使用，鼓励人们出行更多地选择步行、自行车、公共交通等绿色交通方式，促进城市交通领域的节能减排工作，促进城市交通健康、可持续发展。在区际和城际交通中，要采取合理的组合结构，充分发挥各种运输方式的比较优势。

2. 技术进步和技术革命

提高各种运输方式的技术装备水平、淘汰落后装备，以及油改电、油改气等都是传统节能减排的重要措施，但要产生革命性的改变，必须是在技术上实现革命性的突破。

从目前交通方面的技术发展情况看，未来10年可能产生重大影响的交通技术主要是新能源汽车的大量推广使用。经过几十年的研发，新能源汽车在技术上已取得重大突破，已开始逐步从研发试验走向商业化批量生产，世界各国也都开始加速制定与实施新能源汽车技术创新与产业发展扶植政策(表7-1)。我国政府也对新能源汽车的原车研发、批量生产制造、购买使用颁布了一系列的鼓励扶持政策，一方面大力推进清洁新能源汽车尤其是电动汽车的自主创新，另一方面通过试点城市购买补贴、推进配套设施建设为用户创造较好的使用环境。预计"十二五"以电动汽车为主的新能源汽车将会成较大规模的生产和使用。

世界各国扶植新能源汽车发展政策 表 7-1

国家	扶 植 政 策
美国	政府采购 1.76 万辆节能与新能源汽车；政府资助 20 亿美元扶持新一代电动汽车研发，资助 4 亿美元扶持充电站建设；联邦政府补贴车价的 10%（不超过 4000 美元）；地方政府补贴 500 美元购买充电式混合动力车的车主；享受 7500 美元税收抵扣
法国	政府资助 4 亿欧元研发新能源汽车；政府补贴用户 5000 法郎/辆；电力公司补贴厂家 1 万法郎/辆；中央政府提供 500 法郎/辆补助经费；电动汽车停车场免费停泊，街边停车不受处罚，部分路段仅限电动汽车通行
德国	规划 5 年内免除电动汽车税及重量税；企业研制电动汽车可享受 5 年免税；大部分充电站（68%）完全免费，少部分收取充电费或停车费；建设高效"汽车充电站"
日本	购车成本补助 50%；地方政府购置电动小型车，中央补助 123.6 万日元/辆；业者购置民营电动巴士，中央及地方政府各补助 1/5；对首批生产电动车辆的业者，中央及地方政府各补助售价的 1/4；电动汽车与同级别内燃机汽车售价差额的一半，由政府补助购车者；实行电动汽车购置税收优惠（取得税）：普通乘用车（3% ~5%），营业用车（1% ~3%）；燃料供应站用地的地价税减半
瑞士	购车补助 30% ~50%；担保私人用户购车成本的 15%；EV 免除车辆税，EV 增值税 10%（ICEV 为 20%）

资料来源：世界汽车工程学会和中国汽车工程学会。

"十二五"新能源汽车的推广使用，将对配套设施的布局建设提出要求，尤其是商业充电站的布局建设，而且这个市场蕴含着每年达上千亿元年的营业规模。国家电网公司、中石化、中海油等巨头都对进入充电站建设充满热情。国家电网 2009 年建成了上海漕溪充电站，南方电网在深圳建成两座电动汽车充电站。尽管电动汽车大范围进入百姓的生活还需相当时日，但是这并不妨碍巨头们抢占充电站建设和今后经营的地盘和市场。新能源汽车已经是未来的发展方向，能源公司在政策缩紧以前布局无疑比政策出台后再布局要好得多，现在建加油站已经拿不到地了，只有通过新能源这样的项目；对于地方政府而言，除了发展新能源汽车的环保意义外，电动车配套项目还意味着更多 GDP 的实现。

（1）国家电网将分三个阶段大力建设充电站和充电桩。第一阶段，2009 年 ~2010 年，在 27 个网省公司建设 75 座充电站和 6209 个充电桩，初步建成电动汽车充电设施网络架构；第二阶段，2011 年 ~2015 年，电动汽车充电站规模达到 4000 座，同步大力推广建设充电桩，初步形成电动汽车充电网络；第三阶段，2016 年 ~2020 年，电动汽车充电站达到 10000 座，同步全面开展充电桩配套建设，建成完整的电动汽车充电网络。

（2）中海油也与中国普天合资成立了普天海油新能源动力有限公司，专门运营电动汽车能源供给网络。

网上小知识

充电站由四个子模块组成，可实现三种方式充电

充电站按照功能可以划分为四个子模块：配电系统、充电系统、电池调度系统、充电站监控系统。充电站给汽车充电一般分为三种方式：普通充电、快速充电、电池更换。普通充电多为交流充电，可以使用220V或380V的电压。快速充电多为直流充电。充电站主要设备包括充电机、充电桩、有源滤波装置、电能监控系统。

纯电动公交车和私家车节能减排效果明显

假设公交车和私家车每日行驶240km和30km，以平均百公里耗油量27L和9L计算，公交车每日耗油成本是434元，私家车每日耗油成本是18元；以纯电动公交车和私家车百公里耗电量90度和19度计算，公交车每日耗电成本是130元，私家车每日耗电成本是3.4元。用纯电动车代替普通汽车，公交车和私家车每日能够节约成本约300元和15元，每年节约成本91000元和4300元，年减排二氧化碳44t和1.8t。

充电站投入不大，长期收益可观

单个充电站基础设施和配电设施投资在430万元左右，如果电池续航能力能够达到半小时70kV·A以上，充电站成本回收期能控制在6年以内。随着电池续航能力加强，充电站成本回收期还会缩短。

3. 交通运输的清洁能源开发使用

全球经济的高速扩张，正把人类赖以生存的能源与环境的基本容量推向极限。人类未来20年将要面对的最严重的问题是传统能源造成的温室效应快速恶化带来的环境危机。开发利用清洁新能源，维护自然生态环境，实现经济—能源—环境的协调可持续发展，已成为世界发展的主题目标。2009年12月召开的哥本哈根联合国气候变化大会更是将节能减排问题提高到关系人类生存与发展的重要战略地位。世界各国也已开始加速推进实施节能环保和开发利用新能源的战略。我国把深入贯彻节约资源和保护环境作为基本国策，把节约能源，降低温室气体排放强度，发展循环经济，推广低碳技术，积极应对气候变化，建设资源节约型、环境友好型社会作为加快转变经济发展方式的重要着力点。

在交通运输中，开发新能源、采用清洁燃料取代传统化石燃料已成是低碳绿色交通发展的重要途径。电动汽车电池、燃料电池、混合动力电池、氢能源电池等技术的不断成熟和改进以及成本的较大幅地降低，将决定着新能源汽车的发展前景。在航空运输方面，我国面临着急切的低碳航空燃料的开发使用问题。

“低碳革命”给我国航空运输业发展带来了空前的压力，欧盟2009年单方面公布——

欧盟将在2012年对所有抵、离欧盟的商业航班实施碳排放权配额制度。具体征收办法是：以2004年至2006年三年全球航空公司进出欧盟航班所产生的碳排放总量平均值的97%作为排放上限，其中85%为各航空公司免费额度。从2012年1月1日起，各航空公司超过免费额度的，就要到欧盟碳排放市场购买或通过拍卖的方式购得排放额度。1t碳排放额度出售价格为10至30多欧元。如果按照此方案运作，中国民航业仅2012年就得向欧盟支付约8亿元人民币，2020年超过30亿元人民币，中国飞往欧洲航班每增加一班，一年将需要增加1500万元的碳排放额外成本。虽然航空公司通过改善机型和提高运营效率可以一定程度上控制碳排放的增长速度，但归根到底还必须在低碳燃料上解决。

低碳航空燃料主要是指生物燃料，西方发达国家已经开始在一些航空公司使用生物燃料进行试飞。试飞结果表明，生物燃料与传统燃料混合，能够在不改变发动机结构的情况下提高飞行效率，且符合技术和安全使用标准，预计2011年可通过认证。生物燃料研发的进展速度远超过预期。为此，我国应从国家战略层面规划航空生物燃料的研发，既要加强国际合作开发，更要发展自主知识产权的航空生物燃料。

第四节　一体化衔接和综合运输服务系统建设

目前各种运输方式单一运输效率相对较高，但联合运输效率和一体化服务水平较低，主要原因是综合运输体系的一体化衔接和运输服务系统建设不够。未来应在加强交通基础网络衔接和综合运输枢纽建设的基础上，重视各种运输方式的交通衔接和运输服务系统的建设，减少运输中间环节障碍，提高全系统效率和运输服务品质。

（一）加强各种运输方式基础设施网络一体化衔接

增强运输通道的机动性和保障性，要求在通道两端和中间节点加强不同运输方式网络的衔接。运输通道通常以某种大容量运输方式为主导，多种运输方式组合配置构成。各种运输方式既是一种互补关系，满足不同层次的运输需求，同时也存在一定的市场竞争和替代性。在天气、自然灾害、机械故障等原因导致某一种运输方式被迫中断时，这种替代性尤为重要，也是运输通道机动性和保障性的具体体现。为保障这种替代性及时、有效，各种运输方式基础设施网络在两端及中间节点应有良好的衔接，以便能够快速转换。

为促进各种运输方式的紧密配合与协作，实现一体化运输服务，在通道连接、延伸和网络节点、站点处需加强各种运输方式基础设施网络衔接。公路、铁路单一运输方式可以实现部分门到门运输服务，但更多运输服务全程需要多种运输方式相互衔接共同完成。交通基础设施网络作为实现运输服务的载体，应为其提供基础前提条件，即网络间的一体化衔接，尤其是干线与支线的衔接，如公路与铁路，公路、铁路与港口，公路、城际铁路与机场的衔接等。

不同运输方式网络衔接主要是在枢纽站点实现，加强网络一体化衔接就是构建港口、机场、火车站等枢纽站场完善的集疏运网路。规划时，在空间布局上加强不同运输方式网络的衔接，在港口建立铁路、公路与之相接，铁路和公路服从港口的布局，少数港口还根据自身特点建立管道以及海河、海江水水联运的集疏运网络。公路是铁路集疏运的最基本运输方式，铁路货运站场应有多条公路相衔接；铁路客运站应有城市轨道、城市道路等相衔接，大型铁路客运站应有两条以上轨道交通线，公路、城市道路、轨道交通要服从或充分考虑铁路站场布局。机场应有城市道路或高等级公路衔接市区及周边地区；大型机场应有高速公路、城市轨道等相衔接；大型国际机场辐射面更广，客运专线和城际铁路是中远距离旅客重要的集散方式，为提高这部分旅客到机场的便捷性，客运专线和城际铁路应经过机场并在机场设站，或在机场与主要铁路客运站之间建立直接、快速的客运通道。

在加强基础设施网络一体化衔接时，应根据客货流量流向，加强各网络集散运输能力的协调及其与站场能力的匹配，并尽可能采用大容量运输方式，减少对城市交通的影响。集疏运网络能力与站场能力不匹配会造成旅客、货物滞留等问题，如在港口压船、货物压港等，影响运输服务质量和枢纽站场功能的正常发挥。大容量运输方式能够实现客货快速集散的同时，对城市交通影响较小。公共交通是客运枢纽旅客集散最有效、产生交通量少的方式。客运枢纽应建立以公共交通为主导，出租车和社会车辆为辅的多种客流集散方式。大城市中以铁路、机场等为主体而形成的大型综合客运枢纽，除配套设置地面公交站、社会停车场、出租车营运站等市内交通设施外，应结合城市轨道建设，建立以轨道交通为骨干的集散方式。港口水运以长距离、大宗货物为主，铁路运输集散最为经济合理，公路集疏运不但增加运输成本，而且产生大量交通流，对港口城市的城市交通增加较大的压力，应加大铁路运输在港口货物集散中的比重，以减少公路集散运输对城市的影响。

在建设时序上，应保持枢纽站场与集疏运网络的同步性。集疏运网络作为整个枢纽体系的重要组成部分，应与枢纽站场同时建设和投入使用，以发挥枢纽的整体效用。我国枢纽建设过程中，对集疏运网络重视不够，建设滞后。北京西站作为当时亚洲规模最大的火车站，建成15年至今没有地铁衔接；北京南站建成一年后，地铁、公交等集疏运网络才逐步完善；首都机场在旅客年吞吐量达到5000万人次后才建立轨道交通与市区相衔接。未来要加强枢纽站场与其集疏运网络的一体化规划、设计和同步建设，并随着港口、机场等的改扩建而同步改建。

另外，应加强城市对外公路与城市道路的衔接和能力匹配。枢纽城市有大量的汽车进出城区，为避免在城郊结合处出现交通拥堵，要求对外公路与城市道路有良好的物理连接和通行能力的匹配。其中通行能力的匹配是指对外公路衔接的所有城市道路的通行能力之和与对外公路的通行能力相匹配。由于城市道路本身要承担城市内部的交通，只有部分通行能力可以用来承担对外客货运输，因此应是有效通行能力之和与对外公路通行能力相匹配，需要主要对外公路与多条城市主干道相衔接。同时，城市交通和对外干线交通流在时间上都有不均衡性，如城市交通的早晚高峰等，能力匹配还需考虑这种时间上的不均衡性。

（二）加快综合运输枢纽的完善和建设

综合运输枢纽对各种运输方式的衔接配合非常重要，是实现“零距离换乘”、“无缝衔接”的最基础条件之一。各种运输方式的交通线路只有通过运输枢纽才能形成一个整体，才可能在运输组织方式上、实际运行中实现一体化的全程“无缝”物理连接和逻辑衔接。必须以战略的高度，在规划综合交通网络的同时，对综合运输枢纽进行统一布局规划。

综合运输枢纽一般是指综合客运枢纽站场。综合运输枢纽是两种及以上运输方式进行换乘（换装）和中转的枢纽站场。对于货运来说，港口都满足此条件，但一般将与港口衔接的运输方式线路称为集疏运网络；另外，实际上也没有必要仅为了中转而将两种不同运输方式的货运站场集中在一起，因此不存在综合货运枢纽，综合货运枢纽也是无效的。综合运输枢纽应是针对城市中的客运，是指有两种及以上城间运输方式的站场进行集中或立体化布局，实现多种外部运输方式之间及与城市交通中转换乘的大型综合型客运站。

积极规划和建设综合客运枢纽是必要、合理有效的。旅客运输中，中转换乘及办理手续是旅客自行行走完成，将两种及以上对外运输方式客运站及城市交通在统一场地进行集中、立体布局，既可以减少旅客换乘次数和换乘时间，为旅客提供便捷的换乘服务以及多种出行方式选择，又可以节约城市中宝贵的土地资源、空间资源以及集疏运交通等基础设施的配置数量。

综合客运枢纽一般以铁路客运站或机场为主，公路长途客运站等与之集中布局，并有城市公交、轨道交通等城市交通方式与之相衔接进行客流集散。综合客运枢纽有公铁、公水、公空以及公空铁等多种组合类型，且都有城市交通连接，其综合性主要体现在铁路客运站、机场、公路长途客运站三者之间的一体化，尤其是公路长途客运站与铁路客运站、机场的一体化。铁路和民航主要承担中长途客运，而公路客运是中短途，部分是为中长途运输的铁路、民航进行旅客集散，为方便旅客中转换乘，有必要将其集中一体化。

由于各类枢纽的功能定位和服务辐射范围不同，对于是否必须集于一体布局或集于一体布局是否更具有社会效率会有着不同的结果。

（1）一般线路节点城市的客运枢纽站场，辐射范围较小，主要服务于本地区的城市和农村，应以铁路客运站为基础集合一体布局，集城市公交、城乡公交站于一体，服务该城市及周边农村地区。

（2）中型枢纽城市的客运枢纽站场，除了为本城市及郊区服务以外，还具有一定区域范围的服务辐射和交通中转功能的要求，应将公路长途客运站、城市公交枢纽站与铁路客运站等集于一体布局，形成便捷换乘的综合客运枢纽。

(3) 大型枢纽城市的客运枢纽站场，主要是省会城市或计划单列市，具有区域较强的服务辐射功能和全省区域的客流集散中心功能，中转客流较大，应将主要服务于多方式中转换乘功能的公路长途客运站与铁路客运站、机场集于一体布局，并完善城市轨道交通、地面交通的衔接，构建若干个综合客运枢纽。

(4) 特大型枢纽中心城市的客运枢纽站场，如北京、上海、广州等，有多个铁路客站和公路长途客运站，有一个或两个大型枢纽机场，规划建设的城市轨道网相对发达。这类城市的客运枢纽主要是对外交通与城市交通的衔接换乘，其次是未来城际轨道交通与区际铁路、航空的衔接换乘，长途公路客运主要是以进出本市为主，部分与铁路、航空中转换乘。因此，重点是加强城市轨道交通、地面交通与铁路、机场、公路客运站的有效衔接和能力匹配，同时加强城际轨道交通以及部分公路客运站与机场的一体化衔接。公路客运站与铁路客运站集中一体化布局建设要根据中转客流量需求、城市地面交通布局与流量压力等具体情况统筹规划，既要便于中转的旅客，也要考虑城市交通的畅通和大量不需要中转的旅客对交通和环境的要求。

总之，客运枢纽站场规划布局时，应根据交通运输线网格局和运输组织形式，结合城市空间布局规划、土地使用规划、城市交通的衔接等，尽可能形成一体化客运枢纽站。基于我国城市客运枢纽站现状，“十二五”期间首先要加强公路长途客运站与铁路客运站的综合一体化；随着客运专线、城际铁路的建成运营，逐步加强铁路客运站与机场的综合一体化。

另外，应首先进行大型综合客运枢纽的规划建设试点工作，探讨投资、运营管理体制与机制。目前我国客运枢纽衔接、一体化不够的主要原因是：在部门分割管理体制下，大型综合性运输枢纽涉及不同运输方式，投资、管理运营主体多，为了界定产权和管理范围导致相互分割。因此，政府应改变运输枢纽多方投资、管理为单一投资运营主体，或者建立多方投资运营主体的协调机制，实施“统一规划、联合建设”，为综合运输枢纽的健康、快速发展创造制度安排和发展条件。

（三）加强运营网络的衔接和能力匹配

运营网络的紧密衔接和运力匹配是提高旅客出行便捷性，实现一体化客运服务的重要前提条件。加强运营网络的衔接可以有效减少旅客换乘的环节和次数，运力匹配可以使旅客得到快速换乘，缩短中间环节的排队等待时间。

“十二五”期间，应在综合客运枢纽建设的基础上，结合客运需求的流量流向，进一步加强运营网络的衔接。一是充分利用客运专线和城际铁路的建设发展，加强公路长途客运与铁路部门的合作，在运营网络上既密切衔接又相互补充，建立符合城际交通需求特点的城际旅客运输系统；二是加强城市交通、城乡交通、公路客运班车与铁路客运专线、城际列车的衔接，为铁路客运建立广泛覆盖的旅客集散网络；三是在大型枢纽机场，依托城际铁路、高速公路客运网络，拓展航空旅客运输服务。

在加强运营网络衔接的同时，加强长途干线客运企业与中短途集散客运企业运营时间的衔接和客运能力的匹配。在机场、铁路客运站和以其为主的综合客运枢纽，城市公交、轨道交通、机场大巴及公路客运等应早于早班航班或车次开始营运，晚于末班航班和车次停运，保证旅客能够享受到公共交通服务。同时，合理安排公交、机场班车、轨道交通等的发车频次，以及待客出租车的数量，使集散能力与干线运输能力相匹配，旅客能够以较短的排队等待时间，快速换乘到下一种运输方式。

（四）完善运输市场机制和一体化运营环境，促进跨运输方式的网络化经营

运输企业是运输服务的实现主体，少数跨运输方式、网络化的运输企业能够独立实现全程运输服务一体化，但多数运输服务全程需要多个运输企业合作共同完成。运输市场机制和外部环境对于促进运输企业的合作，以及跨运输方式、网络化企业的形成都具有重要的影响。

1. 深化市场改革，使企业成为真正的经营主体，增强合作的动力和积极性

运输企业作为独立、真正的经营主体是实现运输服务一体化的前提条件。只有运输企业是真正的市场经营主体，才会为争取更多的业务和利润而不断提高运输服务质量和运输效率、降低成本。运输企业通过相互合作提供一体化运输服务，可以共同实现这些利益和目标而取得共赢。如果运输企业不是真正的运营主体，没有这种利益的驱动，就不可能相互合作去实现运输服务一体化。

深化市场改革的首要任务是使整个运输市场中所有运营主体均成为真正的市场主体，也只有构成市场的企业都是真正的运营主体，整个市场才能称得上是真正的市场。目前我国铁路、公路、民航、水运等不同运输方式的运输市场改革进程各不一致，市场化程度也不同。市场化程度最低的是铁路运输，仍处于政企合一的状态，运输企业离真正经营主体差距最大，成为形成统一运输大市场的最薄弱环节。“十二五”期间应首先进行铁路的政企分开，并推动铁路客货运营销与服务由内部生产型向外部服务型转变。

同时，应进一步改革运输行业中的国有企业，使其成为真正的市场主体，增强与其他运输企业合作的动力和积极性。鼓励和引导民营企业通过参股、控股、资产收购等多种形式参与国有企业的改制重组，并利用产权市场整合民间资本，开展跨地区、跨行业兼并重组，支持有条件的民营企业通过联合重组等方式发展成为特色突出、市场竞争力强的集团化公司。

2. 完善运输市场准入、退出制度，破除行业垄断和地方保护主义，推动跨运输方式网络化运营企业的建立

目前我国有的运输方式市场开放不够，存在着较严重的行业垄断；有的运输方式还存

在着部门利益和地方保护思想，这些都阻碍了外在资本和潜在经营者的市场进入，阻碍了运输业跨区域、网络化、规模化经营，难以促进形成集约化、一体化运输的多式联运经营人。破除在位企业行业垄断和地方保护主义，是深化运输市场改革的重要任务，也是市场开放的重要标志，能够增加市场竞争并为形成综合性大型运输企业创造条件。

破除在位企业的市场行业垄断，主要任务和措施有三方面：一是对铁路政企分开的同时，通过行政手段把垄断企业拆分成若干个独立的企业；二是按照《反垄断法》及其他相关规定，进一步放宽铁路、民航等这些原来市场准入较高领域的限制，提高运输市场准入程序的公开化和准入透明度，保障各类经济主体获得平等的市场准入机会，使每个企业都有开展相应业务的可能性，同时要避免和减少行政性限制准入的行为；三是加强市场退出制度的完善，对不同所有制企业同等对待，健全市场优胜劣汰机制，引导社会资源向优质企业集中。

破除运输市场地方保护、消除运输市场的地域分割需要废止排斥外地运输服务的各种分割市场的规定和做法，如取消客运班线招投标的地域限制和客运班线的“对等对开”等。鼓励大型骨干企业在各地开展业务，或通过兼并、联合等形式，形成全国性或区域性、跨行业综合运输企业集团或联营集团，并引导其按“有进有退，有所为有所不为”的原则调整企业经营业务、构建发展企业经营网络。

另外，在市场准入方面，鼓励运输企业突破原有单一运输方式业务，开展多样化经营及延伸服务，如铁路公司直接建立公路运输公司，开展联合运输，延伸服务，实现门到门运输。运输市场主体的综合性和网络化可以更好地节约成本、提高效率，提供一体化运输服务。

（五）加强促进运输服务一体化衔接的制度与法规建设

不同运输方式多个运输企业分工协作、共同完成全程运输服务，需要有完善的制度、法规和市场运作规则作保障，如信用制度、责任划分、技术标准、单据形式、费用清算、赔偿、仲裁等等，这都需要政府和行业协会积极推动加以完善。

1. 建立健全运输企业信用保障制度

建立健全运输市场信用制度是促进运输企业之间合作的前提和基础。除公路运输外，全程运输服务很少能够由一个运输企业独立完成，尤其在缺乏跨区域、综合性运输企业的情况下，往往需要不同地区、不同运输方式的多个运输企业合作共同完成，因此建立运输企业之间的合作机制尤为重要，也是实现全程无缝衔接的必要条件。运输企业之间合作机制的建立应以企业信誉为基础，以某一运输企业为主导，相互间形成战略联盟。

基于目前我国运输市场信用体系现状，“十二五”期间，要充分发挥政府在信用体系建设中的引导和组织作用，加强对信用体系的整体规划，加强舆论引导和监督，建立信用信息公开和保护制度，健全失信惩戒的法律法规和制度，最终形成以道德为支撑、产权为基础、法律为保障的运输企业信用制度。

2. 完善运输中介代理制度，积极发展货运代理业

运输中介尤其是货运代理企业可以有效地组织相关运输企业，实现一体化运输组织服务，货代企业的发展水平对实现一体化运输服务具有重要影响。运输中介代理机构是运输企业与货主之间的重要纽带，常被称作“第三方”。根据业务范围和责任不同，分为运输经纪人、货运代理商、货主代理、物流服务商等多种类型。运输中介代理企业虽然一般不拥有运输工具，但可以起到传递信息或者集散货物的作用，尤其可以进行全程一体化运输组织，进而实现“一站式”运输服务。不同运输企业实现一体化运输组织的途径有两种：一种是整个运输链中所有企业相互协商，共同制定运输组织并遵照实施；另一种就是由货物运输代理企业在整个运输组织过程中起主导作用，负责制定全程运输组织，安排各运输企业遵照实施。其中由货代企业进行组织的模式更为普遍。

货运代理业的发展可以更大范围地促进“一票到底”全程运输服务的开展，并能推动各种运输组织的创新和相关制度、规则的完善。“十二五”期间，应推动货代业及其技术管理水平的发展，规范货物运输代理企业经营行为，鼓励建立全国性或区域性货代网络，发展全程代理。

3. 以集装箱联运为切入点，开展推进一体化运输组织和行为的标准化工作

统一标准是减少运输过程中衔接环节、节省时间、提高交接效率的重要措施。运输组织和运输行为衔接的标准化主要包括载运工具的技术标准化和相关票据的标准化。运输票据标准化的重点在货物运输，推动铁路、公路、水运和航空不同运输方式使用统一票据，保证全程运输过程中一票到底，并依据该票进行保险、运输企业间的清算等。载运工具技术标准化主要是实现货运单元和货运装载技术的标准化，目前重点是铁路、公路、水运集装箱的统一标准，以及货物托盘等装载工具的标准化。推动运输票据和载运工具标准化的手段主要是行业管理机构设定强制标准，必要时从制造环节入手，引导运输企业推广使用。

“十二五”时期，以推进集装箱多式联运为切入点，完善我国综合运输服务系统外部环境条件是合理可行的。首先，集装箱运输具有安全、环保等优势，多式联运是各种运输方式不同运输企业实现一体化运输服务的典范，可以在各个方面积累经验并加以推广。其次，集装箱多式联运的外部环境条件目前有一定的发展基础，未来在运输需求和基础设施方面都有良好的前景，推进其发展的难度相对较低。

“十二五”时期，应加强港口、铁路集装箱站场建设，以铁水联运为重点，进行集装箱多式联运试点。进一步加快集装箱港口码头和北京、天津、哈尔滨、沈阳等集装箱中心站、办理站的建设，组织水运、港口、铁路、公路、货代、船代、海关、检验检疫等部门和企业在运输组织、技术标准、信息系统等方面进行合作。加快完善相关制度、运营规则、保障体系等建设，促进海运企业以及港口与铁路、公路、内河等运输企业加强联运合

作，开展海陆、海河联运。利用推进集装箱多式联运方面积累的经验，根据普通货物运输和旅客运输的特点，逐步完善综合运输服务系统，推动实现客货运输服务一体化。

（六）全面推进运输信息资源共享制度和公共平台建设

信息化是提高运输效率和服务水平的重要手段，是管理创新、运输组织创新、建设一体化综合运输服务系统的重要支撑。各运输环节的有效衔接和全程运输服务一体化是以信息系统的连接和信息资源共享为前提基础。

我国交通运输信息化经过多年的建设，已经取得较大成就，但主要是以部门和企业内部信息系统的建设和完善为主，部门系统之间、运输企业之间以及与上下游客户之间没有建立信息沟通的机制与渠道，成为相互独立的"信息孤岛"。货运方面，港口、船公司、铁路、海关、国检等单位的信息系统没有实现有效对接，阻碍了海铁联运的无缝衔接。客运方面，没有完全实现各种运输方式的异地售票，以及不同运输方式之间的联程售票，影响了一体化客运服务的实现。

为适应转变交通运输发展方式的要求，促进建立一体化综合运输服务系统，"十二五"期间应在继续推进各部门、企业信息化建设的同时，建立信息共享制度和机制，搭建涵盖各种运输方式的公用信息网络和信息平台，促进运输企业之间信息的连通共享。

1. 加大信息化投入，搭建公用信息网络和信息平台

在继续完善交通运输各行业部门内各类信息平台和系统建设的同时，统筹规划设计整个交通运输大行业的信息平台与信息系统，并加大政府投入和引导，整合相关资源，提高信息化推广使用以及信息一体化的硬件基础。初步建立起综合运输信息平台，通过网页等多种媒体形式，为公众提供相应的信息；同时实现不同运输方式、不同运输企业、跨地区联网售票等客货运服务电子化、网络化。

2. 大力推进信息共享制度和机制建设

要立足于大网络、大平台，打破部门分割格局，积极推进整个交通运输大行业的信息共享制度和机制的建设，包括各级行业主管部门、运输企业在信息共享中的权利和义务，如各自应该提供哪些信息等。重点推进跨部门、跨运输方式的货物运输信息跟踪处理系统的建设和完善，促进大物流以及"一站式"全程联运服务、多式联运等运输模式的广泛开展。

第五节　主要保障措施

（一）制度和机制保障

制度是实现发展战略、发展政策和发展规划的基本条件。国外交通运输业管理制度是

随着运输市场化进程而不断改革，促进了综合运输体系的建设与完善；而我国交通运输业现有管理制度还不尽适应社会主义市场经济条件，影响到综合运输体系建设与完善。因此，要以改革促发展的思路，从制度层面进行调整以保障综合运输体系的建设。

第一，深化交通运输管理体制改革，建立统一的综合运输管理体制。2007年实行的大部制改革，将原交通部、民航局和邮政局合并成立交通运输部，理论上实现了公路、水路和航空三种运输方式的统一管理，但实际执行中还存在许多障碍，突出表现在管理体制不融合，管理职能不统一。要坚持大部制的改革方向，加快改革不适应统一管理的制度性障碍，具有"共性"的职能先行统一管理，而存在"个性"的职能则暂时按原渠道管理，逐步实现真正统一的综合运输管理体制。第二，加快交通运输业政企分开的步伐。铁路是我国尚未彻底实现政企分开的少数行业之一，也是交通运输业政企一体的最后堡垒，应坚决按照政企分开的原则，正确定义政府职能，尽快将企业经营行为从政府管理职能中分离出去，并按照现代企业制度的要求成立企业实行企业化经营，为实现真正的完整的综合运输管理体制创造条件。第三，进一步加大交通运输业的市场化进程。政府通过规范市场行为和完善市场监管机制，加大运输市场的开放力度，营造各种运输方式之间及其内部的公平竞争环境，引导合理竞争，提升交通运输服务水平，满足经济社会发展不断产生的交通运输需求。

（二）综合运输体系规划保障

综合运输体系发展规划是指导交通运输向着综合协调和可持续方向发展的纲领性文件，是解决交通发展过程中所出现的各种问题、实现其发展目标的依据和保障，规划的编制和执行对综合运输体系的构建和完善至关重要。

1. 统一思想，提高认识

我国人口众多，人均资源占有率低，构建和发展综合运输体系是转变交通发展方式、贯彻资源节约和以人为本的理念，集约利用有限的资源，为经济社会提供高效的运输服务的最有效途径。各级政府及行业主管部门都必须从国家战略高度来认识综合运输体系建设的必要性和迫切性。行业主管部门要正确认识各种运输方式在综合运输体系中的地位和作用，从综合运输体系建设角度认识和把握各种运输方式的发展规模和发展速度，以使交通运输结构不断优化，而非从部门利益出发，强调各自方式的扩张。各级地方政府要从经济社会发展的实际出发，充分考虑运输需求与资源环境的承载能力，正确把握交通项目的建设时机和建设标准，而非盲目追求项目数量和高标准。

2. 系统研究，提高规划的科学性和前瞻性

综合运输体系的建设复杂而艰巨，规划的编制不仅要符合我国基本国情，支持和促进经济社会发展，而且要体现国家发展的长远战略，能够引导和促进各种运输方式的协调发展，实现结构优化、资源节约、社会成本较低的目标。为此，必须对综合运输体系的框架

结构进行系统性研究，首先，要深入研究和准确把握国家经济社会发展战略，正确判断未来经济社会发展趋势，处理好交通运输与经济社会发展的关系。其次，要深入研究各种运输方式的现代技术经济特征，综合考虑各自的比较优势及相互间的互补性，掌握各种运输方式的发展规模和速度，促使运输结构逐步优化。第三，要深入研究不同区域、不同群体以及不同方式的运输需求特征，确定科学合理的交通运输网络布局结构，力争达到区域协调、城乡协调、通道与枢纽协调。第四，要深入研究综合运输体系构建的体制、机制保障，研究制定推进一体化运输服务的有效措施和促进交通运输领域科技创新、运输组织技术创新、新技术应用以及信息化等相关鼓励政策。力求提高综合运输体系规划的科学性和前瞻性。

3. 加强综合运输体系规划的指导性和约束力

综合运输体系发展规划是交通运输领域贯彻科学发展观、实现可持续发展的重要载体。要实现交通运输向着构建和完善综合运输体系的方向发展就必须加强综合运输体系发展规划的指导性和约束力，不仅要发挥综合运输体系发展规划对各种运输方式专项规划的指导性作用，而且要进一步突出其在地方综合交通规划及专项规划编制中的指导性和约束力，同时，要强化规划的法律效力，将其作为主要建设项目审批的依据。从而，保证规划的顺利实施，实现规划对交通运输发展引导性作用的发挥，加快我国综合运输体系的建立和完善。

（三）投资政策和建设资金保障

“十二五”时期，我国还需进行大规模的交通基础设施建设，预计投资总额在 12 万亿元以上，而且，“十五”、“十一五”期投资建设的大量债务进入还贷高峰期，同时，以往建成的数量规模不断扩大的存量设施维护成本、更新改造投资需求不断增大，全行业建设、更新改造、维修、还贷的总资金需求远大于“十一五”期。面对繁重的发展任务和巨大的资金需求，一方面需要进一步发挥既有投融资渠道的筹资功能，提高资金使用效率；另一方面需要在投融资政策和渠道上进行创新，积极探索建立综合运输体系发展的新型投融资模式，拓宽投融资渠道，扩大资金来源。

根据我国综合运输体系长远发展目标，依据综合与各专项规划，确定“十二五”时期交通投融资政策原则和方向。一是要加强投融资的分类管理，对于公益性较强、缺乏投资回报的西部铁路、国省干线公路、农村公路、内河航道、支线机场、城市公交等领域加大政府直接投资和政策支持力度，建立中央和地方财政支持基本客货运输与普遍服务的稳定资金来源渠道；在铁路客运专线、煤运通道、高速公路、大型机场、港口等经营性或具有盈利能力的交通建设领域，鼓励多元化投资，吸引社会资本的参与，形成多渠道、多层次、多元化的投入格局。二是加强和完善融资平台建设，适当增加投资主体，提高负债偿债能力，加大政策和项目投资运营机制改革的力度，拓宽融资渠道。三是积极探索建立各类交通发展基金，纳入预算管理，加强公司化股份制改造，组织一批优质项目从股票市场、债券市场融资。四是规范各类投融资平台，严格控制数量，健全监管制度，完善预警机制，防范金融和财政风险。

（四）土地等资源配置保障

交通运输是占用土地资源较多的一个基础性支撑行业，交通运输要实现大的改善和发展，就需要相应数量的土地等要素投入。而在我国，土地资源极其短缺，随着城市化进程的推进，供需矛盾更加日益突出。一方面要保证 18 亿亩耕地红线，一方面交通等各种设施发展还远远不足，仅在“十二五”期间，铁路规划新增里程 3 万 km，高速公路也要增长约 3 万 km，根据建设项目用地指标，每公里总体用地在 6 ~ 8 公顷，此外，还有大量其他线路和枢纽设施等。

没有土地供给的支持，交通运输的发展将受到极大的制约。为此，一方面，要进一步加强交通用地的厉行节约，严格执行用地政策和用地标准，创新设计理念，优化网络布局和线路建设方案，充分利用主体功能区规划提供的基础性规划平台，加强与各经济发展规划、城镇体系建设规划的相协调衔接，避免重复建设或能力闲置；要加强各种运输方式的资源共享、通道线路集中布局和土地空间综合利用，完善资源节约、集约利用的机制，最大程度地节约土地资源；要合理开发利用岸线资源，深水深用、浅水浅用，以及根据水资源综合开发利用积极建设发展内河航道。另一方面，要根据交通基础设施建设发展的客观实际需求，在坚持最严格的耕地保护制度和厉行节约土地的基础上，加强交通基础设施建设用地需求的统筹平衡；根据交通网络设施基础性、永久性的特点，基础性大框架、骨干项目需要先行建设，按照十七届五中全会的“适度超前”的发展要求，在土地资源配置上要有相应的政策，要根据综合运输体系和国家高速公路、中长期铁路的中长期建设发展目标的总用地需求和规划的实施进程，合理统筹平衡各阶段的用地指标，保障交通基础设施建设发展的持续稳定和综合运输体系的结构调整优化。

（五）大物流运输市场体系建设保障

实现各种运输方式的无缝衔接和全程“一站式”服务必须有统一的运输大市场为平台。运输企业是运输市场的主体，也是运输服务的实现主体。运输经营及服务的实现是企业行为，主要靠市场机制发挥作用，但运输企业经营行为需在各种市场管制、规则等约束下进行。只有统一的大物流运输市场环境下，才能公平竞争，形成跨运输方式、网络化的运输企业，不同运输企业才会有相互合作共同实现一体化运输服务的积极性，并在相应的制度保障下实现一体化运输服务。

加强政府推动和引导，健全大物流运作的市场构架、规则及监管体系。大物流运输市场体系的形成和完善可以通过市场自由竞争的方式完成，但这种形成过程非常缓慢，时间很长；且以市场能力充分过剩为前提，会造成较大的社会浪费，因此需要以政府为主导进行推动。具体应以实现大物流运作为出发点，明确并构建相应的运输市场构架，健全法律、法规体系，进一步完善运输市场监管体系。

加强综合运输法规体系及相关法律、法规建设，健全和完善诚信体系、结算体系以及标准体系等。目前我国运输市场仍不完善，各种运输方式市场化程度不一致，市场结构不尽合理，运输价格形成机制有待完善，离统一的运输大市场还有较大差距。随着我国交通运输业的不断发展和市场体系的建立，急需实行法治化管理和标准化管理。当前，我国综合性交通运输法律基本上还是空白，应在前期研究成果的基础上，继续开展综合运输法规的研究与编制，争取早日形成我国的综合运输法规体系。此外，运输企业间相互合作实现一体化运输服务需要诚信体系、良好的结算体系和统一的技术标准等基础支撑，应加强研究并推动实施。

（执笔人：第一、二、三节罗仁坚，第四节程世东，
第五节郭小培、赵丽珍、谢雨蓉、罗仁坚、程世东）

第八章

发达国家综合运输发展的主要经验借鉴

内容提要：美国、日本、欧洲等发达国家的交通是依各种运输方式的技术发明和进步渐次发展的，并通过市场竞争和法规政策引导建立起符合本国特点和生活方式的综合运输体系。他们重视各种运输方式的市场竞争和无缝衔接，重视服务和提高效率；可持续发展、人性化、公平、低碳交通是他们当前主要的发展理念，并在体制、机制、立法等方面有着相应的保障体系。

第一节　发达国家交通运输发展思想的演变过程

交通运输是国民经济和社会发展的基础性、先导性和服务性行业。一方面，发达国家综合运输理论和政策的形成与发展，同其社会经济发展阶段特征及发展需求紧密联系，综合运输理论在研究内容与研究重点方面经历了一个具有阶段性特征的演变过程，不同时期的综合运输战略与政策主要面向各自的时代背景、发展的问题和需求。另一方面，交通运输作为国民经济中的一大行业，不仅其地位和作用十分重要，而且社会资源的消耗也十分巨大。因此，社会资源在交通运输部门和运输部门内各方式间的科学分配和合理使用，引起国家和社会的广泛关注和兴趣，并力图通过国家规划、政策和法规等形式加以鼓励、限制和引导。

Meyer 和 Miller 在其 Urban Transportation Planning a Decision-Oriented Approach（Second Edition）中，总结了美国过去 40 年间召开的主要交通运输会议的议题，如表 8-1 所示。可以看出，美国综合运输规划的内容，关于交通与社会经济系统关系的理解，以及对规划作用的认识等都在不断变化。

美国综合运输规划会议主题及主要内容 表 8-1

会议主题	主要内容
1957 年	设计城市州际公路以适应城市的环境；全面的用地规划及其与交通规划联系的重要性
1958 年	州际公路扩展进城市地区；将公路投资和经济发展联系起来；公路设计特性；广泛集中于规划的需要；效益/成本评价策略
1962 年 城市高速公路	公路、住宅和土地使用目标的冲突；期望交通规划中更为宽广的视角；加强高速公路规划和城市发展一体化
1965 年 公路和城市发展	不同团体间的协作规划；社区价值和目标；用地规划与交通规划协调；期望更正式的交通规划过程
1970 年 城市商品流动	努力开发降低城市地区货物运输的经济、社会和环境成本的方式；发展解决城市货物运输问题的战略
1971 年 持续的交通规划	交通投资和环境的关系；社区价值及其与交通规划的结合；多式联运的观点
1975 年 交通方案的评估	交通改善计划应该是多模式的；主要的大运量交通项目应分步规划和实施；应集中精力于改善现有系统的运营；使用成本/效益作为项目评价的标准
1977 年 清洁空气法修正案	需要国家和地方政府进行修改，为所有地区说明实施方案(SIPs)，推动短程规划和交通系统管理战略；他们同样为规划程序的制度和分析的复杂性增加了新的尺度
1982 年 20 世纪 80 年代的交通规划	需要系统的交通规划；规划过程更具弹性；有效率的规定；通道的观点；州和地方官员具有更多职责
1987 年 交通规划应用全国会议(此后多次)	通道和地方级尺度规划的重要性；短期规划变得更加重要；计算机应用软件在规划的所有范围内被使用；数据收集的新方法正在被开发
1987 年 理解公路融资演化/革命	私人部分参与交通融资的重要性；需要将合理的财政规划作为一个部分包括到规划过程中来；交通与其他重大问题如经济发展和旅游的联系
1988 年 展望未来：2020 年	交通投资和经济生产力之间的联系；需求监控人口的变化及其对出行的影响；环境影响；机构职责；城市形态与交通投资的关系；技术的角色
1989 年 交通与经济发展	需要评价交通投资对经济发展影响的方法；主要效益是出行时间、成本和减少事故；交通是发展的必要条件，但不是充分条件
1989 年 全州范围的交通规划	建立规划和决策间的联系；情景的重要性；系统管理；评估中的多式联运观点；技术的角色
1990 年 交通，城市形态和环境	好的数据的重要性；人口和社会变化的动力学；交通和空气质量；可达性及其度量；判断规划过程的效率；机构安排和财政改革
1992 年 ISTEA(冰茶法案)和联合运输规划	关注联合运输的效率；合作；交通规划中货运的角色；利益相关者的参与；规划中的性能导向；机构障碍
1992 年 交通运输规划，程式设计和财政	多式联运规划和程式设计；交通和土地使用；规划过程中对货运的考虑；多个不同团体合作的需要；人口在交通特征中的重要性；面向性能的规划评价

续上表

会 议 主 题		主 要 内 容
1995 年	大都市交通规划的机构视角	规划中不同参与者的角色和职责；公众参与的重要性；在分析交通和空气质量及联合运输规划问题方面需要改进
1996 年	全州范围的综合运输系统规划	交通中私营部分的角色；将系统维护作为规划的一个目标；财政的约束；基于性能的规划；将运营问题并入到规划中；货运规划；系统监控；多阶段的规划成果
1998 年	全州出行预测	为在模式及容量和运营改善之间的决策提供支持的投资方法；方法需要与资产管理联系起来；性能度量；将经济活动集成到预测中；需要测试现今不存在的模式；交通和用地的联系
1999 年	重新关注交通规划	环境公平；交通投资的环境影响；技术和运营在规划中的角色；增长管理及其在交通投资中的重要性；将规划和决策联系起来

资料来源：Meyer M D. & Eric J M. Urban Transportation Planning a Decision-Oriented Approach。

从表 8-1 中可以看出，国外对于综合交通运输规划的研究先后经历了以下几个阶段：

（1）早期公路规划时代、城市交通规划时代，对跨区域协调、环境与城市化问题的研究日益关注，并开始向着多模式运输规划、国家/区域交通战略规划以及重视交通规划中的可持续发展问题转变。

（2）20 世纪 80 年代，凯恩斯主义的国家干预思想让位于自由市场主义思潮，包括区域交通规划在内的区域规划受到影响，国家对地方决策的干预减少。这一时期，世界各国普遍面临着交通投资短缺的困境，筹集社会资金新建和改建交通设施以取代由政府包揽的传统做法，成为一种现实的选择。交通投资和经济生产力之间的联系、私人部分参与交通融资的重要性等是研究的热点，同时，对通道和地方级尺度规划的重视程度上升。

（3）20 世纪 90 年代以来，经济全球化对综合运输发展及其规划编制产生了深刻影响，以强化地区的全球竞争力为目标的区域联合和一体化进程得到极大推进。区域交通规划成为区域各方协商对话、协作发展的重要平台之一。随着对运输的效率以及运输外部性关注，客货运输的多式联运规划和程式设计逐渐成为规划的研究主题。

1991 年，美国国会通过的《陆上联运效率法案》（又称“冰茶法案”）（ISTEA——Intermodal Surface Transportation Efficiency Act）明确指出：美国建立国家运输系统的政策是：发展经济高效，环境友善，为国家参与全球竞争奠定基础，以较高的能源效率运送旅客和货物的国家运输系统（NITS）。国家运输系统的功能与建设内容如下：

（1）国家运输系统应特别强调运输部门对提高和增加社会生产力的作用。必须考虑社会效益，尤其关注下述外部效益，如降低空气污染，减少交通拥挤，提高国家生活质量。

（2）由统一标准和相互连接的各种运输方式组成，包括未来的各种运输方式，以降低能源消耗，减轻环境污染，同时促进经济发展，支撑国家在国际贸易中的优势地位。

(3) 国家运输系统的主要运输方式是国家公路系统，如州际和国防公路系统及国家主要干线道路等。这些公路对国内州际和地区的贸易、旅行、国防、运输换装(换乘)方便性，以及国际贸易和过境运输等，都具有十分重要的作用。

(4) 为实现下述国家目标，而必须对公共运输进行的各项重大改进措施，如空气质量的改善，能源的保护，国际竞争力，以及全国城市和乡村地区的老龄人群、残疾人群和低收入人群的机动性等。

(5) 提供进出港口和机场的高性能通道，以及国家开展国际贸易的连接通道。

(6) 国家运输系统的运营和维护，必须强调和重视创新观念、能源效率观念、运输能力及其增长观念和价值观念等等。通过冗长工期和高昂代价建设州际和国防公路系统的这种做法，今后必须避免和制止。

(7) 国家运输系统应适应“智能车辆”、“磁悬浮系统”和其他适用且经济的新技术要求，其成本效益分析要特别重视安全问题和技术成本。

在美国《陆上联运效率法案》(ISTEA)实施以后，联邦运输部部长办公室内增设了综合运输管理办公室(Intermodalism Office)，负责在规划和重大基础设施工程等方面及各种方式间的协调，同时，在各专业运输局(联邦公路总署、海洋、铁路、航空、城市公交等)内还设有综合运输协调处。

第二节　发达国家发展综合运输的战略背景和政策设计

综合运输战略制订背景、综合运输战略与政策设计、综合运输体系建设的重点以及综合运输体系发展保障是一国构建综合运输体系的基本框架性内容。因此，本部分从上述四个方面总结国外发达国家综合运输体系发展实践，以期对我国“十二五”综合运输体系研究有所启迪。

(一) 发达国家综合运输发展战略的制订背景

任何交通战略与政策都有其编制背景，要想充分理解一国的交通战略与一项交通政策，就必须了解战略与政策制定的相关背景。这里选择与中国人口、领土面积量级接近的欧盟地区以及俄罗斯作为研究对象。

1. 欧盟新交通运输政策的制定背景

(1) 政治背景。现行欧盟运输政策的一个重大背景就是欧盟的东扩。新成员国的加入，对欧盟交通运输体系产生了显著影响。

首先，新成员国交通运输体系的结构与扩展前的欧盟不同，铁路在新成员国中所占市场份额更大一些，而这正是欧盟运输政策所追求的目标之一，并借此改善欧盟运输结构，使之更符合可持续发展的要求。其次，欧盟的扩大使欧盟内部的地理环境和经济联系都发生了变化，必然会出现一些新的运输需求。第三，新成员国的运输设施不安全，不符合欧盟的有关标准，必须进行改造，欧盟也必须为此进行规划，考虑相关的援助措施。

此外，国家边境之间的联系历来是交通运输的薄弱环节。随着欧盟的扩大，这一薄弱环节对欧盟内部运输体系的顺畅运转产生的影响更加不容忽视。

（2）社会经济背景。随着欧盟的扩大，不但欧盟成员国之间的贫富差距愈加突出，而且成员国内社会发展的公平性问题也将越来越受到重视。欧盟希望通过改善运输通达性，来促进社会的共同发展。

欧盟已经成为与美国同等规模的经济实体，GDP 规模达到 10 万亿美元左右。但是，与美国相比，欧盟的经济活力明显不足。欧盟为提高经济竞争力，进一步发展经济，降低物流费用是一个必要的环节。欧盟认为，由于交通网络功能失调，不同运输方式的基础设施之间缺乏连通性，使欧盟丧失了一些新市场，损失了一些就业岗位。由于交通拥挤，欧盟面临失去经济竞争力的危险。

（3）可持续发展背景。实现可持续发展，是欧盟长期以来坚持的目标之一。运输与可持续发展关系密切，近年来欧盟在可持续运输方面开展了大量研究。欧盟的研究认为，从全社会成本的角度（运输的内部成本与外部成本之和）和适用性的角度看，铁路是环境友好性最佳的运输方式，而且从能源效率的角度，铁路也具有很强的优势。这些研究结论对欧盟新运输政策的制定产生了重要影响。

（4）运输背景。欧洲交通运输体系的发展与其他发达国家一样，经历了从铁路垄断走向汽车时代这一过程，公路的市场占有率不断上升，特别是在客运领域，公路的市场份额处于垄断水平。由于铁路等运输方式的作用未得到充分发挥，公路、民航机场交通基础设施拥堵，运输速度和运输效率降低，燃料浪费和使用效率降低，以及污染物排放量增加等问题不断出现。而公路等事故率较高的运输方式的大量使用，也使得交通事故增多、伤亡人数增加。

欧盟运输体系中所存在的各种问题，其原因是多方面的。欧盟认为，运输政策是一个主要的方面：一是不同运输方式所面对的政策不公平，主要表现在运输活动的外部成本没有考虑，使外部成本大的运输方式在市场竞争中拥有不合理的优势；二是各成员国之间的运输政策不协调，标准不统一，影响了欧盟区域内交通运输的通畅性；三是在市场开放方面还存在一些不足，影响运输能力的充分利用。

2. 俄罗斯联邦运输发展战略的制订背景

（1）社会经济背景。交通运输业在俄罗斯国民经济和社会发展中占有十分重要的地位。这种地位的取得主要源于两个原因：一是俄罗斯地域辽阔，需要有一个强大的交通运输体系以维系国家的统一，保证国土完整，增进国内不同地区之间的物质、文化和人员交流往来；二是俄罗斯的经济建设和发展，这包括以下三方面内容：

首先，俄罗斯的经济发展模式对交通运输有很强的依赖性。俄罗斯工业发达，门类繁多，在国内生产总值中大约占1/3，对整个国民经济起着举足轻重的作用。重工业历来是俄罗斯工业的基础，这种以重工业为主体的产业结构对交通运输有很大的需求。

其次，俄罗斯的经济发展存在明显的地区差异。缩小地区经济发展的差异必须加强各地之间的交流，运输是其中的重要影响因素。

第三，石油、天然气等能源产品在俄罗斯对外贸易中占据重要地位，这类贸易必须以可靠、发达的交通运输为保证。俄罗斯还非常重视利用其独特的地理位置优势提供国际运输服务，发展欧—亚之间的大陆桥运输。这对俄罗斯交通运输，尤其是铁路的发展起到了很好的促进作用。

（2）运输背景。俄罗斯经济的复苏，使各行业对运输的需求迅速增长。尽管俄罗斯运输体系的基础设施和运输能力在一定时期还能够适应国民经济建设和社会发展需求，但是交通运输各部门、各地区之间发展不平衡；运输资源和潜力没有得到更加充分和合理的利用；一些运输设施、设备陈旧老化，急需更新改造。

在运输服务需求增长，以及预测未来将有更大增加的背景下，俄罗斯整个交通运输体系还存在许多问题，主要有：运输结构调整尚未完成；既有基础设施的生产能力利用存在很大的不均匀性；公路发展的现状和发展速度与汽车制造业的发展速度不相适应；各运输方式存在着固定资产失效及其无效利用的倾向；在运输网发展方面，地区间存在较严重的不均衡；交通运输体系的技术水平不高。

上述问题如不能得到很好地解决，将会使俄罗斯经济减缓，削弱其在世界市场中的地位。

3. 总结

由于各个国家与地区的政治、经济社会发展背景不同，因此制订的交通战略也"因人而异"，而非"一概而论"。但是，对于世界主要政治与经济的国家和地区而言，其在看待交通运输与政治和社会经济的关系上却具有某些相同的视点：

（1）连通领土，维系统一。无论是地域辽阔的俄罗斯，抑或不同国家组成的欧盟地区，通过强大的交通运输体系维系统一或一体都是其第一要务。鉴于俄罗斯领土的地理特征，建设畅通的运输大通道一直在其交通运输战略中得到关注并得到延续；而欧盟在东扩后，则通过一系列消除瓶颈与统一标准措施来消除其国家边境之间交通运输的薄弱环节。

（2）提高经济竞争力，促进经济发展。欧盟与俄罗斯都认为，通过消除交通瓶颈、减少拥堵来降低物流成本，最终提高该地区经济竞争力，促进经济发展是其交通运输体系的关键任务。因此，在关注自身内部交通运输发展的同时，注重国际运输或跨境通道运输发展是符合其交通运输体系建设目标的。同时，交通运输建设还被认为是提升当地经济活力的手段之一。

（3）提升可达性，减少社会与地区发展差距。交通上的可达性为人类提供了公平发展的机会，特别对于地域广阔的国家和地区而言，通过改善运输通达性更是缩小区域地区经济发展的差异，减少社会发展不公平性问题的有效途径。

（4）关注可持续发展。20 世纪 70 年代以来，随着人口的增长，经济总量的不断扩大，土地、能源、环境等资源的有限性日益显现，可持续发展战略引起了各个国家与地区的高度重视。发达国家以消耗石油资源为主要特征的运输系统，与可持续发展的矛盾日益凸显。为适应可持续发展的要求，铁路运输方式重新得到各国政府重视，并在交通运输发展战略中得到体现。

（二）发达国家综合运输发展战略与政策设计

1. 欧盟交通运输政策

政策文件：《面向 2010 年的欧洲联盟交通运输政策：时不我待》。

颁布机构：欧洲联盟委员会。

颁布时间：2001 年。

欧盟交通运输政策导向见表 8-2。

欧盟交通运输政策导向 表 8-2

政策导向		具体措施
优化交通方式组合	提高公路运输质量	1. 强化监督和处罚措施； 2. 成员国必须贯彻执行驾驶时间和驾驶员最低休息时间制度； 3. 通过提升技能、提供舒适工作条件，来保持公路运输业的就业吸引力； 4. 对合同条款予以修订，保证在运输成本提高情况下可以相应调整税费标准
	复兴铁路业	1. 逐步开放欧洲铁路市场； 2. 通过行政指令和组建安全合作组织来提高铁路运输安全性； 3. 支持新基础设施建设，尤其是铁路货运专用通道的建设； 4. 与铁路企业达成共识，降低环境污染
	空运发展应考虑环境承受能力	1. 在确保安全性的前提下发展空运； 2. 在国际民用航空组织框架下，重新确定空运税费标准； 3. 将空运与其他交通方式一起整合纳入物流体系； 4. 对机场分布进行修订，在降低环境影响的前提下提高空运的进入壁垒
	发展海运和水运	1. 建设“海上高速公路”所需要的基础设施； 2. 简化海运和水运的管制框架，将所有相关体系纳入统一的物流体系中； 3. 按照空运规范，制定海运和水运在客运方面的安全管理制度； 4. 改善内河运输条件
	促进各种交通方式有机衔接	1. 发展可替代公路运输的“马可波罗”计划； 2. 提出一项新的欧盟经济体框架体系，以发展货运运载技术，实现货运单元和货运装载技术的标准化

续上表

政策导向		具体措施
消除瓶颈		1. 重新修正跨欧洲运输网络规划，通过赋予货运优先权来消除瓶颈，并致力于发展高速客运网络，对主要公路干线进行管理规划； 2. 对消除跨欧洲运输网络主要瓶颈的预算增加20%； 3. 对跨欧洲运输网络进行更为细致的调整，主要是将候选国整合进来，并推进海上高速公路的发展、提升空运能力； 4. 对饱和交通线路的收费分配，在欧盟经济体层次上制定相应规则，以保障所收费用能够用于新基础设施建设； 5. 对跨欧洲运输网络的公路和铁路运输制定最低安全标准
以人为本	公路安全	1. 确保至2010年欧盟公路运输事故死亡人数减少一半； 2. 在跨欧洲公路运输网络上，协调统一监管和处罚措施，尤其是针对超速和酒后驾驶行为； 3. 列出跨欧洲运输路线上的标志“盲区”，统一运输标志
	改革税费结构	1. 颁布一项规章，确定基础设施收费标准和收费结构体系，采用新的方法来确定收费水平； 2. 对公路运输部门进行统一税收； 3. 颁布一项针对跨欧洲公路运输的规章，以确保税费支付方法的协调和统一
	强化使用者的权利和义务	1. 针对空运中的超额预订、延误、航班取消等行为，制定新的规则，强化保障航空旅客的权利； 2. 尽可能使欧盟委员会关于保护航空旅客权利的措施适用于其他运输方式，尤其是铁路运输、海运和城市交通； 3. 确保提供高质量的服务

2. 日本交通运输政策

政策文件：《21世纪初日本综合交通政策的基本方向——以机动性的革命促进经济社会的变革》。

颁布机构：日本国土交通省。

颁布时间：2000年。

(1) 交通运输政策的基本目标。日本在20世纪80年代出台的《基于长期展望下综合交通政策的基本方向》曾提出的交通政策终极目标在于：“确保人与物流动的畅通以支撑经济的发展与国民生活水平的提高”。当时尽管已经意识到居住条件、环境问题，但由于确保经济快速稳定增长是当时的主要任务，因而将流动畅通作为当时交通政策的主要目标。

然而随着出生率降低、人口老龄化与经济的低速增长，交通需求的增长已经开始呈现放缓甚至停滞的现象，除了大都市圈以外，主要的交通瓶颈已经消除，因此相应交通运输政策的导向必须相应作出调整，确保运输能力不是21世纪交通政策的重点，这部分政策内容的比重应大大减少。另一方面，随着经济社会结构的变化，交通对于经济社会中其他部门的影响也越来越引发关注，例如随着老龄人士出行的日趋增多，确保老年人出行的顺利畅通，维护居民的身心健康，减轻医疗看护的负担都是对交通系统进行再评价的主要方面，而不应单纯从经济社会的移动需要来考虑。

因此，基于上述原因，21 世纪初必须在确保交通机动性的前提下，尤其重视交通运输质量方面的提高，不仅考虑到交通运输对于经济社会发展的影响，同时还要对交通以外的领域有积极的影响。这一目标称为“经济社会变革下的机动性革新”。

（2）交通运输政策的主要方向。日本交通政策按照交通运输对象、范围的不同划分了 5 个主要领域，包括：都市圈的交通、城市群的交通、区域间的旅客交通、国际旅客运输与物流。

（3）交通运输政策的重点措施。日本综合运输政策的重点措施见表 8-3。

日本综合运输政策的重点措施 表 8-3

<table>
<tr><th colspan="2">政 策 内 容</th><th>重 点 措 施</th></tr>
<tr><td rowspan="6">摆脱对汽车社会的依赖</td><td>改善都市交通</td><td>1. 完善环线及物流枢纽；
2. 高效利用交通终端的周边地区；
3. 设置公交车、轻轨专线；
4. 促进向公共交通、步行以及自行车方式的转换</td></tr>
<tr><td>推动汽车交通的绿色化</td><td>1. 开发和普及环保型机动车；
2. 通过交通需求管理实现城市交通系统的效率化；
3. 实现机动车燃料的绿色化；
4. 导入对特殊机动车、工业机械以及农业机械尾气排放规则</td></tr>
<tr><td>提高汽车运输的安全性</td><td>1. 完善政府和民众对事故信息以及危险信息的收集、分析和应用机制，使其形成良性的循环系统；
2. 充实和完善机动车评价制度、评价方法与评价事项</td></tr>
<tr><td>汽车交通服务的多样化</td><td>国家与地方公共团体应制定与特殊服务相关的交通政策与福利政策，确定责任的分担</td></tr>
<tr><td>旅游地交通的畅通化</td><td>对主要旅游地自用车的使用状况进行调查，交通问题相关的地方公共团体、环境团体、警察等应协同研究包括交通规则在内的交通需求管理对策</td></tr>
<tr><td>信息技术的应用</td><td>1. 通过在线申报、一站式服务实现政府的电子化；
2. 应用 IC 卡以及电子车票实现交通信息的搜集；
3. 先进、安全机动车的开发与普及，运行管理系统的高度化以改善运输安全性与效率；
4. 港口海运领域综合信息系统的建设；
5. 航空领域通过卫星的应用提高航空运输的安全性</td></tr>
<tr><td>应用信息技术促进交通运输系统高级化</td><td>物流系统的高度化</td><td>1. 物流信息平台的建设与促进；
2. 物流相关信息库的建设与推进；
3. 各种标准化活动的支援；
4. 面向货主企业的物流成本测算标准的制定；
5. 以物流效率化为出发点进行建筑设计思想的普及</td></tr>
</table>

续上表

政策内容	重点措施
交通基础设施的完善与应用	1. 交通基础设施应选择三类进行重点战略性投资，包括：面向国际性基础设施、环保与安全性基础设施、生活便利型基础设施； 2. 对既有设施的有效利用与适当的维护更新； 3. 交通基础设施的连接与推进； 4. 交通基础设施养护事业的效率化与透明化

（三）发达国家综合运输发展趋势

在经济全球化的背景中，交通运输已超越传统的概念和边界，成为影响经济繁荣、政治稳定、社会发展和生态环境平衡的战略性要素，是决定经济发展和国家竞争力的关键领域。以欧盟、日本为例，21 世纪综合运输发展趋势如下：

1. 明确的政策目标

在欧盟面向 2010 年交通运输政策白皮书中，其全文内容所体现出的政策指向十分鲜明，例如欧盟委员会提出重新平衡各种运输方式的比例结构、消除基础设施瓶颈、实现以人为本和全球化管理等四项主要任务，每项任务的表述含义十分明确。

2. 创新交通基础设施融资制度

欧盟意识到交通基础设施建设的最大障碍并不在于技术与环境问题，而在于资金的筹措。无论是国家还是地方的交通基础设施，在过去都来自于公共投资，而发展跨欧洲交通运输系统仅重大项目就需要超过 1100 亿欧元的资金。《面向 2010 年的欧盟交通运输政策》指出：为了保证跨欧洲运输网络的成功发展，还需要修正集资制度，以筹集最大量的资金，实现最大化的效益；在国家预算资金量较少和公共、私人投资受限的现状下，需要一个基于基础设施收费的创新型解决方案。在政策中依据不同基础设施的社会收益、经济收益确定公共资金的最低投资比例。针对中小投资者以及金融集团对于尽早实现投资回报并减少投资风险的要求，提出在新的基础设施开始运行、产生运营收益之前，基础设施的资金来源必须要以国家或地区的税收资金或整个地区(整条线路)的使用者收费中获得。

3. 对燃油税政策进行细致的分类研究

燃油税是关系到交通运输方方面面利益的一项重要决策，也是政府用来调节交通运输市场的一个重要工具。欧盟燃油税主要是用来把交通运输使用所产生的外部成本纳入交通运输使用者所支付的价格中，特别是温室气体的费用。欧盟针对各国能源使用结构的不同，仅设定一个下限，给予各国一定的费率自主权。同时欧盟还允许成员国在某些领域减少或者免除燃油税，比如商业航空领域以及其他鼓励新技术与清洁能源技术相关的领域。

4. 充分体现“以人为本”

欧盟与日本均在其交通运输政策中将以人为本的交通运输作为一个重要目标提出。日本在其政策文件中指出：确保运输能力已经不再是这一时期交通运输政策的重点，而移动的便捷性、运送的效率性、环境的和谐性以及安全性等交通质量方面的比重大大增加。政策体现出对于居民舒适生活环境的考虑，强调运输服务的多样化主要是针对老年人、残障人士等弱势群体的特殊交通要求，并特别提出了普遍服务的概念，要求交通运输必须确保这部分群体的出行需求。

5. *充分考虑交通运输对于环境的影响*

日本是一个对生态环境保护十分重视的国家，在交通运输政策的拟定上也处处体现了综合运输体系对于环境影响的考虑。日本国土交通部提出必须摆脱对汽车社会的依赖，推动汽车交通的绿色化并加强对于尾气排放的管理。在我国可持续发展已经提上重要的议事议程，交通运输的长远战略目标中也明确提出将构建可持续的综合运输体系。日本的许多政策措施无疑对于我国交通运输体系与环境的和谐发展提供许多有益的借鉴。

6. *高度重视科技在交通运输体系中的地位*

许多科学技术，特别是信息技术的发展都与交通运输息息相关，应用科学技术特别是信息技术是促进交通运输系统高级化的重要手段。日本认识到随着信息技术的飞速发展，陆海空的许多问题都很有可能通过信息技术得以解决，包括政府审批的电子化、信息搜集手段的现代化、先进运输设备的开发与普及，运行管理系统的高度化等。信息技术的开发与应用被日本视为 21 世纪初四个重点政策措施之一，我国综合运输体系也以智能化作为未来的长期发展战略方向。借鉴日本在科技开发与应用方面的具体措施，对于迅速提升综合运输体系的整体运行效率将有很大的帮助。

第三节　发达国家综合运输体系建设的主要内容

发达的综合运输体系建设，不只是完善的交通基础设施，而是基础设施、交通服务以及保障高品质服务持续提供的制度三者之和。建设综合运输体系，应实现交通“硬件”与“软件”两条腿走路，共同发展。国外发达国家综合运输体系建设的主要内容也证实了上述观点。

（一）多模式跨区域交通网络

欧盟的运输基础设施一向是各成员国自己负责规划与建设的，以便满足本国的客货运输需要，但如果从欧盟整体的角度来看，已有的运输基础设施网显然还不完善，没有能够形成一个整体，表现为欧洲运输网中断头的铁路、公路和航运线路很多，铁路网之间的供电和信号系统不兼容，各个空中交通管制中心同时使用几十种不同的操作系统等等。

为此，欧盟提出建设“泛欧交通网(TENs)”的计划，要把“泛欧交通网”建成由各国基础设施网络紧密连接与合作，联结欧盟内陆中心地区与各岛屿、分离地区和边缘地区的运输网络。联盟公民可以通过该网络享受无内部边界障碍的真正利益。

欧盟指出其建设“泛欧交通网”的主要目的为：确保人员与货物的机动性；给用户提供高质量的基础设施；联合各种运输方式；最大程度地利用已有设施；使得所有设施可以被共同使用；覆盖整个欧盟区域；为欧盟扩大提供条件，连接中欧、东欧以及地中海国家。

欧盟委员会在“泛欧交通网”的发展规划和财政支持方面享有主要的行动权力。欧盟于1994年确定了“泛欧交通网”的具体项目，计划耗资4000亿欧洲货币单位，于2010年实现欧盟内部运输系统的一体化。后来经过筛选确定了14个优先发展的建设项目。2003年以后又重新确定了30个2010年前优先发展的项目，这30个项目共耗资约2250亿欧元。在重新确定优先发展的项目过程中，欧盟充分考虑其东扩的影响，并重点投资于铁路与水运以满足交通运输可持续发展的要求。这30个项目中有超过一半的项目是铁路建设，另有6个项目是多种运输方式联合运输，3个水运项目，2个高速公路项目(全部在新增国家境内)，1个机场建设以及卫星定位系统建设。

对于项目建设的资金来源，欧盟规定欧洲投资银行将对基础设施项目给予50%的融资，欧洲投资基金对促进民间投资的融资行为提供保证。但是，该计划的实施在财政方面仍然遇到了一些问题。主要表现在各国均从自身利益出发要求重点发展本国的运输设施，而“泛欧交通网”的建设资金相对不足。为此，欧盟加大力度引起公众对于“泛欧交通网”建设的重视，大力引入私人资本，增加项目建设的投资回报。

为了在“泛欧交通网”建设中协调各国利益，使各成员国能够有效地开展合作，欧盟还推出了任命欧洲协调员的政策：欧盟委员会可以指定一个相关成员国都认可的人员作为欧洲协调员以便推动“泛欧交通网”的各个项目在各国共同执行。他的行动代表欧盟委员会，由委员会支付其工作报酬。协调员将与相关方面磋商后草拟其工作计划，并按期汇报其工作进展。为了完成自己的工作，他将与各个成员国，地区及当地政府，运输经营者及用户，以及社会团体等进行探讨与商议。这一政策有效地沟通了各方意见，有利于协调多方利益并且切实地推进了相关项目的建设进度。

随着欧盟内部单一运输市场的形成，在各国运输市场进入壁垒消除后，欧盟越来越意识到其区域层次运输基础设施的瓶颈成为制约欧盟区域交通发展的主要因素。然而，由于其由多个成员国组成，在整个联盟范围内进行区域层次的交通基础设施规划与建设有相当的难度。常年来，欧盟一直缺乏服务于整个区域层次的交通运输基础设施。“泛欧交通网”建设计划正是欧盟为了整合联盟各个成员国的交通运输系统，构建区域交通运输网络而提出的。目前，虽然有相当大的难度，但这一计划正在建设实施之中，并且取得了很大的进展，相当数量的建设项目已经提前实现，欧盟正通过“泛欧交通网”的建设逐步实现联盟范围内的运输系统一体化。

总之，通过长期的发展，欧盟的区域交通运输先后经历了政策的协调统一，市场的协调统一，基础设施规划与建设的协调统一，进而为其区域经济的协调发展提供了必要的前提与保障。

（二）综合交通运输枢纽

综合交通枢纽的形成与发展是多种条件与因素长期作用的结果，主要的因素有自然地理条件、经济因素、技术因素以及交通网的既有基础与发展条件等。

1. 国外综合客运枢纽概况

经过多年的发展，国外一些大城市已形成地上(高架铁路)、地面(公共汽电车、小客车、铁路)和地下(地铁)统一的立体的综合交通线路网，所配置的主要交通枢纽也正朝地下、地面结合，多种运输方式结合，以及多功能的方向发展。

客运枢纽综合体可分为嵌入式枢纽综合体和综合式枢纽综合体两类：嵌入式枢纽综合体以机场等选址相对固定的设施场站为基础，设置轨道、地面公交等客流接驳交通线路的枢纽综合体；综合式枢纽综合体则是综合了轨道、常规公交、区域铁路等多种交通方式的枢纽综合体，往往位于城市中心的关键地区。

（1）嵌入式枢纽综合体——戴高乐国际机场。戴高乐机场是巴黎两大国际机场之一，位于法国首都巴黎东北部24km处，占地32km^2。2002年，戴高乐机场的旅客吞吐量达到48 000 000人次，已经成为继英国伦敦希斯罗机场之后的欧洲第二大机场。戴高乐机场除了在欧洲航空体系中占据重要位置外，戴高乐还处于发达的铁路网和公路网的中心。欧洲高速列车在戴高乐机场也拥有一个站点，轨道和航空的互相补充，高速公路的环绕，奠定了戴高乐机场的欧洲交通枢纽的重要位置。自古法国便有“欧洲交叉口”的美称，如今的戴高乐机场也被称为欧洲最大规模的“交通转换中心”。

戴高乐机场的2号航站楼在规划时，引入了中轴线的概念：一条中轴线为从航站楼之间穿越而过的高速公路；另一条为地区快速铁路专线(RER-B)的B3支线。日后繁忙的机场证明了在机场接入引入轨道，并将它的位置置于中轴线上是多么的具有远见。

B3支线在机场范围内设有两个站点。其中终点站设在戴高乐机场2号航站楼之中，与整个机场航站楼融为一体，这个终点站同时还是欧洲高速铁路网的重要车站。这个换乘枢纽成功地将铁路、高速铁路和航空三种交通方式融合在一起，是世界范围内交通枢纽的成功典范。

为了进一步分流地面交通，该项目预计2010年在巴黎火车东站(Gare de L′Est)和戴高乐机场之间建成一条快速轨道专线。它的服务对象为航空旅客，列车的单向开行间隔为15min，整个行程低于20min且具有在巴黎市中心完成航空旅客行李托运的可能性。该项目投入运营后，将会吸引大量的航空旅客前来搭乘，从而完成该类型交通(戴高乐机场—巴黎市中心)自公路向轨道交通分流的目的。在戴高乐机场的铁路枢纽站，已经预留了轨道和站台的位置。戴高乐机场“嵌入式”枢纽综合体如图 8-1 所示。

图 8-1　戴高乐机场“嵌入式”枢纽综合体

(2) 综合式枢纽综合体——“荣”。日本名古屋市是 2005 年世界博览会举办地，现有人口 217.92 万人，面积 326.45km^2。2002 年 10 月在其市中心建成一座以水和绿色的宝石箱为主题，以宇宙、大地、银河组成的现代化城市公共交通枢纽站“荣”。它地下到地上共有六层，集交通、购物、娱乐、休憩、集会、信息获取于一体，建筑设备方便舒适、功能齐全，堪称世界一流。

枢纽有 2 条地铁线、25 条公交线路开往 50 多个方向，每天班次达到 900 个。每天到枢纽购物旅游的游客达 50 万人次以上，轨道交通客流约 24 万人次/天，公交车客流约 22 万人次/天。

枢纽建设经费总投资达到 147 亿日元(其中，大型公交汽车站投资 24 亿日元，不包括地铁建设费)，全部由名古屋市政府出资。名古屋“荣”枢纽综合体如图 8-2 所示。

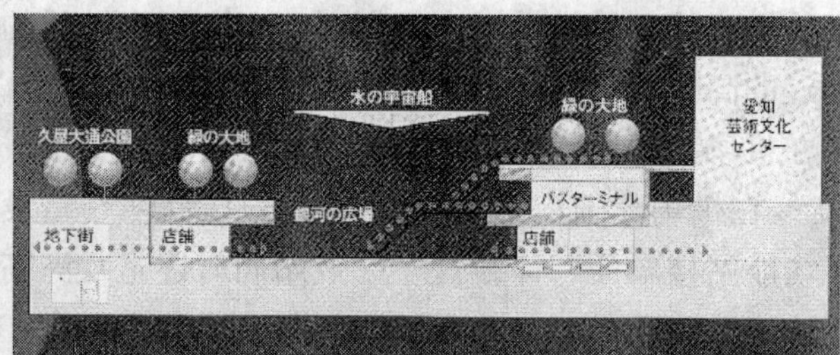

图 8-2　名古屋“荣”枢纽综合体

(3) 综合式枢纽综合体——拉德芳斯枢纽。拉德芳斯交通枢纽位于巴黎地区最重要的中央商务区(CBD)——拉德芳斯。巴黎从 20 世纪 60 年代开始兴建拉德芳斯新区，如今该区已建成 300 万 m^2 的办公楼宇，容纳了 1500 多家公司。世界上 50 家最大企业中已有 15 家在这里设立了办事处，法国大企业的办事机构多数也设在这里，还有 26 万 m^2 的商业设施。该区拥有15万工作岗位，2万居民，每年接待200万游客。

拉德芳斯站是一个现代化的综合换乘枢纽，它汇集5种公共交通方式：地铁1号线、RER-A线、有轨电车T2线、郊区铁路和多条公共汽车线路，日接待乘客能力达50万人次以上。拉德芳斯枢纽设计地非常先进，巧妙地将多个车站都整合在一个4层的大型建筑内（图8-3），乘客不用出站就可以换乘各种交通工具：－1层是公交车站，设置了14条公交线路，公交车进出站道路包围的中央是小汽车停车场；－2层中央为售票和换乘大厅（图8-4），周围附有商业及服务设施，站厅内多个显示屏能实时地显示各种交通方式的时刻表；本层西区为郊区铁路和有轨电车T2线的站台层；－3层为地铁1号线终点站的站台层；－4层为RER-A线的站台层，共有4股轨道平行排列。

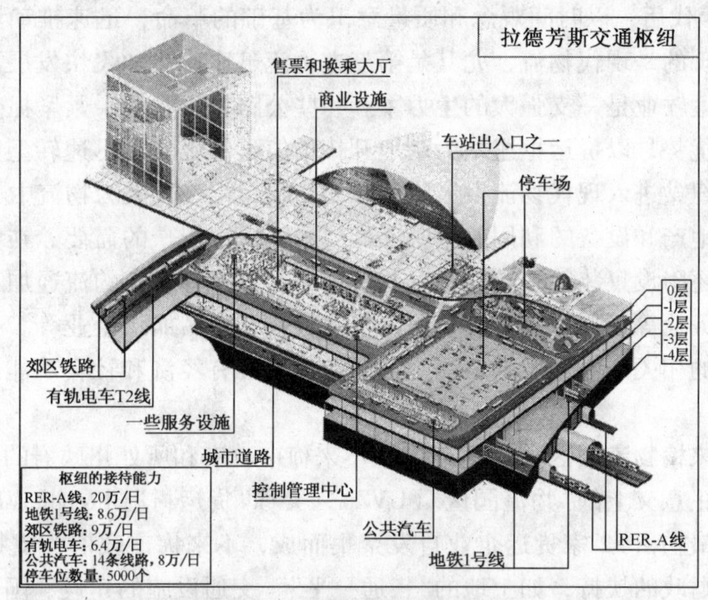

图8-3　拉德芳斯枢纽综合体

图8-4　拉德芳斯枢纽综合体－2层

设计良好的换乘枢纽能给乘客一个整体的感觉：拉德芳斯枢纽将属于不同公交运营公司的不同交通方式整合在一个立体空间里，乘客感觉不到各种方式之间的差别，而认为是一个公交系统。

2002 年，在拉德芳斯枢纽乘坐地铁 1 号线的乘客数量达 1754 万人次，工作日乘客数量 7.4 万人次；乘坐 RER-A 线的乘客数量达 2972 万人，工作日为 12.2 万人；再加上其他交通方式，每天约有 40 万人次在此换乘。

2. 国外货运运输枢纽概况

自 20 世纪 50 年代公路货运枢纽站出现以来，国外公路货运枢纽站的发展，大致经历了以人工作业为主的阶段、机械化作业阶段和现代化物流阶段，货运枢纽站向物流中心、物流园区发展。

20 世纪 80 年代后，以时间观念和质量意识为基础的革命，迅速推动流通领域走向现代化。其主要体现的是现代物流，尤其是第三方物流迅速建立和飞快发展。在第三方物流的发展中，交通运输业是一支强大的生力军。一些公路货运企业，紧紧抓住难得的发展机遇，依靠自身的优势，以货运枢纽站为基地开拓增值延伸服务，迅速转型为物流企业。从此，公路货运枢纽站进入现代物流发展阶段，公路货运枢纽发展为物流中心。

为提高站场地产和设备的利用效率，降低成本，适应用户的需要，在大型公路货运枢纽站附近，有的还附设集装箱中转站等一些专用站，并建有配套的流通加工企业和其他相关的生产保障服务业等，如货物分装企业、包装材料和用品加工企业等。公路货运枢纽站以及依托其建立的相关产业和服务机构，共同形成了具有经济和社会功能的社区——物流园区。

（1）德国不来梅物流园区。1985 年，在不来梅市政府和所处州政府的支持下组织建立了德国第一个真正意义上的“物流园区”（GVZ），又称“货运村”（Freight Villages）——不来梅物流园区。它最初由 52 家货运企业自发聚集而成，不来梅市政府为支持他们这种整合需求，给予他们财政的扶持，如土地的“三通一平”、交通设施的建设、国内外公众网的沟通、信息平台的建设等。

不来梅物流园区临近不来梅内港及内河港口，距港口约 20km，靠近不来梅铁路编组站，园区内有公铁联运装卸站，周围高速公路网发达，紧临联邦 27 号高速公路。不来梅市的威悉河两岸有 242 家物流企业，不来梅新港至不来梅市的沿途有 1400 多家运输、仓储和物流企业，其中从事航运的占 3%，港口的占 10%，公路运输的占 45%，铁路运输的占 1%，物流企业的占 38%。该园区位于不来梅市理想的水路与陆路运输交汇点，火车、货车从这里可将货物在 24h 之内送到德国境内任何一个重要的经济中心。

（2）日本东京物流基地。由于 20 世纪 60 年代交通运输的瓶颈制约十分突出，而城市化发展又受制于国土条件的限制，因此日本物流发展一开始便强调“系统”观念，重视组成物流系统的交通运输综合网络、物流活动集聚发展与城市规划的关系等。

东京的道路以市中心为圆心，呈同心圆的环状公路，一环、一环地向外拓展，并与市区的高速公路交织成发达的交通网络。城市从里到外散布着各种产业的大量批发商、经销商，商流与物流混成一体，造成交通混杂、车辆空驶率高、城市功能低下。为了改变这种状况，日本政府从1965年起，便着手将流通机能从市中心分离出去的艰巨工程。由政府统一规划、集资，在东京近郊的东南西北部分别建设了葛西、和平岛、阪桥和足立四个现代化的流通基地。流通基地内除了商务交易大楼之外，还建有大型仓库团地和公路货物集散中心等设施。尤其建在填海造地基地上的和平岛流通基地，是东京的水、陆、空综合交通枢纽，对整个东京地区以及全日本的商品流通，起着举足轻重的作用。

东京都市圈范围非常大，如果仅在城市边缘部配置区域物流中心，则由于集配运距太长，无法发挥运输的效率。为此，除了建立区域物流中心外，还在市内配备高效率的集配中心。在大都市圈，将区域物流中心和市内集配中心的布局与道路网、车站、港口、机场统一规划，从而实现了物流配置的整体性和高效性。

3. 国外大都市综合交通枢纽的发展趋势

通过对东京、伦敦、巴黎等国际化大都市综合交通枢纽的研究，并结合综合运输体系发展特征，对大都市交通枢纽发展趋势综述如下：

(1) 枢纽规模大型化。随着人们空间活动的日益频繁，大都市间以及大都市与其周边辐射区的交流愈发紧密，城市内外交通联系需求增加、换乘行为集中，促使综合交通枢纽呈现出向大型化发展的趋势。对比国内情况，上海浦东国际机场2002年吞吐量已达2470万人次，规划的上海浦东国际枢纽空港规模将达1亿人次(8条跑道)，可见国内的综合交通枢纽也正朝着大型化发展。

(2) 枢纽功能综合化。功能综合化要求交通衔接系统在满足多种交通方式的集散和换乘的同时，还要兼顾人们通勤购物、休闲、娱乐等需要，使交通衔接枢纽成为集交通、商业、服务等功能于一身的交通综合体。

(3) 枢纽土地利用的集约化。枢纽土地利用的集约化首先表现为提高枢纽用地的容积率，将换乘设施由平面分散布置转为集中布置，垂直换乘(即零距离换乘)布局，提高了换乘的便捷性，并充分利用地下空间和交通建筑的内部空间，提高枢纽用地的效率与效益。

此外，土地利用的集约化还表现为枢纽环境空间面积的增加，满足人们对生态的要求，提高枢纽用地的环境效益。

(4) 枢纽布局的协调化。交通衔接系统是由多个交通枢纽组成的开放体系，枢纽间功能、类别、等级是存在着差异的，这种差异在运输体系的现代化进程中不断整合，将逐步形成由不同层次枢纽组成的多级递阶的复杂体系。布局协调的枢纽系统是提高交通效率的关键环节，所以枢纽的布局应与综合交通网络体系和城市活动空间相协调。

(5）枢纽管理的智能化。为了提高运作效率与管理水平，满足换乘快捷性与舒适性的要求，综合交通枢纽将以信息化、网络化为基础，向智能化发展。枢纽管理的智能化有利于提高枢纽的运行效率并充分发挥综合交通枢纽的全方位服务能力，实现枢纽资源利用的最优与效率的最大化。

(6）主要枢纽具有服务都市带的能力。大都市的主要交通枢纽(如国际机场、大型水运港口)不仅要为城市本身服务，还要考虑为都市带其他城市提供中转等服务，这就要求主要交通枢纽有适当规模的吞吐能力，并与都市带内各城市有很好的交通联系。

(三）城乡公交一体化

德国是世界上区域与城市公共交通服务质量较高的国家，其成功经验对于我国实施城乡公交一体化战略，打破城乡二元结构，统筹城乡发展具有十分现实的启迪作用。公交一体化的集中体现，不仅在于整齐划一的设施外观，协调一致的管理标准和质量要求，更重要的在于各家运营公司，摒弃繁琐手续和人为障碍，为所有的公交乘客，提供最为安全、便捷、周到的“一盘棋”或“一条龙”式的优质服务。

为此，本节以德国公交城乡一体化的发展历程作为典型案例，归纳总结其区域和城市的公共交通管理机制，主要包括行政管理机制、财政核算机制、质量监督机制、票价体系机制、法律保障机制等五个方面的内容。

1. 行政管理机制——德国公交集团

德国公共交通的全称是“公共的近距离客运交通”。其中，近距离是指以城区中心为圆心，50km 为半径的范围以内的，或机动车车行时间 1h 左右的短途出行。因此，德国公共交通的服务范围几乎覆盖了所有的通勤交通和上学交通的出行需求；公交的运行方式，则囊括了除私人小汽车之外的各种客运方式，包括地面公共汽车(城市和郊区的地面公交车)、有轨电车、城市轨道(地铁、轻轨)、轮渡、出租车、地区铁路(距离城市中心约 50km 范围内的客运铁路)等。

公交集团是德国区域和城市的公共交通的最为突出的特色之一。目前，全德国将近有 60 多家大小不一的公交集团(表 8-4)，业务范围覆盖国土面积的三分之二，日均载运公交乘客量大于全国总公交客运量的 85%。公交集团已成为人们日常生活中不可或缺的组成部分。

为了更好地了解德国的公交集团及其职责，下面以汉堡公交集团为例来进行说明，以期“窥斑见豹”。

(1）城市概况。目前，汉堡市人口 174 万，面积 755km^2，是德国第二大城市(图 8-5)。凭借其港口航运的优势，以及外贸、传媒、金融、保险业、飞机制造等产业实力，已成为德国重要的经济贸易中心，在整个德国经济中占有绝对的影响力。

德国公交集团概述　　　　表 8-4

项目		内容
机构宗旨	目标	凭统一的票价体系和衔接良好的运营时刻，简化出行公交方式
	口号	“一张票、一张运行时刻表、一张网”
机构职责		负责制定共同的票务机制、协调各种交通工具的线路布局、站点安排，是以契约合同、合作整合为基础，以提升公交吸引力为己任的具有法律权限的组织
机构模式	单纯的企业联盟	20 世纪 90 年代以前的普遍形式
	公交事务责任委员会	是德国区域化体制改革的产物，在政府层面上成立专门的公交主管部门。除了负责传统企业联盟所具有的合作事务外，如各家线路及其运力的确定，还兼有政治任务和意图的贯彻落实，如投资建设规划、政策倾向扶持等
	混合式	根据地方和区域特点，兼有企业联盟和公交事务责任委员会的综合特点的机构形式
跨界合作		公交集团的重要特征，涉及的合作联手，不仅是各运营企业间的联盟，而且还包括城市与周边县域、城市与所属州及地方等多层次多方位的全面合作
管理组织体系	执政层	由公交执政当局(合同甲方)担当，其职责是为当地民众提供充足的公交服务；为相应的公交运能提供财政支持
	管理层	由公交集团公司担当，其职责是为执政当局经营公交事物；协调各个公交营运公司业务
	执行层	由公交营运公司(合同乙方)担当，其职责是直接实施公交运输服务和相关的乘客咨询服务
线路派发		公交线路营运权的派发是通过竞争决定的，竞标获胜的企业，将得到独立、完整的营业权利和应负责任，以此保证可靠且高质量的运行质量

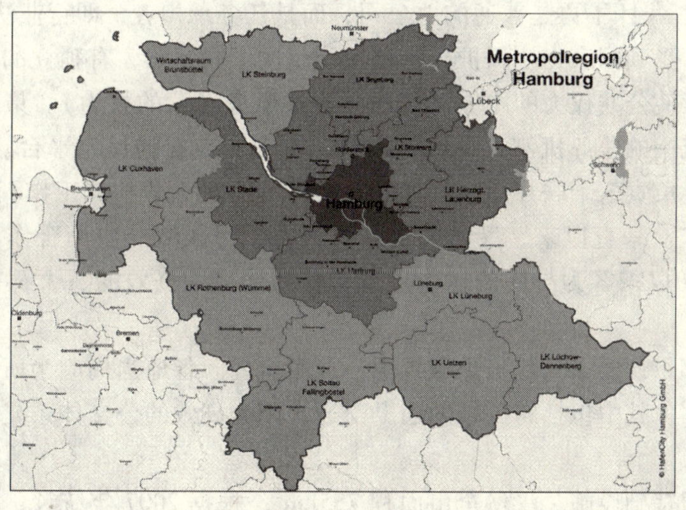

图 8-5　汉堡大都市区

（2）集团简介。汉堡大都市公共交通集团成立于 1965 年，是全球最早的城市公共交通公司联盟，也是德国规模最大的公交集团。目前，集团的服务范围不仅涵盖汉堡市和市郊，而且跨越汉堡市行政界线，辐射至与该市接壤的北部石勒苏益格—荷尔斯泰因州和南部下萨克森州地区(图 8-6)。联盟成立之初，主要由汉堡市高架轨道(包括汉堡渡船股份公司)、德国联邦铁路和汉堡—豪斯坦公交公司组成。所辖区域面积 3000km^2，居民 240 万人。

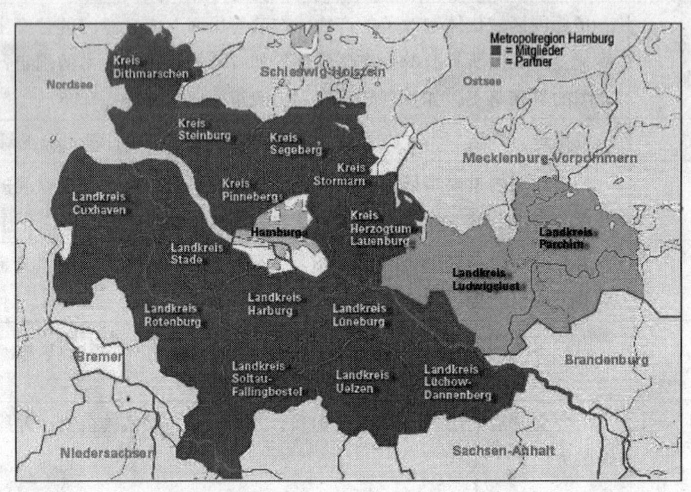

图 8-6　汉堡市与周边城镇和邻近的石勒苏益格—荷尔斯泰因州、下萨克森州

（3）机构改革。1995 年欧盟颁布新法后，汉堡公交集团经历了全面的机构改革和重组。自 1996 年起，集团不再是普通的总公司，而是任务承担者，即行业法人组织(拥有所辖地域行业主权，受到国家宪法保护，行政级别仅次于联邦州，有独立的自主组织和管理部门，以及直接行使公共权力的团体，如分派公共事务经营的权力)。集团任务，涵盖近距离公共交通的统一的票务机制、一致的运行时刻表、全面的信息平台。由 49 名员工组成的集团管理层，负责 3 个联邦州、7 个县和 38 个企业的合作协调工作。

（4）区域合作。一直以来，汉堡公交集团致力于跨区域的协调合作和投资，以良好的沟通交流、一切以乘客为导向的运作理念，使集团成为高效的、大都市跨区域合作的典范。

对于县与联邦州，要求其跳出地域界限，放眼全局。各地当局应为所属区域的居民出行，提供便利条件。其中包括跨区域的通勤交通，因为高效的公交体系是经济区位和发展优势的决定因素。

（5）公共交通基础设施。汉堡全市面积 755km^2，根据 2007 年统计，全市拥有高速公路 82km，国道 120km，其他等级道路 3750km，人口平均密度为 2400 人/km^2，注册机动车总量95.6万辆。汉堡有3条地铁线，6条城内快速高架列车，3条城郊快速火车和9条地区火车。汉堡城市轨道交通网如图8-7所示。

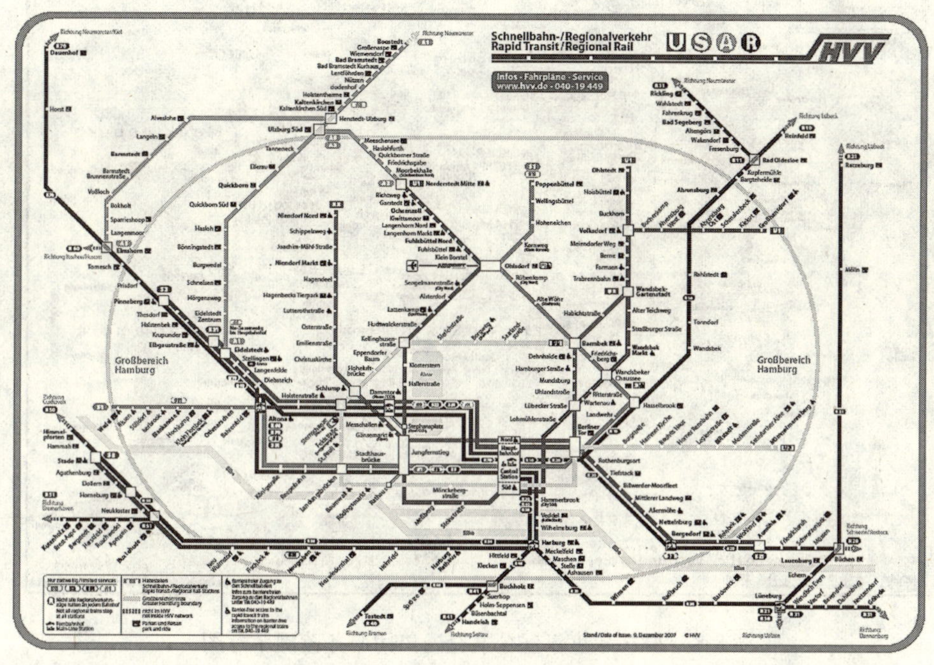

图8-7　汉堡城市轨道交通网

汉堡公共交通服务涵盖地域范围是8616km^2，其中汉堡市域面积747km^2，见表8-5及图8-8。

2007年度汉堡公共交通集团服务范围和人口分布　　表8-5

公交服务范围(km^2)	汉堡市	747
	石勒苏益格—荷尔斯泰因州部分	4036
	下萨克森州部分	3833
	合计	8616
公交服务范围内常住人口(千)	汉堡市	1768
	石勒苏益格—荷尔斯泰因州部分	973
	下萨克森州部分	618
	合计	3359

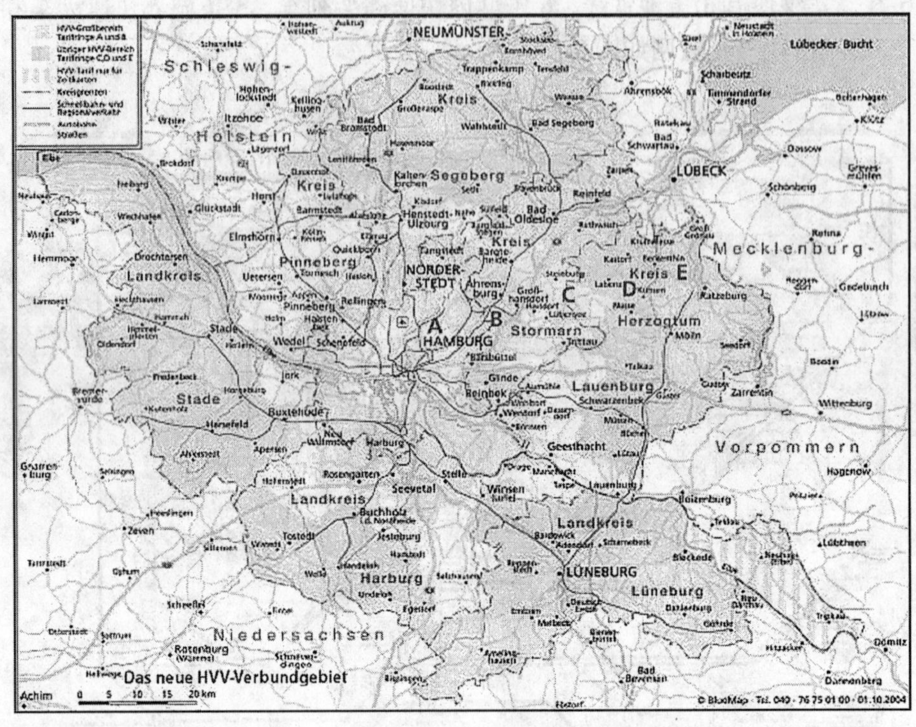

图 8-8　2007 年度汉堡公共交通集团服务范围示意图

2007 年度汉堡公共交通集团拥有的公交网络规模见表 8-6，其提供的公交运能与运量见表 8-7。

2007 年度汉堡公共交通集团拥有的公交网络规模　　表 8-6

公共交通		交通网络			
		线路(条)	车站(个)	轨道/路段/航道长度(km)	线路长度(km)
轨道交通	地铁	3	89	100.7	100.7
	轻轨	6	67	142.2	235.8
	区域铁路	18	277	586.3	719.6
	小计	27	277	829.2	1056.1
地面公共汽车		650	9250	11509.9	15342.4
轮渡		6	21	23.1	27.6
合计		683	9548	12362.2	16426.1

2007 年度汉堡公共交通集团提供的公交运能与运量 表 8-7

公共交通		容量与运量				
		投入车/船数	车/船公里(10^6km)	车公里(10^6km)	座位公里(10^6km)	客运量(10^6人)
轨道交通	地铁	749	—	11.4	7015	253.5
	轻轨	492	—	11.4	9674.4	195.8
	区域铁路	507	—	12.9	10202.1	58.3
	小计	1748	—	35.7	26891.5	507.6
地面公共汽车		1954	107.07	—	8533.8	369.6
轮渡		21	0.5	—	106	7.1
合计		3723	297.84	—	35531.3	884.3

2. 财政核算机制

财政是政府为实现职能，在参与社会产品分配和再分配过程中，与各方发生的经济关系。财政有别于一般的经济活动，是以社会和国家为主体，凭借政治权力而进行的一种强制性分配，是关于利益分配和资源分配行政权力行为的体现。

促进城乡公交一体化发展的财政政策包括直接投资公交设施建设的公共财政的预算拨款、促进公交场站工程建设的财政资助方式、引导公交优先的财政资助计划、促进乡镇公交发展实现城乡公交一体化目标的财政税收杠杆调节等。德国公共交通财政核算机制见表 8-8。

德国公共交通财政核算机制 表 8-8

项目		内容
票务制度		采取统一的票务体系，乘客可以用一张票乘坐不同公交公司运营的不同线路，公交集团汇总票款总额
财务分配制度	分配依据	一套专门的以合同形式受各方认可和接受的分配规则
	分配准则	1. 位置公里：以座位和站位与公交车辆行驶距离的乘积，作为分配计算的基础； 2. 人公里：基于乘客数与乘坐距离的乘积，进行分配计算，即以实际运营状况为依据； 3. 混合式：不同的公交交通工具，有不同的运营费用；不同的服务水准(低踏步，残疾升降台，动态车载信息屏等)，需要不同的花费
财政补贴核算机制		票款收入无法全面覆盖成本支出，其差值就需要公共财政加以补贴。补贴款项由领导层直接拨给公交集团，由公交集团按照事先签署的合同(明确的服务内容、质量标准、票价规定等，事先在合同中写明的资助和补贴总额)条款和总量，颁发给各承运公司企业

3. 质量监督机制

质量监督机制为公交服务水准的达标、检验合同履行的状况提供了保障，为了解实情、体察民情、把握行情，提供了循环反馈更替完善的渠道。德国公共交通质量监督机制见表 8-9。

德国公共交通质量监督机制 表 8-9

项目		内容
质量标准	车站和车辆	车站和车辆的安全、干净、运行的准点率。现代化的高标准车辆，如低踏步台阶公交车、足够的上下门、最少的座位保证等
	员工培训	驾驶员、服务人员须了解相关要求和方法，并能保证友善地对待乘客
满意度调查		定期开展乘客满意度的调查，以便了解市场需求和反映，乘客的意见和要求始终是集团公司关注的焦点
质检评定机制		公交运行是否严格按照时刻表运营
信息化建设		乘客需要知道可靠实时的运营信息、舒适性、方便性和可达性。如果缺乏这些必要的信息，人们则更情愿自己驾车出行

4. 票价体系机制

德国公交所有种类的车票，都根据乘坐时间和距离，给予合理的价格。无论是短途，还是中短途，都有对应的各类车票以供选购。单程票和全日票，都可在自动售票机上或直接在车上购买。如全日票，顾名思义一天内有效，可无限制乘坐公交。德国公共交通票价体系见表 8-10。

德国公共交通票价体系 表 8-10

项目		内容
根据行程距离	区间	根据乘行途经的区间数，计算单次(单次票、单次条票、单日票)票价
	圈层	根据乘行途经的圈数，计算月票票价
	短程迷你票	为短距离公交出行，特别提供优惠的短程票
根据成行次数	单次车票	单次票、单次条票、单日票、城市观光卡等
	月票	市卡、市卡 9 点以后、市卡 60 岁以上老人卡、市卡学生卡等
票价规格	单次票	2. 3 欧元、4. 6 欧元、6. 9 欧元、9. 2 欧元(以 4 个区间为例)
	短程迷你票	1. 2 欧元
质检评定机制		公交运行是否严格按照时刻表运营
信息化建设		乘客需要知道可靠实时的运营信息、舒适性、方便性和可达性。如果缺乏这些必要的信息，人们则更情愿自己驾车出行

5. 法律保障机制

法律保障机制，通过行政法律、法规等，为行政行为授权，并提供实体性、程序性的依据，从而调节社会利益关系，为维护城乡公交在经济、社会、环境等诸多方面的健全发展奠定法定依据。同时，也为乘客、公交企业、公交联盟团体的合法权利的维护，提供行政诉讼的途径和保障。以下就制定质量标准，所涉及法律条文，同步介绍涉及的相关法规。德国公共交通法律保障机制见表8-11。

德国公共交通法律保障机制　　表8-11

项　目	内　容
短途客运条例	政府职能部门与公交企业，就公交服务的责任签订合同。在合同中，应写明具体的质量要求，确保公交运能，即数量上的要求，可以在满足具体质量要求的前提下实现数量上的要求
客运质量标准规定	乘客的基本权利、残疾人的出行要求、环保、交通安全、司售人员的职责、岗位条例、社会保障等相应要求
客运基本法	就公交供应，提出了数量和质量上的相关要求，并就技术和社会性方面提出了"满足必要的质量水平"的要求。如果公交公司在运营申请中，不能实现公交规划提出的运能和质量，则无法获得经营权
地方公交法	它是客运规定的具体化，也是运营权和经营执照的审核内容，以确保公交服务的质量。如，公交企业提交的申请，必须与短途客运规划保持一致，并详细罗列各项供应指标和质量保证，否则会遭拒绝而不被批准
分配权法	分配权是合同甲方对效率、结果等方面的具体要求。涉及企业管理的计算基础、质量的形式与内容、评价标准及补贴、指标与价格等，质量始终是分配与否的前提和决策标准
公交合同法	在法律允许范围内，合同甲方可自由选取遴选取舍的标准和要求，合同可有多种形式，包括税后合同、税前合同、税前合同与奖励优惠等等。可根据当地实际情况，选择最为适宜的合同形式。但质量标准必须写入合同，以保障监控时有明确的条文对照

6. 发达国家城乡公交一体化发展趋势

德国作为世界上城乡公交一体化最为发达的国家之一，其几十年来的发展政策与措施，值得尚处于城乡公交一体化发展起步阶段的中国借鉴。

(1) 以人为本的城乡公交一体化发展的目标。在城乡公交一体化发展的目标上，要贯彻以人为本的科学发展观。将建设城乡一体化公交网络，消除城乡交通衔接障碍，简化乘车程序，方便乘客各类换乘，提高城乡一体化的公交服务作为城乡公交一体化各项工作的初衷与指导思想。只有这样，才能顺应城乡一体化的发展趋势，为人民出行提供具有良好可达性的城乡公交。所有城乡公交一体化保障与促进政策措施都应围绕这个目标与指导思想开展，包括行政管理、财政核算机制、质量监督机制、票价制度、法律保障等。

(2) 因地制宜的城乡公交管理体制的改革。城乡公交管理体制的改革应面向服务，管理体制机制应逐渐向着适应良好的公交服务保障与供给的方向发展。从政府职能的层次上来看，城乡公交管理与运营机构应建立决策、管理、执行三层的机构管理组织模式。但是由于各个城市和地区的发展差异，以及各自的交通客运条件的差异，公交机构的具体管理体制可以因地制宜。但对于公交乘客而言，虽然管理体制不同，乘客所获服务不应出现差别，因为每个公交管理与运营机构应始终提供统一的线路、时刻、票务等，为所有人提供应有的良好的城乡公交服务。

（3）跨界合作、良性竞争。跨界合作、良性竞争是城乡公交一体化的另一重要特征。这里涉及的合作、联手，不仅是各运营企业间的联盟，而且还包括城市与周边县域、城市与所属州及地方等多层次多方位的全面合作。

第四节　发达国家综合运输体系发展的实施保障

世界发达国家交通运输业都是通过建立综合运输管理体制，制定与实施政策法规、发展规划和技术规范来实现对交通运输的管理。国外交通运输管理机构都是国家行政管理机构的组成部门，一般是综合性的大交通机构，包括立法、司法、行政几个方面，负责铁路、公路、海运、内河、民航等几种交通运输方式的行业及相关行业的综合管理，特别是立法和司法机构更为综合。行政机构一般都是实行分级管理，也有部分采取垂直管理方式。中央政府以下的各级政府机构中一般都设有负责交通建设与管理的综合或专门机构。

（一）体制机制保障

1. 中央层面的综合运输体制

（1）美国。美国经历了现代交通运输业完整的发展过程，其政府的交通运输管理也随着交通运输业的成长而不断调整。为适应交通运输业大规模快速发展的要求，1966 年，约翰逊总统提出组建运输部并经国会批准于次年成立。从而将原分散在商业部、财政部等八个部委、三个处局的交通管理职能和相关事务集中，实现了对全国交通运输事务的综合管理。

目前，美国联邦运输部是联邦政府归口管理水、陆、空运输的政府机构，下设美国海岸警备队、联邦航空管理局、联邦公路局、联邦铁路局、国家公路交通安全管理局、联邦公共交通管理局、圣劳伦斯海道管理局、海事管理局等，主要负责交通运输政策和长远规划的制定、交通基础设施的建设管理，起草并提交交通运输或与交通运输有关的立法。

（2）日本。日本实行大交通综合管理体制，运输省是全日本的水、陆、空交通运输业和海上保安等行政主管部门，内设铁道局、航空局、海上交通局、运输政策局等，各局之间是相互独立的单位。运输省实行从上到下的垂直式管理体制，分本省和外局两大块：本省设有运输审议会、航空事故调查委员会及内部局；外局设有船员劳动委员会、海上保安厅、海难审判庭、气象厅等。

（3）英国。英国现行的交通管理主要职责是由英国环境、运输和地方事务部(即运输部)负责。在近年来的政府行政改革中，英国普遍实行了综合部门模式，将业务相近或相关性强的部门尽可能合并，加强相互关联行业之间的协调和政府资源的有效利用。运输部即是以前的环境保护、交通运输管理以及地方事务三个部合并组成的。改革以后，政府行政管理体制的架构有了较大的改变，主要体现在实行决策和执行相分离的行政管理体制。英国政府在各部之外设立若干执行局，专司行政执行职能，负责向社会提供高质量的服务。执行局本身仍属于政府部门，其雇员保留公务员身份，实行公务员工资，但资金来源却不完全由政府财政提供。

2. 区域交通一体化综合交通管理体制

1）MPO 模式

美国是一个联邦制的国家，由 50 个州组成。每个州分成若干个县，下辖市和一般地区。旧金山是例外，县和市的地域范围一致。所谓的大都市区是由若干个市(县)组成的成片地区，交通规划在大都市区范围内开展，负责的机构叫做“大都市区规划机构”(Metropolitan Planning Organization，以下简称 MPO)。

（1）MPO 的沿革。MPO 最早起源于 20 世纪 50 年代的芝加哥、底特律、纽约和费城等大都市区，目的是为州政府的公路部门编制大都市区的交通规划。

1962 年通过的《联邦资助公路法》创立了大都市交通规划机构的角色。该法令规定：人口超过 5 万人的城市或地区，若其道路项目要得到联邦公路基金的资助，必须先有综合、滚动、协调的区域性交通规划的支持，该规定是 MPO 发展和存在的直接原因，因为它强调必须要有由州政府和地方政府合作完成的交通规划过程。

1964 年联邦资助计划扩展到城市公共交通，它同样强调要有大都市区的交通规划。城市规划师和交通专家游说“均衡轨道—汽车轮”的重要性，从而使政府开始对旧金山湾区的快速轨道交通和其他通勤铁路予以支持。专业人士倡议要在城市区域的基础上开展综合性的大都市交通和土地利用规划，综合协调地进行交通的决策和建设，改变各交通机构各自为政的无政府状态。

其他的非交通性联邦法令也对 MPO 的产生起到推波助澜的作用，如 1965 年的《住宅和城建法》，要求相应部门为资料收集和规划提供资金。1966 年的《示范城市和大都市发展法》，要求指定区域性的机构审阅地方政府对约 40 种联邦拨款和贷款的申请。这些法令使区域性机构的建立得到普及，全美有几十个区域性组织和规划机构在此浪潮中诞生。MPO 的职责也被赋予到这些机构中。

1970 年的《联邦资助公路法》更具体地规定：在 5 万人口以上的城市地区要建设公路项目，必须就该项目的走向、位置和设计征求地方官员的同意。

1973 年的《联邦资助公路法》正式提出 MPO 的名字，该法令还同时要求大都市交通规划的经费约占联邦交通拨款的 0.5% ~1%。

1978 年的《联邦资助公路法》阐述如何指定 MPO，要求应由州长和地方政府协议产生，对在 1978 年以前就有的 MPO 可以在一年内根据有关条件重新予以认定。法令强调地方政府对综合交通规划的参与，规划的制订必须基于交通需求情况，同时参照城市总体规划、整体的社会经济、环保和节能的目标，考虑项目对未来城市发展的影响，规划的过程还包含评估不同的交通管理和投资策略。

里根时代，由于"撤销管制，自由企业，减少文牍主义"的政治气氛，MPO 的职能受到削弱。MPO 的日常工作变成主要是汇总各部门提出的交通项目清单，交通规划工作变得"孤立、不全面、目光短浅"。

1991 年布什总统签署的"Intermodal Surface Transportation Efficiency Act"（陆上联运效率法案），重新强化了 MPO 的职能，MPO 有权确定交通改善项目的优先度，直接确定大部分资金的使用方式，包括哪些可以灵活支配的资金。MPO 从各县、市及相关机构建议的项目中挑选应得到联邦政府资助的项目，对公路项目、公交项目和其他的项目建设进行排序，并根据资金许可只批准那些财政上真正可以负担的项目。MPO 的大部分工作侧重在计划方面，即对申请拨款的项目进行认定和确定优先度，并拟出区域交通改善的计划。根据新的交通法，计划的目的是提出一个能反映财政现实的高度协同的区域性改善计划。

（2）MPO 的主要形式。美国有联邦政府、州政府、县政府和市政府，但没有协调县和市主要事务的区域政府。MPO 带有区域政府的色彩，但不是严格意义上的政府机构。在众多的 MPO 中，其组成形式和职能不尽相同，归纳起来有以下 4 种主要形式：

① 政府协会的形式（Council of Governments Approach）。这是加州甚至全美国最普遍的形式，除其交通规划的主要职能外，还执行其他任务。顾名思义，政府协会由区域内的地方政府联合组成，各地方政府选派一位或一位以上的代表，如市长或市议会成员。通过把大都市区内的主要决策者联合起来，强化了区域性规划的职能。

② 相对独立的机构。该类 MPO 专门致力于交通规划，其领导小组成员由地方政府和州政府当选的官员任命。旧金山湾区和纽约的大都市交通委员会便是这种交通规划机构的典型。

③ 县政府内的 MPO。在一些较小的或政治体制上较为单纯的都市化地区，MPO 依附于县的政府机构，这些县的区界往往涵盖了整个规划地区。

④ 第四类 MPO。基本上是由交通规划师和交通工程师组成的地域性机构，其人员大部分由州政府配备和领导。

(3) 典型 MPO 机构简介。

① 旧金山湾区都市交通委员会。旧金山湾区共有 9 个县 100 个市，总人口约 600 万，地域面积 18600km^2。对湾区交通更有直接影响力的是(湾区)都市交通委员会(Metropolitan Transportation Commission，简作 MTC)。该委员会在 1970 年由加州立法机关成立，专门负责整个旧金山湾区 9 个县交通的规划、融资和协调。目前它同时又是(湾区)高速公路和快速专用道路服务局(Service Authority for Freeways and Expressways，简称 SAFE，1988 年并入)与湾区(大桥)收费局(Bay Area Toll Authority，简称 BATA，1998 年由加州交通厅划入)的“三合一”机构。它由 19 个委员组成领导小组，地方官员直接任命 14 个委员(5 个人口最多的县中，每个县有两名代表，其中 1 名由委员会选择，另一名由所在县的主管任命；剩下的 4 个县确定一个委员，既代表城市，又作为委员会监督人)。另外，两名成员代表区域性机构——湾区政府协会和湾区保护和发展委员会。最后，3 名没有投票权的成员被任命代表联邦和州运输机构和联邦住房部。总部位于奥克兰的约有 130 个职员组成的常务机构负责执行委员会的决议。

MTC 的首要职能是规划。它不仅代表加州作区域交通规划，也是联邦政府的区域规划组织成员(代表联邦政府负责对当地交通的规划)。它负责区域交通规划的制订，包括区域内公路、航空、铁路、海港、自行车、人行设施等综合发展规划。这一规划时间跨度是 20 年。MTC 每两年更新、发布一次。由于 MTC 兼有为加州和联邦政府审核拨款申请的职能，任何新建的交通项目如果进入不了 MTC 的 20 年规划，也就无法取得联邦和加州政府的支持(政府支持资金在交通项目中占有相当大的比重)。

MTC 的第二个职能是融资功能。一方面是 MTC 代表联邦政府确定湾区交通项目拨款的分配使用；另一方面它也同时代表加州政府确定湾区交通项目的选择和资金使用。目前，MTC 每年大约掌握 10 亿美元的资金分配使用权。

MTC 的第三个职能是协调。一方面 MTC 利用其规划职能协调各种交通方式的发展；另一方面通过监督湾区各公交经营机构的年度预算、乘客满意度测评等来衡量整个交通系统的效率和有效性，提出每年的改进措施。

② 南加州政府联盟。南加州大都市区的交通规划由南加州政府联盟(Southern California Association of Governments)负责。该机构有 30 年历史，目前有 100 多个职员。南加州大都市区包括洛杉矶及周边 6 个县，地域范围 97300km^2，覆盖人口超过 1500 万。

该组织具有如下特性：该协会是依照地方政府相互的协议而成立，不同于一般的地方政府机构，它并不具有税收、土地管制及其他的行政权力；区内的县市政府为基本会员，均系自愿参加性质，成员亦可自愿退出，无强制性规定；协会采用委员制，各委员系各县市民选之市长或委员，委员会决定政策方针，下设执行委员会，以执行长为首，传达政策目标，并指挥全体专职人员的计划活动；委员会决议事项均以全体委员通过为原则；机构组织功能多元化；强化各县市政府对区域性问题的处理能力。

组织功能包括：拟订区域综合发展计划，其计划内容包括空气、水质、住宅供应、交通运输系统、区域成长与资源分配最佳模式；联系协调联邦政府、州政府、地方政府与事业机构，从都会发展的全盘考虑提供规划、建设与管理建议；审核地方政府提议的建设方案，协调促使地方政府的主要建设方案与区域发展政策及目标符合，并分配联邦补助款，具有类似票据交换所的功能。

南加州地方政府协会依工作性质在委员会下设六大常设幕僚机构：社会与经济组、信息组、环境规划组、政府公共事务组、区域策略规划组、交通规划组。

交通规划组的职能是：通过技术分析和策略规划，研究有关区域交通的课题，包括航空、航海、高速公路、火车、自行车、运输转运站等，并结合土地使用和交通运输研究交通需求的管理策略。

③ 纽约大都市交通委员会。纽约大都市交通委员会(New York Metropolitan Transportation Council，简称 NYMTC)提供了一种协同规划框架，从区域角度解决运输问题、规划问题，并对如何使用联邦交通基金作出决定。NYMTC 包括纽约市，长岛和较低的哈德逊山谷，面积为 2440 平方英里(约 6317km^2)，人口 1130 万人，约占美国纽约州人口的 65%。为满足地方需求，NYMTC 设立三个交通协调委员会(TCC)：纽约城市交通协调委员会，中南哈德逊交通协调委员会(Mid-Hudson South TCC)和萨福克交通协调委员会。这些委员会提出分区域交通优先问题，并在地方层面提供机会让私营部门、一般公众、当地政府和利益相关者参与规划过程。

纽约大都市交通委员会的领导成员由地方政府官员和交通、环境机构的首脑组成，共有 17 个委员，其中 9 个有投票权，8 个无投票权。纽约大都市区交通委员会通过其属下的专门机构开展交通规划和研究，主要职责为：开展长远的区域性交通规划(RTP)；制订近期的交通改善投资计划(TIP)；编制规划和研究方面的联合工作计划(UPWP)。

2）纽约—新泽西港务局模式

纽约—新泽西港务局是经美国国会批准，由纽约和新泽西州政府于 1921 年联合成立的机构。它所辖的范围是以纽约自由女神像为中心，半径为 25 英里(约 40km)的区域，共约 1500 平方英里(约 3883km^2)。港务局于 1972 年正式定名为“纽约—新泽西港务局”，以表明它的两州联合组建的特点。这也是在西半球建立的第一个类似的公共机构。

纽约—新泽西港务局的使命是：认识并满足纽约和新泽西两州的企业、居民和游客对运输基础设施的急迫需要；提供最高质量、最高效率的运输和港口货运设施及服务，使人们和货物得以在区域内流动，提供通往美国其他地区及通向世界的通道，加强纽约、新泽西大都会地区的经济竞争能力。

港务局已经为纽约、新泽西大都会地区服务了近 80 年，在建设、经营和维护对地区有极为重要意义的运输和贸易设施方面取得了值得自豪的成就。

（1）建立原因。纽约和新泽西两个州的港口设施都分布在纽约湾沿岸，地理位置接近却分属两州，历史上也曾造成两州之间因经济利益而发生冲突，甚至因为对港湾和哈德森河中间的分界线不能达成协议而使两州警察在河上相互开火。第一次世界大战中，由于大多数连接港口的铁路来自新泽西州并终止于哈德逊河的西岸，而远洋航运大多集中在东岸纽约市曼哈顿的布鲁克林，哈德逊河之间的货物驳运常造成港口拥挤。后来，两个州都认识到，在港口沿岸的地区是不可人为分割的一个整体，不能因为地方主义而使两败俱伤。

在这种背景下，1921 年纽约市和新泽西州在国会的批准下定立合同，成立纽约市港务局。其目的是以一个跨越两个行政区的独立的公共管理机构来维护两者共同的港口利益，其管理区域为一个以纽约港为中心的跨越两个行政区的约 3880km^2 的“港口区”。在 1972 年，该机构更名为纽约—新泽西港务局，以便更加准确地表明其作为一个州际公共管理机构的角色。

（2）发展历程。港务局在早期(1920 年 ~ 1930 年)取得的最重要的成就不是发展了港口枢纽，而是建设或接管了一系列跨越哈德逊河联系两地的桥梁和隧道。到 1948 年，港口局接管了纽约的三大机场纽瓦克机场(Newark)、拉瓜迪亚机场(La Guardia)和肯尼迪机场(John F. Kennedy)，并逐步将其建设成为世界级的航空枢纽。水路运输也发生了转变，绝大多数港口活动从传统的城市中心区分离，重新布置在城市外围更接近铁路和州际公路的地区。

在 1950 年 ~ 1960 年，由于纽约和所有的美国城市一样经历郊区化进程，哈德逊河两岸间的客流迅速增长。在此期间，港务局致力于公共交通的发展，建设了港务局公交枢纽(1950 年)、港务局跨哈德逊河铁路(PATH，1962 年)和乔治 · 华盛顿桥公交枢纽(1963 年)。

在 1970 年 ~ 1980 年，当纽约的经济受到限制工业化和大企业总部外迁的影响时，港务局由于建设了世界贸易中心(1970 年)、工业和电信业园区及发电站，从而更深刻地介入区域经济的发展。

21 世纪初，港务局注重于改善区域交通的效率。例如，港务局为改善两个主要机场和曼哈顿之间的联系(只有道路交通联系)，在 2001 年开通了联系纽瓦克机场和区域铁路公交的航空轨道线，在 2003 年开通了联系肯尼迪机场和到达曼哈顿的铁路之间的航空轨道线。另一项重大区域战略是发展港口的内陆配送网络，通过驳船港和铁路枢纽来建设内陆集装箱配送中心。

（3）管辖设施。港务局在其管辖范围内拥有非常广泛的管理权限，它可以承担与所有交通模式有关的任何项目，只要这些项目有助于促进商业、贸易和公众利益的发展。

港务局经营了纽约市和新泽西州间的四座大桥和两条隧道，五个机场、七个公共港口，PATH 铁路线、港务局公交枢纽、乔治 · 华盛顿大桥公交站等公交设施，还拥有工业园区、发电站和一些滨水码头地区的开发项目，如图 8-9 所示。

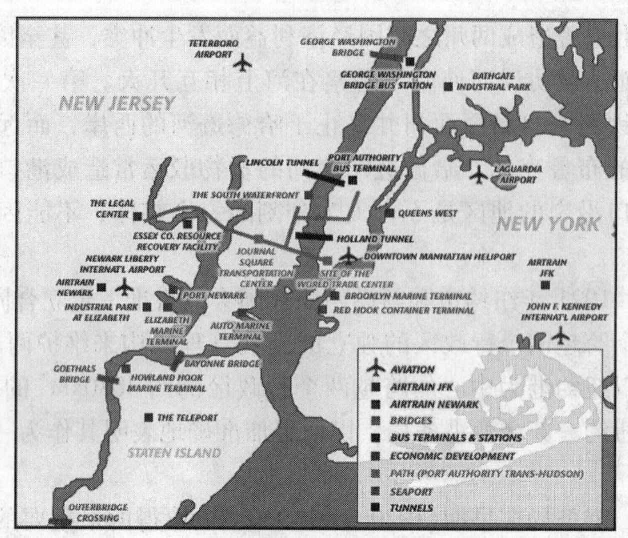

图 8-9　纽约和新泽西港务局设施(2003 年)

（4）运营管理模式。港务局是财务上自给自足的公共机构，它没有任何州或地方当局税收的支持，也没有征税的权力。港务局主要依靠它的设施所带来的收入，如桥梁和隧道的通行费，对机场和海港用户的收费，轻轨系统的车票费，办公楼、零售商店的租金及消费服务费等。

港务局由管理委员会管理，委员会由 12 名委员组成，两个州的州长经州参议院批准各任 6 名委员。12 名委员作为公共官员，不受薪，任期为 6 年，其任期相互交叉。州长保留对该州任命委员的行动进行否决的权利，港务局只能从事两个州授权从事的业务和项目。委员会会议是公开的，管理委员会任命一位执行总裁负责执行该机构的政策以及日常管理。港务局的财政状况如图 8-10 所示。

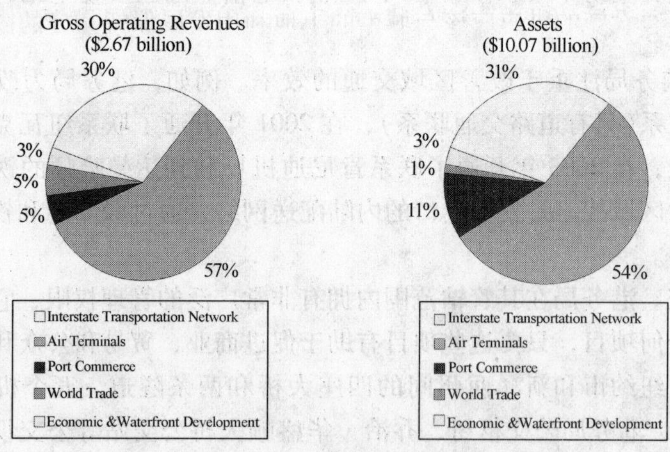

图 8-10　纽约—新泽西港务局财政状况(2002 年)

3）日本都市圈交通发展管理模式

日本的城市化是从明治维新时期开始，伴随着工业化发展起来的。大量的人口从农村和小城镇地区向太平洋沿岸城市迁移，形成了从东京、横滨经名古屋、大阪到神户的太平洋沿岸都市带。日本的城市人口高度集中，分别以东京、大阪、名古屋为中心的三大都市圈(在相关英文文献中既有称 Urban Region，也有称 Metropolitan Area)是日本城市集聚的最主要地区。1998 年三大都市圈人口占全国人口的 46.8%。都市圈在空间与功能上已经密不可分，但是在行政体制上互不隶属，都市圈规划涉及的各个方面必然跨越行政区域。日本都市圈交通规划呈现如下特点：

(1) 中央政府制订的都市圈规划。日本中央政府国土厅设大都市圈整备局，负责编制三大大都市圈，即首都圈、近畿圈和中部圈的基本规划。日本政府非常重视都市圈规划，从 20 世纪 50 年代后期开始，相继制订了首都圈整备规划(The National Capital Region Development Plan)、近畿圈整备规划和中部圈开发整备规划。三大都市圈的规划每 10 年左右就修订一次，20 世纪 90 年代中期开始编制最新一期规划。国土审议会成立的三大都市圈整备特别委员会，其成员由都市圈内的各地方政府领导人，如县知事、市长和企业领导人、大学教授组成，然后成立规划部，由大学教授和企业负责人组成。因此，日本大都市圈的规划编制不仅体现了地方政府之间的合作，还体现了政府与企业、专家之间的合作。

东京在历次的都市圈规划中，针对交通流(主要是通勤流)的变化和都市圈扩散的需要，重点规划和建设了高速道路网和高速铁道网。东京大都市圈现在已经形成完善的道路交通网，在强化都市防灾、确保都市圈机能、保护区域环境以及引导都市圈演化方面也发挥着重要的作用。东京的环状道路建设滞后于放射线道路，因此，强化环状道路的建设是必要的。这对于改善中心区域的交通拥挤、疏导过境交通以及加强中心区与外围城市的联系和职能分工具有重要的作用。

为了提高公共交通的吸引力，日本政府在制订《第三次全国综合开发计划》时提出，城市化地区的道路交通设施的供应应该与城市的土地利用发展保持充分的协调。在交通系统的策划组织过程中，应该首先考虑轨道交通系统的规划发展要求，然后再综合布置高速道路和其他交通方式。依靠快速轨道交通干线把大城市及其影响地区组合成为一种多中心的城市结构体系。

在这样的城市交通发展策略和措施下，日本东京都市圈建立了完善的公共交通系统，尤其是城市快速轨道交通系统，轨道交通成为准时、便捷、廉价的交通出行方式。通过快速轨道交通发展居住区和工业区，用轨道交通引导新城市组团的发展，轨道交通支撑了在一个土地总量较少的地区实现高度发达的工业化和城市化的目标。东京圈 1990 年拥有轨道交通线路长度约 2000km(其中 52% 是私人铁路)，高密度的轨道交通网络使得人们能够很方便地从居住地到东京市中心。发达的轨道交通，使得都市圈内 25% 的非工作出行是由轨道交通承担的，工作出行的 46% 由轨道交通承担完成。在东京圈的中心区(23 个区内)，

57% 的工作出行由轨道交通承担。轨道交通在圈域的出行方式结构中占有了绝对的优势，实现了以公共交通，特别是轨道交通为主的城市交通发展战略目标。

(2) 规划重视跨行政区域的协作。为了解决不同时期面临的不同问题，日本先后编制实施了五次《首都圈基本规划》，最近一次规划是在 1999 年编制的，规划期到 2015 年，并提出在东京圈内形成"分散网络构造"。东京圈和首都圈只是规划区域或政策区域，并不是行政区域。因此，在日本不存在所谓大东京行政区。实际上，作为日本首都，东京都的行政范围一直是稳定的，除近年来町村合并外，没有为适应经济发展需要而调整行政区划。

东京与周边县市在空间与功能上已经密不可分，但是在行政体制上互不隶属，都市圈规划涉及的各个方面必然跨越行政区域。都市圈规划从都市圈整体角度出发进行综合规划，不局限于行政区划的限制，不具体划分城市等级。规划提出的措施并不是分解到行政单元和具体地区，而是由整个都市圈的成员共同执行。

(3) 规划的制订和实施以法律为依据。日本的规划法律体系非常完备，除国土开发规划法、城市规划法等基本法外，还专门为都市圈规划和地方规划分别制定了法律，如东京都的城市规划所依据的首都规划法，筑波的城市规划所依据的筑波研究学园都市建设法等。每个层面的区域和城市规划都有具体的法律作为编制和实施的保障，规划涉及的各方面主体都要严格执行法律，不存在执行规划时部门之间不协调的问题。都市圈规划确定的是总纲式的构想方案，对于具体事项要通过专门立法、国家协调和地方实施等方式落实。首都圈规划中提出的许多问题不是东京本身能够解决的，比如新航空港的选址需要国家协调和国会审议，而东京湾综合整治则需要专门制定法规。

4) 欧盟区域交通一体化发展模式

欧盟在其经济一体化过程中，十分重视区域交通运输的协调与整合。20 世纪后半叶以来，欧盟通过制定实施一系列整个联盟层次的共同运输政策，基本实现了建立联盟单一运输市场的目标，来自各成员国的交通运输企业可以在欧盟范围内自由公平地竞争，大大降低了欧盟境内的运输成本，为欧洲共同市场的建立奠定了先决条件。进入 20 世纪 90 年代，欧盟又提出"泛欧交通网络"计划，希望通过该计划实现欧盟内部的交通运输系统的一体化。

(1) 欧洲运输领域的决策机构及咨询机构。欧盟内部设有一个专门负责"能源与运输"问题的委员(commissioner)，目前的这名委员由欧盟副主席兼任。同时，欧洲设有"欧洲运输部长会议(European Conference of Ministers of Transport，简称 ECMT)"，该组织对协调欧盟以及欧洲的运输政策起着至关重要的作用。

欧洲运输部长会议(ECMT)是根据 1953 年 10 月 17 日在布鲁塞尔签署的议定书而建立的政府间组织，是负责运输，特别是内陆运输部门的各国部长进行政策合作的论坛。在这一论坛中，各国部长可以开诚布公地讨论问题，共同制定措施，以求改善欧洲交通运输体系。截至 2003 年 10 月，该组织已有 43 个成员国、7 个准成员国及 1 个观察员国，其中有

28 个国家是 1991 年以后加入的。ECMT 的理事会由运输部长组成，是会议的主要机关，理事会每年任命一名主席、两名副主席组成主席团，任期从 7 月 1 日开始，为期一年。每年由轮值主席国主办部长会议。

目前，ECMT 的主要作用是：帮助欧洲建立经济技术效益高、符合最高安全和环境标准，并充分考虑社会影响的一体化交通运输体系（即综合交通运输体系），在政治层面帮助欧盟与欧洲大陆其他国家之间加强沟通和协调，为参与的国家提供一个分析和讨论前瞻性运输政策问题的论坛。

ECMT 拥有自己的咨询机构——运输研究中心（Transport Research Center），为制定运输政策提供支持。该机构于 2004 年 1 月 1 日由 ECMT 与经济合作与发展组织（OECD）合作创办。运输研究中心的成立，说明 ECMT 的政策研究、创新等方面的需求非常庞大，也说明欧洲社会对运输问题的关注程度在进一步增强。此外，ECMT 还委托大学和科研机构的专家开展所需的研究项目。欧盟所拥有的关于交通运输的管理和研究力量，为欧盟的运输政策创新、运输经济理论与方法创新、运输相关技术（新能源、新材料等）创新，打下了坚实的基础。

（2）共同运输政策的产生与发展。欧共体建立的初衷就是要形成一个人员（主要指移民和就业）、货物、服务与资本能够完全自由流动的共同市场，而共同运输政策进程所决定的货物与服务（客运）的自由流动程度，对共同市场的形成毫无疑问具有至关重要的影响。没有统一的共同运输政策和由其推动形成的统一运输市场，欧洲的一体化是无法想象的。

欧共体于 1957 年制定“罗马条约”（即《建立欧洲共同体条约》）规定，欧共体成员国与共同体的活动应建立在密切协调成员国的经济政策、统一内部市场和确定共同目标之上，并应遵循自由竞争的开放性市场经济的原则。规定共同体应采取一系列活动，包括取消成员国之间货物进出口的关税与数量限制，以废除成员国之间人员、货物、服务与资本流动障碍为特征的一个内部市场，特别提到要在共同贸易、农业与渔业和运输这三个领域分别制定共同政策，规定“成员国应在一项共同运输政策的结构内遵循本条约的目标”。该条约在专门设立的“运输”篇中规定了欧共体共同运输政策的基本原则与决策方式，规定在有限的过渡时期中逐步实现共同体内的跨国境运输和在他国的国内运输权。

但是，“罗马条约”确定的共同运输政策在最初规定任何决定都必须由“部长理事会”按照一致通过的原则做出。而成员国在大多数问题上很难达成完全的一致，因此部长理事会在开始的相当长一段时间内未能通过任何实施共同运输政策的法规。

直到 1985 年欧洲法院作出判决：部长理事会违反“罗马条约”未能对跨境运输服务制定必要的规则。同年，欧共体委员会公布了关于需要在运输政策领域加快制定步伐的白皮书。1986 年通过的“单一欧洲法令”更从两个方面有力地推动了欧洲一体化的进程：一是明确规定了必须在 1992 年底建成统一市场，二是在欧共体的制度建设方面要求部长理事会更多地使用“特定多数”原则做出决定，因而减少决策方面的拖延和耽搁。在这以后，部长理事会在通过经济(包括运输)政策时以“特定多数”取代“一致同意”进行表决，有关共同运输政策的法规数量才真正迅速增加，欧共体国家之间在公路、河运、海运和航空等方面的跨境运输障碍很快被取消了。

1992 年，“罗马条约”签订欧盟成立以后。欧盟的决策制度基础已经从过去由部长理事会与欧共体委员会所形成的两极轴心，逐步向欧盟委员会、部长理事会和欧洲议会所形成的三角形转变，欧盟委员会在其中占据了相对的主导地位。1995 年欧盟委员会发布关于进一步发展共同运输政策的白皮书和相应的 1995 年～2000 年行动计划，共同运输政策成为在改善一体化运输系统、提高统一运输市场效率和扩大欧盟的对外联系三大领域的“支柱”。欧盟综合性的共同运输政策至此已经基本形成。

目前，欧盟的共同运输政策已经全面建立并进一步完善化和制度化，从早期不同国家主体之间的“合作”转变为相对统一的共同体内部“协调”。2001 年，欧盟制定了新的共同运输政策——《欧洲面向 2010 年运输政策白皮书》。该运输政策的指导思想是：首先要协调运输与社会经济之间的关系，然后协调交通运输体系内部的关系，提供符合社会经济发展需要的运输服务。

欧盟运输政策由各成员国共同制定，具有法律地位，是指导各成员国的政策性文件。这是欧盟运输政策区别于其他国家运输政策最为突出的特点。除欧盟外，世界其他地区还没有类似的运输政策文件。因此，欧盟运输政策被称为“共同运输政策”。欧盟的共同运输政策，符合运输的“网络特性”和规模经济特性。共同运输政策，不仅在政治上促进了联盟内部的统一，而且也改善了内部联系，降低了经济发展中的物流成本，方便了成员国公民的出行，增加了欧盟各国公民的效用，提高了社会的总体福利水平。

(3) 欧盟公路跨境运输市场的开放。从 20 世纪 60 年代以来大多数欧洲国家的公路运输市场，都经历了由本国垄断经营，到欧共体许可证配额调节再到联盟范围内自由竞争的过程。

在自由运输市场形成以前，欧洲各国国内及各国之间的运输企业经营都受到了较严格的限制。特别是对经营公路运输的企业有更繁多和更严格的管理政策。一般来说，国家对企业进入运输市场设置了很高的门槛，只允许数量有限的本国运输企业经营全国范围内的运输业务，更不要说其他国家注册的运输企业。对于跨境的运输业务，则必须申请欧共体颁发的国际营运许可证，而该许可证的数量十分有限。自 1968 年起，欧议会在欧共体内逐步引入国际多边公路运输许可证配额政策，目的是加强和扩大已存在的双边协定效果。然而，这种多边配额政策对欧洲市场一体化进程的影响十分有限。1978 年，该政策实施 10 年后，欧共体内也只有 7% 的专业公司拥有自由过境权。

这样严格的管制增加了运输成本，十分不利于区域经济的协调发展。随着欧洲一体化进程的加快，区域层次的交通需求的增加，在整个欧盟范围内建立一个快速、高效、灵活并能提供高质量服务的运输服务系统势在必行。

为了建立一个全区域范围内统一的运输市场，1993年起欧盟取消了跨境运输的配额限制。运输企业可以在服务质量达到联盟要求的前提下申请跨境运输许可证，进而自由进入欧盟的跨境运输市场。运输企业无论在哪个成员国建立，都将在其他成员国享受国民待遇。目前，欧盟对于公路货运跨境运输许可证的规定主要有：许可证有效期为5年，由各成员国颁发给申请企业，没有数量限制；各成员国需要保证本国联盟跨境运输许可证的申请者及持有者满足欧盟关于拥有许可证的各项要求；许可证需标明承运企业法人，不得转让，且按照该企业的营运车辆数目颁发副本，必须一车一本随车常备，在联盟的检查人员要求时必须出示该副本；各营运企业的驾驶员必须满足欧盟的驾驶员资格认证，并且在欧盟注册；运载企业、车辆及驾驶员的信息都在全联盟的范围内共享，以便管理；每年1月31日以前，各个成员国需要通知欧盟委员会该国前一年12月31日前拥有联盟跨境运输授权的运输承运者以及授权副本的数量，以便核对；各国在审定申请及监督跨境运输政策实施方面应相互协作，当一国发现在其他成员国注册的承运车辆在本国境内有违反条例的现象发生时，应当通知该成员国并且要求该成员国强制其承运车辆履行条例；当严重违反条例的事件发生或者轻微违反条例事件一贯发生时，承运者的注册国应该依照条款做出相应处罚，并就处罚决定与违规事件发生地所在国当局沟通。

同样在客运市场，在欧盟注册的承运者，可以在欧盟范围内的任意成员国间提供公路客运服务。承运企业不应因为其国籍或注册地点而受到不公正的市场歧视。在一个成员国注册的持有欧盟公路客运经营许可证的营运者，可以在欧盟的另一成员国内从事旅客运输服务。但是必须满足该国的法规及运输政策：行车速度及其他交通要求；车辆载重及尺度；对运送中小学生、儿童及行动不便人士的要求；驾驶员的作息时间；交通服务增值税。

总之，欧盟经过长期的政策推动与利益协调，已经在欧盟范围内形成了统一的区域运输市场体系。承运者可以在欧盟任意一个成员国内经营运输业务，而不会因为其国籍及注册所在地而受到市场歧视等不公平待遇。而且各国运输企业的车辆与驾驶员的信息在全联盟范围内共享，十分便于管理。这样的单一运输市场，是降低运输成本、建立区域共同市场的必要前提。

3. 区域交通一体化综合交通管理体制经验总结

1）区域交通一体化机构

世界各国区域管理模式的差异决定了区域交通机构的多样性，按照机构团体的性质，大致可分为以下几种类型：

（1）公共管理机构，纽约—新泽西港务局。港务局是财务上自给自足的公共机构，它没有任何州或地方当局税收的支持，也没有征税的权力。港务局主要依靠它的设施所带来的收入，如桥梁和隧道的通行费、对机场和海港用户的收费、轻轨系统的车票费、办公楼及零售商店的租金、消费服务费等。

（2）超国家机构，欧盟是其代表。与前三类不同，欧盟由25个国家组成。欧盟内部设有一个专门负责“能源与运输”问题的委员(commissioner)，目前的这名委员由欧盟副主席兼任。同时，欧洲设有“欧洲运输部长会议(European Conference of Ministers of Transport，简称 ECMT)”，该组织对协调欧盟以及欧洲的运输政策起着至关重要的作用。

(3) 政府协会的形式(Council of Governments Approach)。这是加州甚至全美国最普遍的形式，除其交通规划的主要职能外，还执行其他任务。顾名思义，政府协会由区域内的地方政府联合组成，各地方政府选派一位或一位以上的代表，如市长或市议会成员。通过把大都市区内的主要决策者联合起来，强化了区域性规划的职能。

(4) 相对独立的交通机构，旧金山、纽约是其代表。该类交通机构专门致力于交通规划，其领导小组成员由地方政府和州政府当选的官员任命。旧金山湾区和纽约的大都市交通委员会便是这种交通规划机构的典型。

(5) 政府机构，日本是其代表。与美英两国不同，日本的中央政府具有较强的行政管理权限。鉴于东京、名古屋、大阪等大都市区的范围已超过各自的行政区范围，日本政府在国土厅内专门设立了大都市整备局，负责编制日本三大都市圈的基本规划。迄今为止，日本已编制了五次首都圈基本规划。规划编制完毕后，经首相签发，即可生效。显然，日本大都市圈规划的实际效果要强得多。

公共管理机构模式，通过成立政府性质的专门公共管理机构的方式，对特定区域交通发展进行管理，这种方式是通过对区域的行政体制进行调整的方式协调区域交通发展，是一种较为彻底的方式；超国家机构模式，这种模式主要存在于跨国一体化组织，通过区域层面的专门的委员会对区域交通发展进行政策的协调、市场的统一及设施的共建共享等；政府协会和独立的区域交通机构的方式在美国大都市区交通发展中较为普遍，这种方式通过成立由联邦政府、州及地方政府参与的区域层面的协调机构对区域交通发展进行协调，区域交通机构是一种半官方性质的协会组织，其权威性有限；政府机构形式，由中央政府对区域交通发展进行规划，并通过专门的法律保障规划的实施，这种方式具有较强的权威性，可实施性较好。区域交通一体化协调模式的比较见表8-12。

区域交通一体化协调模式比较　　表8-12

<table>
<tr><th colspan="2">模　式</th><th>负责机构性质</th><th>主要协调方式</th><th>典型案例</th></tr>
<tr><td rowspan="2">MPO模式</td><td>政府协会</td><td>半官方性质的地方政府联合组织</td><td rowspan="2">区域性交通规划；
交通改善计划；
联合规划工作计划；
交通阻塞整治计划</td><td>南加州大都市区</td></tr>
<tr><td>独立交通机构</td><td>半官方性质的地方政府联合组织</td><td>旧金山湾区、纽约大都市区</td></tr>
<tr><td colspan="2">公共管理机构</td><td>独立的公共管理机构</td><td>专门的管理委员会</td><td>纽约—新泽西港务局</td></tr>
<tr><td colspan="2">政府机构</td><td>中央政府专门机构</td><td>法制保障</td><td>东京都</td></tr>
<tr><td colspan="2">超国家机构</td><td>超国家一体化组织</td><td>委员会协调</td><td>欧盟</td></tr>
</table>

2）区域交通一体化要素

总结国外区域交通一体化的经验，以下三点是区域交通一体化发展的关键要素，且三者往往共同作用，推动区域交通的协调发展。

（1）区域交通规划。从美国大都市区实行区域协调管理的做法和经验看，成效最为明显的一种协调手段是区域规划。各类跨区域行政组织都把区域规划作为主要政策工具。因为区域规划涉及的一般都是全局性、战略性、长远性的重大问题，不参与地方事务的具体管理，解决的是单一地方政府无力解决的难点问题，因此易被地方政府所接受。

规划重点应以区域内各城市(地区)需共同解决的问题为主。区域规划是跨城市(地区)的规划，每个城市(地区)都有比较强的自主性，规划中如何协调城市(地区)之间的关系是非常关键的问题。区域规划做不到让每个城市(地区)统一行动去实现所有的具体规划目标，但要针对需共同解决的问题提出规划方案。这样各城市(地区)容易达成共识，能够根据共同的目标，遵循共同的准则，进行有效的协作。

重视区域的快速交通体系建设。轨道交通网和快速道路系统是区域发展的重要基础。日本非常重视快速铁路、地铁、轻轨等轨道交通和快速道路系统建设，大都市和都市圈都是以轨道交通网和快速道路系统为骨架拓展的，快速便捷的交通联系保障了大都市的运转效率，使都市圈内城市间通勤成为可能，使远距离的城市间联系更加紧密。

（2）多方管治机制。大都市区规划与一个城市的规划有两个显著不同：首先，大都市区往往具有跨行政区的特点，规划需要大都市区内的各个政府达成共识，并采取联合行动才能实施规划；其次，国外大都市区规划都倾向于集经济、社会、环境于一体综合发展的规划，而在市场经济国家地方政府管理权限有限，如此综合性的规划的制订和实施有时需要上级政府的介入以及社会各成员的参与和合作才能进行。因此，能否形成社会各界都能参与的管治(governance)机制是大都市区规划成败或取得绩效与否的首要前提。

政府的重视、机构的保障是提高区域交通规划水平的先决条件。美国的经验和其他一些发达国家、地区的做法，都是通过专门的官方或半官方机构来编制和修订区域综合交通规划。这类行政组织可以是综合性的，也可以是专门性的，通常采用两种方式：一是建立区域内城市间的协调机制，如美国旧金山湾区的九个县政府组成旧金山湾区政府协会，负责湾区的交通发展；二是由中央政府有关部门制订区域规划，如日本国土厅先后数次制订了比人都市圈范围更人的首都圈、中京圈、近畿圈的发展规划，以协调都市圈内部的发展。

在纽约大都市地区发展过程中，一直缺乏一个真正负责全面规划的官方组织及实现这个规划的辅助机构，这反映了美国政治文化传统：通过各种共同建立的专门机构去处理区域问题、管理大都市，但不去建立一个管辖全部区域事务的大都市政府，亦即只建立管理体制，不愿意建立政府体制。如果说纽约大都市地区规划缺乏力度的话，那么两者的脱节便是重要的原因之一。与纽约为代表的 MPO 方式相比，日本由中央政府制订区域交通规划的方式更有效率。

(3) 法制基础。仅凭区域交通规划难以保证区域交通一体化，从美国及日本经验看，区域规划能否顺利实施，关键在于法律保障，"区域规划法"可以确保区域规划的法律地位。另外十分重要的一点是，区域规划的实施须有行政和经济手段作后盾，规定凡跨区域项目，必须纳入区域规划或不违反区域规划原则，否则不予批准发放各类许可证。对纳入区域规划的项目，上一级政府可给予一定的经费补助。

实施区域交通规划，仅靠现有的行政体制难以实现，必须通过法律或法规保障区域交通规划的严肃性和权威性。

(二) 法律保障

1. 美国

美国现行的交通运输法律主要由三部主要法律、五部相关法律组成。三部主要法律为："冰茶法案"、"续茶法案"以及"空气清洁法 1990 年修正案"。五部相关法律为："1969 年国家环境政策法"(National Environmental Policy Act of 1969)，该法案要求获得联邦资金资助的交通建设项目必须进行环境影响评估；"美国残疾人法案"(Americans with Disabilities Act)，该法案规定运输设施和服务必须为残疾人提供服务；"清洁水法案"(Clean Water Act)，该法案严格禁止运输设施和服务影响水质量的保护和湿地保护；"濒危物种法案"(Endangered Species Act)，该法案从法律上确立运输设施和服务不能影响保护濒临灭绝的物种；"1964 年公民权利法案"(the Civil Rights Act of 1964)，该法案着力强调公民应平等享受运输投资产生的利益。

2. 法国

法国于 1982 年颁布了《国内交通指导法》(LOTT)，规定政府要向所有人提供价格合理的公共交通。同时将公共交通的具体管理权力下放给地方政府，由地方政府成立交通组织机构负责组织大城市或大区的公共交通。

(三) 发达国家交通运输管理体制的发展趋势

1."大部制"是交通运输行政管理体制的改革方向

纵观美国、日本、英国等发达国家，其均采用"大部制"的大交通综合管理体制，以统筹协调各种运输方式及相关行业资源。目前，从行业的外部关系来看，我国交通主管部门与政府其他行业部门多头行政、权责不清的现象比较普遍。不仅不同运输方式被普遍的分割管理，而且在交通运输规划、投资、建设立项、运营管理等方面，交通主管部门与其他行业主管部门也存在着许多职权交叉的情况。从行业内部关系来看，管理横向部门设置过多过细，纵向层级间则边界模糊，结构复杂。

2. 分离"决策"与"执行"职能，分设交通运输主管部门与专业管理机构

英国近来改革了其交通行政管理体制的架构，主要体现在实行决策和执行相分离的行政管理体制，以界定决策、执行、监督的职能关系。英国政府在各部之外设立若干执行局，专司行政执行职能，负责向社会提供高质量的服务。对于我国而言，应加快转变交通运输行业管理的政府职能。凡涉及法规政策、标准规范、发展规划等抽象行政行为的决策职能，应由交通运输主管部门集中行使；凡涉及直接从事公共服务和行政执法等具体行政行为的执行职能，原则上由交通运输主管部门设立的专业管理机构行使。

3. 通过区域合作组织及其有效机制，构筑一体化的交通系统，促进区域的发展

欧盟各成员国作为一个单一国家，参与到欧盟之后，形成了共同的运输政策、统一的运输市场，目前正致力于建立泛欧交通网。欧盟的成功经验说明，不同地区完全可以通过建立区域性合作组织，建立一体化的交通系统。

4. 功能性协调与体制性、制度性协调相互配合是实现区域交通协调的必然要求

基础设施、交通规划、运输市场、运输政策是区域交通协调的重点领域。基础设施对接仅仅是低层次的、不完善的，必须与体制性、制度方面的协调相配合，才能保证协调的有效性。

5. 区域性交通协调机构需与其他措施配合进行

区域交通协调既要避免以基础设施建设为纲，又要避免片面注重区域协调机构的作用。区域交通一体化协调是一个系统工程，仅仅靠建立一种区域性交通协调机构并不能解决区域交通发展的无序问题。从国外经验看，区域交通协调机构离不开国家法律的支持，而且需形成与地区行政体制相适应的利益共享机制。20 世纪 80 年代，上海经济区的不了了之也证明了这一点。

第五节　国外综合运输体系发展的经验与启示

（一）国外构建现代综合运输体系的经验

国外发达国家综合运输理论的演变与综合运输体系构建的实践经验，对于我国综合运输体系研究具有十分重要的借鉴意义。

1. 综合运输体系发展的指导思想

在制定综合运输体系的指导思想上，要坚决贯彻以人为本和可持续发展的观念。强调交通设施人性化的同时，更重要的是考虑交通出行权以及交通投资效益权的平等，从设施的可达性到包括所有居民的整体可移动性；强调城市化区域交通基础设施与农村地区交通

的相互合理衔接；注重交通安全，将综合运输发展与环境保护政策相统一，将国家的国防与经济安全、社会与经济发展、人民的生产与生活协调统一。

2. 综合运输体系的发展目标

在制定综合运输体系的发展目标上，要支持社会经济发展与改善人民生活水平并重。支持经济快速增长的同时，更注重支持经济的健康和持续发展，关注对国家与企业竞争力的支撑。将提高人民生活质量纳入综合运输体系的发展目标中，在制定综合运输体系政策时重视照顾社会弱势群体(残疾人、贫困群体、农民工)的生活利益。

3. 综合运输体系的发展原则

在制定综合运输体系的发展原则上，要坚持因地因时制宜与整体统筹协调原则。既重视贯彻基本理念和理论，更重视分析地方经济发展水平、发展特点，特别强调在合适的时间、合适的地区提供合适的交通基础设施和服务。统筹考虑经济发展、城市空间拓展、居民生活质量，统筹考虑基础设施适度超前与经济可行性，统筹考虑城市化区域与农村地区，统筹考虑交通供给能力与环保能源政策。

4. 综合运输体系的构建研究

在制定综合运输发展政策时，对客运交通政策、货运交通政策、多式联运政策、交通安全政策、交通环保政策、交通能源政策、交通新技术应用政策、综合运输体系实施保障政策等各个方面进行综合考虑；同时，逐步推进交通设施建设与运营的私有化。

（二）国外综合运输体系发展的启示

综上所述，国外发达国家综合运输的演进和综合运输的发展，对于工业化阶段和高速增长的中国经济具有十分难得的借鉴意义。

（1）国外发达国家在工业化、市场化进程中，为了不断开拓市场，实现国土均衡开发，在整个市场化进程中始终将发展交通运输放在重要的位置，交通运输始终适应和促进经济社会的发展。在中国工业化、市场化进程中，应借鉴国外经验，依靠政府和市场两种力量，并适度超前，加快交通运输发展，以保证和促进中国工业化的实现。

（2）工业化国家综合运输网络的演进过程告诉我们，由于当时的科技水平限制，其综合交通网络的建设以单一方式为核心，自成体系，彼此衔接程度不高，并出现重复建设和过度发展等问题。然而，在科技和生产力高度发达的今天，我们不能走他们的老路，沿袭他们的发展模式，在现阶段要使各种运输方式综合发展，使各种运输方式基础设施网络做到有机衔接、协调发展。

（3）根据国外交通发展的经验，在交通运输发展中，要充分考虑资源和环境的约束，特别在中国人口众多、资源约束力度大的条件下，在推动各种运输方式综合发展过程中，要充分重视铁路运输的发展。

（4）工业发达国家交通运输发展的经历表明，交通运输的发展和科技进步密切相关。

中国综合运输体系的发展，必须积极采取世界先进的交通科技，不断提高交通发展的技术水平，以提高交通运输业的效率、效益和服务质量。

西方发达国家与地区的区域交通一体化经验表明，只有构筑一体化的综合运输系统，才能促进区域的发展。欧盟的成功经验说明，不同地区可以通过区域合作组织及其有效机制，建立一体化的交通系统。其中，功能性协调与体制性、制度性协调相互配合是实现区域交通协调的必然要求；此外，区域交通协调机构离不开国家法律的支持，而且需形成与地区行政体制相适应的利益共享机制。

（执笔人：田园、陈小鸿）

附录（案例）

浙江省“十二五”综合运输发展规划思路

“十二五”是我省交通运输在既有成就基础上进一步完善布局、提升质量、优化结构的跃升发展期，是构建和完善综合运输体系，为工业化、城镇化加快发展创造良好交通条件，从基本适应向先行发展跨越的关键期。根据深入贯彻实践科学发展观和全面实施“创业富民、创新强省”总战略的要求，总结“十一五”综合交通规划实施情况，全面分析“十二五”交通运输现实基础和发展环境，统筹交通运输与社会、经济、资源环境的发展关系，交通基础设施网络近期建设与中远期发展的关系，提出我省“十二五”综合交通发展规划的主要思想、发展目标、建设重点以及措施保障，为科学编制“十二五”规划提供基础和参考。

一、“十一五”综合交通发展成就评价

“十一五”期间，在国家的大力支持下，我省抓住交通大发展的历史性机遇，依据《浙江省“十一五”综合交通发展规划》，加快了以“两纵三横双枢纽多节点”为重点的综合交通基础设施建设，综合交通网络进一步完善，技术质量明显提升，运输能力较大幅度增长，运输结构逐步优化，交通状况整体改善，有效地支持了全省经济增长和社会发展。

（一）交通基础设施网络规模进一步较快发展，能力保障增强

“十一五”期是我省交通基础设施规模大发展期，《浙江省“十一五”综合交通发展规划》中的55个总投资2700亿元的重大建设项目，建成24项，在建或部分建成22项（建成和在建项目达86%），开展前期工作9项，全省“十一五”完成交通建设总投资达3900亿元，比“十五”时期增加2000亿元。至“十一五”末，全省铁路营运里程达1587km，比“十五”末增加495km，平均密度达1.6km/100km^2，其中客运专线351km；公路通车里程达10.8万km，其中高速公路里程达3372km，比“十五”末增加1506km，公路平均密度达106km/100km^2，通乡率100%，通村率达99.5%，高速公路实现了通到所有市县；内河里

程达9700km，其中四级(含)以上航道里程1330km；沿海港口万吨级以上泊位达160个，比“十五”末增加79个；加大了机场改扩建力度，完成了宁波栎社机场、温州永强机场的扩建，杭州萧山机场二期工程正在按计划实施，至2010年，全省机场旅客吞吐量设计能力从原1455万人次提高到了3500万人次，货邮吞吐量设计能力从原17.97万t提高到了40万t，空中管制能力达到了25万架次；长输油气管道1210km(原油管道400km，成品油管道400km，天然气管道410km)。总体运输能力显著提高，运输质量有所改善，有力地保障了“十一五”期客货运输增长的需要。

(二) 大通道建设加快推进形成，区位条件和空间格局不断改善

根据国家高速铁路、高速公路的建设安排，加快了我省“两纵三横”综合运输大通道的建设。部省投资1800亿元建设1500km高标准铁路全面推进，其中国家沿海通道的甬台温、温福铁路已建成运营通车，沪杭、宁杭、杭甬、杭长客专以及杭黄铁路、九景衢铁路、金温扩能改造工程已开工建设，到“十一五”末，运行速度200km/h以上铁路将达670km/h，以客运专线为重点的高标准铁路网络建设处于全国领先。公路方面，建成了杭州湾跨海大桥、舟山大陆连岛工程，开工建设了绍兴至嘉兴跨江通道等等大型项目。铁路出省通道由4个增加到10个(4个开工建设，2个建成)，新增4条出省高速公路，共有10条高速公路、62个车道实现与周边5省市对接，与长江三角洲以及全国路网的连接进一步增强，通道架构进一步形成，部分通道已建成由客运专线、高速公路高标准基础设施以及普通线路组成的综合运输大通道。这些项目的建成使用，不仅对交通条件、运输结构，而且对省内各都市的空间格局以及我省在长江三角洲的区位条件的改善产生深刻的影响。甬台温高速铁路的建成通车，使得温州至省会杭州的时间缩短到了3h；杭州湾跨海大桥的建成通车，极大地改善和加强了杭州湾两岸的联系，缩短和便捷了宁波至上海的交通，对紧密与核心城市的关系，提升以上海为核心的长三角区域南翼的发展潜力和地位的基础性作用巨大；舟山大陆连岛工程的建成，对舟山的经济区位、港口发展、人们交通及生活方式的改变都将产生巨大影响。随着其他通道高等级项目的陆续建成、连接成网，这些作用将进一步增强，对我省空间结构的优化和中心城市区位的提升作用明显。

(三) 加大了枢纽建设力度以及加强了枢纽集疏运基础设施的配套建设

围绕港航强省、海洋经济带发展目标，加强了港口枢纽的投资建设。以提升宁波—舟山港在上海航运中心的地位和功能作用为重点，投资建设了北仑四期、北仑五期、大榭招商国际、金塘大浦口、大麦屿港区集装箱码头，舟山六横煤炭中转、马迹山二期、凉潭矿石中转等深水化、专业化大型码头；加大了沿海两翼温州港、台州港以及嘉兴港的开发建设；同时，建成了北仑穿山疏港高速公路、六横至穿山疏港高速公路，状元岙一期、温州

疏港高速公路等项目，以及完成了杭甬运河、京杭运河兴市—鸭子坝段等航道的改造，增强了主要港口集疏运设施与能力的配套。

为适应客货运输量快速增长以及客运专线等铁路的引入，相继开工建设了杭州铁路枢纽、宁波铁路枢纽两大枢纽项目。在城市交通方面，杭州市地铁一期、宁波市地铁一期开工建设，并将与铁路枢纽主要客站相衔接。公路方面，建成杭州、宁波、温州等主要城市规划建设的公路客运枢纽站场以及一批主要物流园区。

（四）交通出行方便性提高、时间缩短，客货运输量较大幅增长

随着网络和通道布局的逐步完善以及高等级交通基础设施建成投入使用的不断增多，出行的方便性和出行时间缩短的效果已开始不断体现。杭州至各地市已形成 1 ~ 3h 的高速公路交通覆盖，舟山至宁波由原来的 3h 左右缩短到了 1h；铁路开行动车组运输服务后，杭州至上海的时间由原来的 2h 缩短到了 1h 多一点，杭州至金华的时间由原来的 2. 5 ~ 3h 缩短到了 1. 4h，甬台温高速铁路的建成使用，温州至杭州由原来铁路的 6h 缩短到了 3h，并使大量的公路客运转向铁路。依托机场扩能改造能力的提高，航空航线、航班不断增多，全省 7 个干支线机场已开通国内通航点 170 个、国际和地区通航点 36 个。全省铁路、公路、港口货运紧张状况基本缓解，浙赣、萧甬铁路两大主要干线扩能提高改造后，线路能力基本可以保障，公路货运以及物流市场竞争较充分，港口严重的压港压船现象基本消除。

“十一五”期间，随着经济的发展、城镇化水平的提高以及交通条件的较大幅改善，全省客货运输量继续保持了较快增长，预计全社会客运量、旅客周转量、货运量、货物周转量年均增长率分别为 6. 92% 、6. 35% 、6. 36% 和 12. 8% 。2009 年，沿海港口货物吞吐量已达 7. 2 亿 t、集装箱吞吐量 1120 万 TEU，分别位居全国第 2、第 3 位；机场旅客吞吐量达到 2546 万人次，位居全国第 5 位。

（五）体制改革进一步深化，交通一体化发展取得初步成效

以管理体制改革为推动力，进一步推进了宁波—舟山港一体化工作，逐步做到统一规划、统一开发、统一品牌、统一管理“四个统一”；根据机构改革方案实施了城市客运管理体制改革，初步理顺了城市公交与城乡客运的管理，绍兴、嘉兴等市的城乡客运公交一体化经验在全省各市借鉴推广。

二、存在的主要问题

交通运输问题，归根到底，是交通运输需求快速增长以及对质量、多样性要求不断提高与交通运输能力供给、资源环境约束、系统效率以及服务水平的矛盾问题。

(一) 交通基础设施网络布局还不完善，能力供给和结构质量需要进一步提高

经过改革开放以来，尤其是“九五”后期以来十多年的快速建设发展，我省交通运输取得了根本性变化，交通网络规模较大幅度增长，结构质量不断提高，运输能力保障不断增强，有力地支持了全省国民经济和社会的持续平稳快速发展。但是，由于全国和我省的交通运输都尚未完成大发展过程，目前，无论是单一运输方式网络还是综合运输网络在布局和结构上还都不完善，能力供给仅能基本适应当前的需求，对未来运输需求增长的保障性不强，而且层次结构水平有待进一步提高。一是目前除了高速公路形成相对较好的布局以外，高速铁路尚处于较大规模的布局建设阶段，大能力、高质量的综合运输通道骨架网络正在建设过程中；二是港口集疏运网络及设施配套不完善，集疏运能力和效率有待进一步提高；三是国省道一般干线、农村公路还不能完全适应人口、城镇、村庄的空间分布和加强有效连同的要求，通达深度和质量需要进一步提高。

(二) 各种运输方式部门发展，结构优化、协调发展难度大

到目前为止，各种运输方式基本上是各自按照最大化满足社会总体需求进行规划编制和建设实施，建设资金主要按部门筹集，这种发展模式对快速增加供给、改善薄弱基础起到了重要作用。但是，各种运输方式基础设施总体发展到了一定的规模水平以及形成一定的竞争后，如果缺少有效的调控和引导，将会形成“耦合”，继续强化各自既有的趋势以及竞相式发展，会造成资源达不到最佳合理配置以及在某些局部上重复建设、能力浪费等后果。由于目前尚未编制统筹各种运输方式未来发展、整体结构优化的全省综合运输中长期发展战略和规划，缺少统一价值取向的总体发展目标和结构目标，加之综合规划的约束差，很大程度上影响了战略引导、结构调整、协调发展措施的制定，以及有关统一协调发展、宏观调控措施的落实到位；尤其是在港口集疏运方面，各种运输方式在网络能力、线路布局衔接、运输组织方面的联动发展、整体协调性差。

(三) 枢纽站场建设滞后，城市内外交通一体化衔接差

总体上，由于城市交通建设相对缓慢以及城市内外交通基础设施的统筹规划建设协调不够，大多数城市的市区交通与对外交通在能力上、一体化集疏运换乘上缺少有效对接，主要出入口、换乘枢纽交通都比较或非常拥堵，极大地影响了出行的时间性、便捷性。相对于交通网络的快速发展，作为客货流集散、中转换乘的枢纽站场建设严重滞后、能力不足、布局不尽合理、缺少大能力公共交通一体化衔接的问题比较突出，不能有效适应人们对出行效率、服务质量的要求，也影响了城市的运行效率以及形象。

(四) 交通发展与资源环境约束的矛盾加大

经济发展和人们生活质量提高需要发达的交通运输作支撑，而交通运输的发展需要占

用大量的土地，我省人均土地资源少，在发展上面临着严重的挑战和选择，这一矛盾已越来越突出。根据土地利用规划，到2020年全省基础设施建设用地指标只有109.22亩，其中，交通基础设施建设用地指标只有57.92万亩。交通基础设施的大规模建设对自然环境、生态的破坏，以及交通运输工具大量使用产生的尾气对大气的影响等方面压力也越来越大。

（五）一体化综合运输服务系统尚未构成，效率、质量未能有效发挥

我省交通基础设施硬件发展很快，大量的高等级基础设施建成投入使用，然而在运输系统建设、运输组织创新上未能充分跟上硬件的发展，未能体现出应有的能力、效率和质量。港口集疏运系统不完善，跨多种运输方式一体化服务的综合运输系统尚未形成，未能有效实现最大便利化和系统效率的进一步提高。

三、“十二五”我省交通运输面对的发展形势和要求

（一）我省交通运输目前所处的发展阶段

根据交通运输发展的规律，从满足需求的程度和对比发达国家的水平分析，我省交通运输通过持续的较快建设发展，目前的整体发展水平与现阶段的社会经济发展阶段基本相适应，覆盖全省的基本交通网络已基本建成，交通网络规模扩张已开始进入中后期发展阶段，即已从粗放型布局发展阶段进入了按照构建综合运输体系的发展要求完善网络布局和结构、提升质量、满足多样化与高品质交通运输需求的建设发展阶段。主要表现在：

（1）总量规模和密度已达到相对较高水平。铁路密度已达1.6km/100km^2，公路密度已达106km/100km^2，除部分中小岛屿以及极少数农村地区尚未通公路以外，铁路、公路、航空基本交通网络构架已基本建成，形成了较有效覆盖。但是，综合交通网和各种运输方式网络布局和结构还都不完善，距成熟发展期需要的规模还有不小差距。

（2）各种运输方式都经历了或正在经历快速发展期，形成了较强的基础和规模实力，一定程度上形成了市场化竞争性，初步满足了多样化的交通运输需求，与小康发展水平及要求基本相适应。但各种运输方式的能力仍然不充分，满足需求的刚性强，多样化自由选择的余地不大，而且发展不平衡，尚未形成结构优化的格局，缺少足够的适应未来需求增长的能力储备，对交通运输总体需求增长以及资源节约的发展要求适应性不强。

（3）现代高等级、高质量交通基础设施获得较大发展，基本或正在形成覆盖一定人口规模以上城市的网络化；高速公路已经覆盖5万人口以上规模的城市，高速铁路里程正在

大幅增长，初步形成了高等级基础设施骨架网络，机场以及普通铁路的密度也都较高，总量密度接近或超过发达国家水平。但是，按人均计算的水平不高，与高强度的客货流需求以及快速化的合理干线规模还有一定差距。

（4）各种运输方式网络总体保持了较好的畅通性、机动性，通道总能力供需矛盾总体缓解，基本达到了“人便其行，货畅其流”。但是，部分通道能力仍然较为紧张，季节性、节假日运输的供需矛盾较为突出，这既是国情特点，也是能力不足的表现。

（二）“十二五”发展形势与要求

1.“十二五”仍然是交通基础设施建设发展的战略机遇期，加快完善我省交通网络的关键期

“十一五”中后期，为应对国际金融危机，国家采取了积极财政政策和适度宽松的货币政策，加大了基础设施的投资力度，交通建设迎来了加快发展的机遇。虽然目前金融危机影响已减弱，我国经济也已企稳回升向好，外贸进出口转向正增长，但是，国内外经济形势极其复杂，不确定的因素比较多，欧洲债务危机以及欧元区经济的下滑影响了全球经济形势的明朗，对我国出口的复苏影响较大，我国的经济增长和经济结构调整遇到的问题很多，国家领导人也在多个场合做过表态，经济刺激政策不会过早地退出。在推动经济增长的“三驾马车”中，投资在“十二五”期间仍将保持非常重要的作用，积极的财政政策在“十二五”前期仍会继续，对于交通基础设施的建设发展来说仍然是重要的战略机遇期。在交通投资建设政策方面，“十一五”中后期加大了投资力度，开工建设了一大批新项目、重大项目，尤其是高速铁路进入了大规模建设的快速发展期。“十二五”期间不仅要将这些项目尽快建成投入使用，而且还要继续开工建设一批新项目，完善国家路网干线，根据目前的发展趋势和国家计划安排，国家规划的“四纵四横”客运专线将提前建成，国家高速公路网除部分路段以外也将基本建成，国家交通投资仍会保持高位。“十二五”是我省根据国家交通运输建设发展的形势，积极利用有利的发展时机和条件，加快干线通道高等级基础设施建设和完善综合运输网络布局的关键期。在保障“十一五”已开工的高速铁路、高速公路、铁路枢纽、民航机场等重大项目工程按计划完成的同时，争取开工一批通道及枢纽新项目，促进通道质量水平的提升和网络布局的完善。

2. 保持国民经济平稳较快发展对交通运输保障能力的要求

“十二五”期我省规划的地区生产总值将保持年均8%的增长速度，人均GDP将从7000美元迈向10000美元，综合经济实力和人们生活水平将进一步提高。根据国务院正式批准实施的《长江三角洲地区区域规划》的要求，到2015年，率先实现全面建设小康社会的目标；到2020年，力争率先基本实现现代化。在科学发展、和谐发展、率先发展、一体化发展方面走在全国前列，努力建设成为实践科学发展观的示范区、改革创新的引领区、现代化建设的先行区、国际化发展的先导区，为我国全面建设小康社会和实现现代化

作出更大贡献。为此，交通运输要为经济发展和《长江三角洲地区区域规划》的实施提供强有力的基础支撑，就必须在网络布局上、能力保障上、现代化建设上、区域一体化等方面做到率先发展，走在全国前列。

大多数发达国家在人均 GDP 接近一万美元的时期(按时间折算后对比)，客货运输量呈快速增长趋势；铁路网也进入成熟发展期，公路、航空快速发展，形成较强的市场竞争，对经济继续发展和人们出行提供了较好的、富有选择余地的交通基础支撑。而我省目前的交通水平在现代技术的支持下仅是基本适应经济社会发展，交通基础设施网络还很不完善、质量不高，更未形成能够支持未来经济社会发展的交通运输保障能力。虽然与国内省市相比，目前的水平位居全国前列，但是与国外领先水平相比还有差距，与国家对长江三角洲地区的发展要求还有很大的距离。为此，未来相当一段时期还必须继续保持交通基础设施较大的投资力度和发展力度，做到与区域同步、率先发展。

3. 新型城市化和城乡一体化发展对交通先行发展和便捷性的要求

我省已进入城市化快速发展时期，随着国家以及我省主体功能区规划、城镇化发展规划的即将颁布实施，将会进一步推动城镇化、城乡一体化的加快发展，对我省新型城市化加快推进、都市圈建设发展形成巨大推动力。根据国民经济和社会发展“十二五”规划基本思路，我省将全面推进新型城市化和城乡一体化建设，以中心镇为重点的城镇化进程将进一步加快，2015 年全省城市化水平将达 61% 以上。为此，要求作为基础设施的交通必须先行发展，为城镇体系的空间结构优化、城乡统筹发展、要素的自由流动提供较强有力的基础支撑。大力改善都市圈、中小城市、城镇等主要规划发展区域的交通基础条件，增强与中心城市的紧密联系，减少交通时间和费用，提高规划发展区域的区位条件，引导人口转移、集聚以及各种要素合理流向，发挥交通的引领作用，促进全省空间结构优化和城市化水平加快提高；同时，要按照城乡一体化发展的要求，加大城乡交通基础设施建设力度，为率先实现全面建设小康社会创造有利条件。

4. 经济结构调整对交通运输质量发展的要求

调整经济结构是“十二五”经济发展的重要任务。国务院批准的《长江三角洲地区区域规划》对长江三角洲地区发展的战略定位是：亚太地区重要的国际门户、全球重要的现代服务业和先进制造业中心、具有较强国际竞争力的世界级城市群。“十二五”我省经济将以转型发展为主线，加快经济结构战略性调整和产业转型升级，进一步加快发展现代服务业和先进制造业的发展，着力培育新的经济增长点；进一步提升环杭州湾、温台沿海和金衢丽高速公路沿线三大产业带发展水平；着力增强综合实力、国际竞争力和可持续发展能力。为此，交通运输必须围绕经济结构和产业转型升级，尤其是对海洋经济带和产业集聚区的发展提供有效的支撑，在交通基础设施布局和运输能力上提供充分的保障，在便捷性、时间效率以及运输成本上提供更有效的服务，提升产业布局和产品市场的竞争能力。

5. 资源要素制约对交通运输发展方式转变的要求

“十二五”时期，随着经济社会发展的阶段性变化，我省土地、能源等资源要素约束进一步加大，污染排放等环境问题进一步突出，以数量规模的粗放型发展方式将难以为继，加快交通运输发展方式的转变既是资源条件的客观要求，也是社会经济可持续发展的要求。为此，既要在网络规模与布局、结构与质量、交通模式与政策上做出更加明确和更有力度的引导，努力节约资源，少占用资源，提高资源效率，同时，要大力发展低碳交通，着力构建资源节约型、环境友好型的现代综合运输体系。

6. 客货运输需求继续较快增长和质量要求不断提高对交通运输进一步发展的要求

“十二五”期，随着我省经济总量规模的增长、城市化率和人们生活水平的提高，客货运输需求将呈继续较快增长趋势，但弹性系数有所下降。

(1) 客运需求。客运需求总体趋势是：总量继续呈较快增长，通道运量比例提高。随着经济发展水平、人们收入和消费水平不断提高，城镇人口的大幅增加，人均出行次数将继续较快增长，对出行的方便性、舒适性、速度等的要求提高；农村经济的发展和交通条件的改善，农村居民出行将增多、出行范围增大，大量外出务工人员也会增加往返城乡的交通；经济转型和旅游业的发展，以及上海世博会也都会对我省旅游交通需求产生积极的刺激作用。预测的“十二五”末全社会总客运量约为28.66亿人次，年均增长将达5.8%左右，略低于“十一五”期。

根据“十二五”都市圈及区域一体化加强建设的发展趋势，人口分布将更加集中，城市间关系更加紧密，通道客运量的增长将继承“十一五”的趋势，继续高于总量的增长率。

(2) 货运需求。货运需求总体趋势是：总量继续增大，增速下降，铁路货运量大幅增长。“十五”和“十一五”期间，随着我省经济和重化工业的快速发展、进出口大规模增长、各种投资建设的大规模开展等，货物运输量增长迅速，弹性系数接近0.9，建材、矿石、煤炭、钢铁等大宗货物消费量达到了很大的规模，已接近拐点的量级水平。随着“十二五”期经济结构调整、产业转型升级，以及“两高一资”产品的出口减少等，货物运输量尽管还会随着经济总量规模的增大而继续增加，港口后方通道的改善和腹地拓展，也会增加一部分运量和吞吐量，但总量增长率将明显下降。据初步预测，2015年全省国内货运总量约为18.1亿t(其中水运量为规模以上港口内贸出港量)，比2008年13.76亿t增加约4.34亿t，年增长率约为4%。在不同运输方式中，铁路由于客运专线建成投入使用后既有线货运能力的释放以及新建线路的投入使用，运输量增幅较大，市场份额从2.5%左右提高到3.9%；公路、水运货运量增速相对较小，分别为3.5%和4.7%左右，但市场份额仍分别高达73%和23%左右。

为此，为了较好地满足不断增长的客货运输需求，必须进一步增加交通运输的供给能力，保障畅通性，保障服务质量，保障时间要求，同时，要加强结构引导。

“十二五”末全省及各种运输方式客货运量需求预测见附表1。

“十二五”末全省及各种运输方式客货运量需求预测 附表1

项目		2008年(现状)			2015年预测值		
		运量（亿人/亿t）	份额（%）	2000年~2008年年均增长(%)	运量（亿人/亿t）	份额（%）	2008年~2015年年均增长(%)
客运	总量	19.26	100	5.89	28.55	100	5.78
	铁路	0.64	3.35	6.46	1.45	5.1	12.39
	公路	18.38	95.41	5.81	26.6	93.2	5.42
	水运	0.124	0.64	8.46	0.2	0.7	7.07
	航空	0.116	0.6	18.87	0.3	1.0	14.54
货运	总量	13.76	100	9.72	18.1	100	3.99
	铁路	0.34	2.47	7.15	0.7	3.9	10.87
	公路	10.38	75.39	8.26	13.2	72.9	3.49
	水运	3.05	22.14	17.19	4.2	23.2	4.68

注：为统一口径和反映本省实际运量，水运量采用全省港口(规模以上)出港国内量合计，铁路、公路、航空现状数据取自《浙江省统计年鉴》。

四、指导思想和发展目标

（一）指导思想

以邓小平理论和“三个代表”重要思想为指导，深入贯彻落实科学发展观，遵照“率先发展、率先实现全面建设小康、率先基本实现现代化”的发展要求，进一步解放思想，充分抓住有利发展时机，继续加快交通运输发展，进一步充实完善、提升交通基础设施网络，大力优化运输结构和交通模式，转变交通运输发展方式，加强各种运输方式有效衔接和一体化综合运输服务系统建设，积极发展绿色交通，努力提高信息化、智能化以及技术装备水平，全面构建有力促进新型工业化、城镇化快速发展，符合我省交通资源条件的惠及全省人民的安全、高效、资源节约的现代化综合运输体系。

（二）基本原则

1. 坚持综合运输，统筹协调发展

以构建现代综合运输体系为目标，充分发挥各种运输方式的优势和功能作用，综合利用、综合发展、优势组合；以国家和省级主体功能区规划、城镇化发展规划为长远发展依据，都市圈、产业带、城乡一体化发展对交通运输的需求为基础，科学规划，统筹协调交通运输的建设发展与经济社会的发展关系。

2. 坚持网络化，一体化发展

大力推进交通基础设施网络化建设，提升网络整体功能和效率，促进省内各主要都市圈之间、省内与长江三角洲大区域之间、省内城乡之间一体化交通网络与运输系统的建设发展，增强要素更有效流动，进一步发挥中心城市、核心城市的辐射带动作用。

3. 坚持结构优化，绿色发展

根据国家综合运输体系的建设发展要求与进程以及我省的具体省情，在满足基本交通需求的现有基础上，着力节约型、集约化发展，优化交通运输供给结构，有效满足和引导交通运输需求；大力发展公共交通、低排放交通，走绿色发展之路。

4. 坚持以人文本，和谐发展

大力提高交通运输的安全保障性、通达性、使用便捷性和信息化水平，加强各种运输方式一体化衔接，以及不同运输方式的可选择性；推进基本交通服务均等化，支持统筹城乡发展和全面建设小康社会建设。

5. 坚持改革开放，创新发展

进一步深化投融资体制改革和完善交通运输市场建设，发挥市场配置资源的基础性作用，吸引更多的国内外社会资金投资交通建设，促进竞争和服务水平提高。支持鼓励管理方式、运输组织方式和科技等创新，大力改变交通发展方式，突出内涵扩大再生产对增加运输能力供给、提高运输效率、节能减排、提升整体发展水平的作用和贡献。

（三）发展目标

根据力争2020年率先基本实现现代化的国家要求和我省“十二五”社会经济发展战略部署，“十二五”我省交通运输的发展将以建设强省发达交通、绿色交通、效率交通、集约型交通（“四个交通”）为发展方向，全面提升交通基础设施网络化、交通运输结构合理化、干线运输快捷化、运输服务系统一体化（“四化”）的发展水平为总体目标，加快建设，加快发展。到2015年，基本建成与我省经济社会发展和现代化建设进程相适应，有效满足客货运输需求，比较发达、结构合理、功能不断完善的综合运输基础设施网络系统和运输服务系统，交通运输对产业布局、人口转移、城镇空间格局的先导作用和引领型作用显著增强。

“十二五”主要发展指标：

1. 综合交通网络规模

至2015年，新增高速铁路里程1072km，全省铁路总里程达2800km；新增公路里程7000km，全省公里总里程达11.5万km，其中高速公路达4200km；新增四级（含）以上内河航道400km，全省内河航道总里程达1500km；沿海港口新增万吨级以上泊位88个，新增吞吐能力3.2亿t；进一步拓展国内、国际航线网络，航线数量进一步增加；新增输油、输气干线管道1500km，总里程达2700km。

2. 综合交通网络结构优化调整

铁路快速客运网络覆盖除舟山外的所有地市，铁路客货运输量比重较大幅度提高；港口集疏运网络进一步加强完善，铁路集疏运、江海联运、海河联运进一步有效发展，承担货物运输量比重较大幅度提高；国省道质量得到较大改善，城乡交通网络进一步发展。城市公共交通(包括主要城市轨道交通)获得较快发展，出行分担率明显提高。

3. 枢纽建设

建成杭州、宁波布局相对完善的铁路、公路、航空以及多方式一体的枢纽站场，其他城市基本建成与其区位和经济地位相匹配的主要枢纽站场，区域辐射和服务能力增强。

4. 交通运输服务水平

基本建成省境内的国家综合运输通道和主要区域干线，总体构建形成省会杭州至北京、沈阳、武汉、西安、广州、重庆、成都等各大区域中心城市的4～8h陆路交通圈，至长三角主要城市1h交通圈，至省内各都市经济圈中心城市1～2h交通圈，以及覆盖全国主要城市的航空运输服务。行业整体信息化水平、交通运输安全保障性、系统人性化构建显著提高。所有县市级以上城市基本建立有效覆盖和提供基本交通出行保障的公共交通体系，公交优先发展、路权优先等政策得到有效落实；城间交通大众化出行保障性提高；基本建立覆盖全省各地区的农村公共客运服务体系，初步实现基本交通服务均等化。

五、发展策略和建设重点

“十二五”我省交通运输建设发展的总体策略是：积极贯彻落实《长江三角洲地区区域规划》，根据国家交通投资政策和综合运输体系发展规划，结合我省的现实基础和未来发展需要，以强化干线通道、提升沿海港口、建设大城市枢纽站场为抓手，加快完善全省交通网络，提升整体发展水平，为经济平稳较快发展和工业化、城镇化建设提供良好支撑。努力保持“十一五”交通投资的发展势头，进一步巩固和拓宽资金来源渠道，按照轻重缓急，合理有序安排相关规划项目的建设实施，争取使全省综合运输基础设施网络布局、通道功能、技术结构、枢纽建设以及运输服务迈上一个新台阶。

(一) 继续完善交通基础设施布局与建设，提升网络化水平

网络化是交通运输网络完善的重要标志，是通达性、机动性、便捷性以及高效的基础。“十二五”期将在既有网络和线路基础上，围绕尽快形成网络化和提高网络化水平，合理规划安排各相应层级的新线项目建设和既有线路改造提级，重点加强干线通道连接成网，充实完善一般干线网络，开展农村公路连片成网建设。

1. 干线通道网络

以我省主体功能区规划为重要基础依据和国家区际综合运输通道布局为主干，紧密围

绕杭、甬、温、金—义四大都市圈建设，海洋经济带的建设发展，沿海港口的做大做强，出省通道的畅通及区域网络一体化等对交通网络的发展要求，结合我省空间分布，进行干线通道网络总体布局规划与建设，加快省内干线通道成网、区域通道一体化连接。

通道与枢纽(城市)的关系密不可分，互为依托和促进，通道主要是由相应枢纽(城市)间的主干线连接而形成，而枢纽的形成和发展又主要是依靠相应数量和等级的通道连接与功能发挥。因此，通道规划布局建设要有利于促进(省级)地区中心城市交通枢纽的形成和地位作用的提升，即要形成多条通道的"结点"(或"汇点")以及相应技术等级的通道设施配置等，不能仅是单一通道的节点功能，而体现地区客货流积聚与中转、辐射服务于整个地区的枢纽功能，应该具有开行始发/终到列车的条件。我省主要枢纽城市除了杭州、宁波、温州、金华—义乌以外，还应包括嘉兴、湖州，积极发展衢州、台州为交通枢纽城市，加强它们的通道连接以及枢纽站场的布局建设，形成与交通运输需求、通道相互匹配的关系。

根据国家通道布局规划和我省未来城市群空间格局特点，将在"十一五""两纵三横"通道规划与建设的基础上进行一步充实完善，构建"三横两纵一斜线"六大综合运输通道，形成网络连接，它们是我省综合交通网络的骨架，基本覆盖我省主要城市和大部分人口。

三横：上海—湖州—芜湖，舟山—宁波—杭州—黄山，温州—金华—景德镇—九江。

两纵：(上海—)宁波—温州—福州，上海—杭州—长沙。

一斜线：南京—杭州—温州(其中杭州至温州段为中远期规划)。

"十二五"建设重点：强化提升沪杭、杭甬、杭长主轴通道，增建宁杭、杭黄通道，加快省内干线通道成网、区域通道一体化连接。

2. 一般干线网络

一般干线是省级路网的重要组成、地区路网的骨干，承担着通道密化、延伸、连接农村路网的重要功能和作用，目前已成为薄弱环节。"十二五"应加大对其的投资安排，新建、改扩建一批项目，打通断头路，提高一批线路技术等级，重点优化沿海开发区域的路网密度和浙南、浙西南山区的通达深度，形成覆盖全省各地市、县、中心镇，上接主干通道、下连农村路网，密度适宜、布局比较完善、畅通便捷的中间层级网络。

"十二五"建设重点：打通国省道断头路、改造调整新增的省道、提级部分交通量大的国道和省道干线。

3. 港口集疏运网络

港口集疏运网络由连接港口的集疏运线与后方干线组成，"十二五"将进一步统筹港口发展与铁路、公路、水路等集疏运基础设施布局和能力的配套，形成海陆联动发展的集疏运网络。一方面将重点完善连接港区的公路、进港铁路及支线的布局建设以及海河、海江联运的基础设施配套建设，实现陆路、水路集疏运与港口的无缝衔接；另一方面将根据货物流向流量和全省交通网络总体布局规划，加强沿海港口后方通道的能力配套与新线布局建设，提高能力保障与拓展服务范围。

4. 农村公路网络

按照全面建设小康社会和社会主义新农村的要求，继续加大农村公路建设投入，在实现村村通公路的基础上，根据实际情况，进一步提高农村公路通达深度以及乡镇之间、乡镇与村之间、乡邻建制村之间的连通，逐步形成连片成网，减少绕行和断头路。

“十二五”建设重点：提高通达深度和“双化”（等级化、路面硬化）率，加强跨行政区断头路建设。

浙江省交通网络主干通道规划如附图 1 所示。

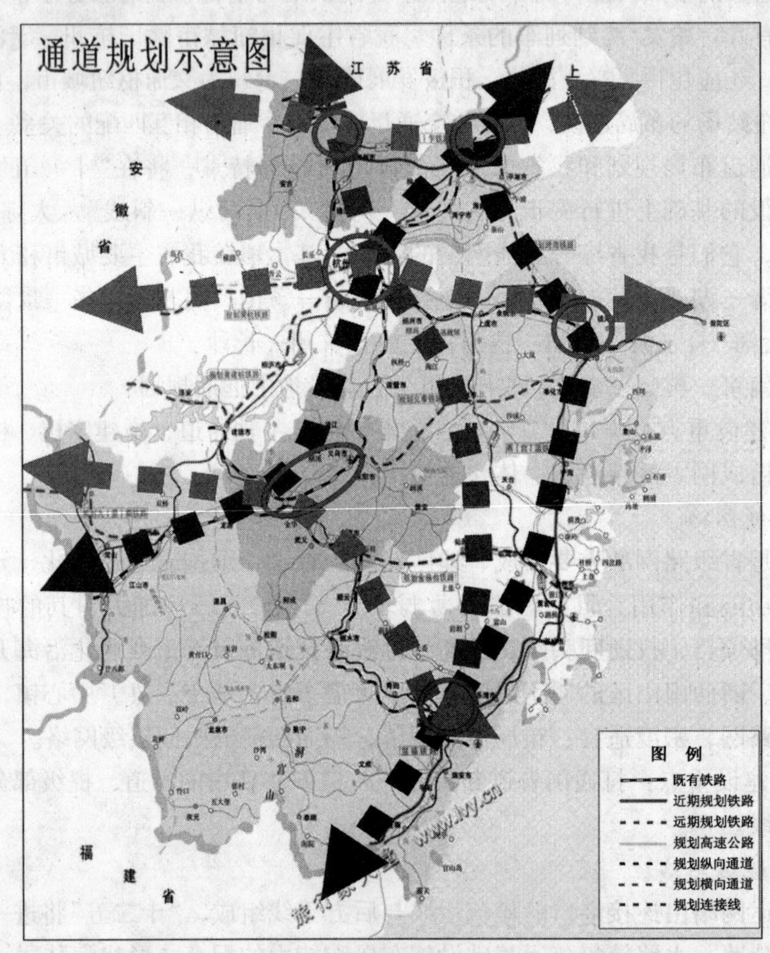

附图 1　浙江省交通网络主干通道规划示意图

（二）加大结构调整优化发展力度，引导交通运输结构合理化

“十二五”要根据交通运输更好地为经济社会发展、人们生活品质提高提供良好服务的

发展要求以及我省土地空间资源紧缺的特点，进一步加大结构优化和交通模式引导力度，充分利用各种运输方式的比较优势和资源条件，综合利用、集约化发展，努力构建资源节约、低碳、低排放、可持续发展的现代综合运输体系。

要在各种运输方式已有的发展基础上，进一步进行综合运输体系发展与结构模式论证，统筹综合交通发展规划。一要继续完善各种运输方式基本网络，增强网络完整性；二要根据不同层级网络的运输要求，加大实施对不同运输方式的差别化发展政策，优先和加大节约型交通的发展；三要根据各种运输方式的特点发挥组合优势，满足功能需求和效率提升要求。通过对各种运输方式的投资和新建项目规模的不同增速、增量安排，在总量继续发展过程中实现综合运输结构的调整优化。结构优化的总原则是：加快发展铁路和城市轨道，提升航空、港口和水运，完善公路、管道。

1. 进一步增加铁路线路布局，增强铁路线网覆盖和延伸

一是在国家规划的基础上，与周边省市铁路发展规划相协调衔接，进一步完善以客运为主（客运专线、快速铁路、城际铁路）的铁路通道布局；二是进一步完善港口铁路集疏运系统，规划增加主要港口与后方腹地连接的铁路通道；三是加强既有铁路线路的扩能改造，提高铁路运输能力；四是结合既有路网结构，增加规划建设对我省地区经济发展和资源开发具有较大影响的铁路联络线、支线，提高铁路网覆盖密度和减少不必要的绕行。

“十二五”建设重点：争取宁波—金华—景德镇铁路、衢州—黄山铁路、金华—台州铁路（以及衢州至福建方向的铁路）立项开工建设。

2. 大力发展公共交通，优化城市客运交通出行模式

根据国务院进一步加快公共交通发展的精神，积极采取更加有效的措施，加快各级城市公共交通的发展，完善运营网络，提高服务水平，较大幅度地提升公共交通在城市客运出行中的作用与地位，优化城市客运交通出行模式。进一步加快杭州、宁波城市轨道交通网规划的建设实施，规划建设 BRT 网络作为轨道交通的补充、延伸以及过渡方式，尽快形成以轨道交通为骨干、公共交通为主导的城市客运出行系统，2015 年中心城公共交通出行分担率达 30% 以上；进一步发展和完善其他地市级城市公共交通网络，提高有效覆盖，并积极推进温州、金华—义乌城市轨道交通线网的规划编制与审批；加大力度支持中小城市公共交通的发展以及自行车系统、步行系统的完善。

进一步加大各都市圈中心城市至市域区县、卫星城交通走廊的公共交通建设，增加公共交通有效供给；根据城市发展和客流需求，研究布局建设相应的 BRT 系统和市郊轨道客运系统，以满足不断增长的通勤出行与日常出行需要。

3. 进一步发挥水运优势，加大港航强省发展力度

内河水运发展：总体思路是“提升、畅通、开发”，充分发挥内河水运优势和发展潜力，提升在综合运输体系中的地位作用。一是以京杭大运河为主轴，全面改造提级浙北、浙东航道网（重点加快京杭运河及二通道、湖嘉申、杭平申、乍嘉苏、杭申等干线航道改

造提级)；二是根据水资源综合开发利用，开发建设瓯江、钱塘江上游航道以及相关支流的水运开发利用，增加航道里程；三是加强干支联网建设，形成通江达海的内河货物运输系统。

沿海港口发展：一是进一步做强做大宁波—舟山港，强化深水航道及锚地建设，大力发展深水化、大型化、超大型化、专业化码头，围绕矿石、煤炭、原油、液体化工等大宗货物以及集装箱，重点建设发展25万~30万t级铁矿石码头、30万t级原油码头、10万t级以上集装箱码头，以及相关深水航道建设，打造我国重要的战略物资、大宗散货枢纽港口和储运中转基地，全国重要的国际集装箱港口；二是做大以温州港、台州港为主体的浙南沿海港口群和为嘉兴港为主体的浙北港口，规划建设相应的码头泊位以及整治相关航道。

4. 合理规划布局机场，强化提升主要机场功能和地位

根据我省的城市、人口分布状况以及高速公路、铁路客运专线(包括城际铁路)网络的建成使用，合理规划机场数量和定位各机场功能，加大对现有机场资源的整合，扩大服务辐射范围。重点发展杭州机场为区域枢纽机场、宁波机场为区域性国际货运干线机场，提升温州干线机场地位，适当增加支线机场，形成枢纽机场、干线机场、支线机场分工明确及航线网络有机衔接的航空运输系统。同时，研究规划布局通用航空机场，发展低空经济和解决主要海岛的交通问题。

5. 合理发展高速公路，适时安排主要通道高速公路扩建或复线建设

未来公路交通需求将会随着汽车保有量的大幅增加而继续快速增长，对此，应本着发展节能型、低碳交通的思想加强供给引导，合理控制高速公路新增规模，在既有已基本成网的基础上，主要是完善路网的断头路、连接线建设以及至重点中心镇的高速公路建设；对交通需求规模很大的部分主要通道，如杭甬通道、甬台温通道，在综合运输论证可行、必须的情况下，可规划和适时安排高速公路的扩建或复线建设，以保障通道畅通。

6. 合理规划布局管道建设，提高对清洁能源的使用

当气态、液态物资达到规模以上输送量后，无论是从经济性的角度，还是从节约资源与环保的角度，都适合采用管道运输。“十二五”应根据气源、油源供给情况以及消费地分布，积极发展管道运输。

成品油管道。根据镇海炼厂以及规划建设的台州炼厂的成品油供应进行成品油管道布局建设，规划新建甬台温、甬绍金衢成品油管道；根据成品油供销网点分布以及销售规模，逐步建设杭州等大城市成品油供销管道网。

天然气管道。进一步建设我省使用西气、川气连接国家干线的配套管网，扩大使用覆盖面，规划建设宁波—台州—温州、金华—丽水—温州天然气管道。此外，还应根据海上气源的发展情况以及进口LNG等，研究规划相应的输送管道。

（三）完善客运专线网络布局与建设，增强干线运输快捷化

干线通道以铁路和高速公路为主体构成，在满足大能力、交通多样化的要求基础上，结合现代交通的发展和促进区域一体化的发展要求，着力强化快速客运功能，高起点规划建设，实现省会杭州至长三角主要城市1h、至省内各都市经济圈中心城市1～2h交通圈的发展目标。为此，应积极利用我国客运专线大发展时机，加强干线通道客运专线铁路（包括城际客运专线）的规划建设，提升干线通道功能，形成覆盖全省主要城市、连接全国的干线通道快速客运网络。

1. 规划建设“两纵一横”为主体的铁路客运专线网络

以国家客运专线布局建设为基础，结合我省的实际发展需要，统筹客运专线与城际轨道发展，合理规划布局，在已建成和已开工建设项目的基础上，新建杭州—南京城际、杭州—黄山城际，构建形成以杭州为中心，内连省内四大都市圈、六个主要枢纽城市，外接长江三角洲主要城市和周边相邻省市，以甬台温客运专线、沪杭长客运专线、杭甬客运专线为主体以及宁杭城际、杭黄城际等组成的铁路客运专线网络。金温铁路扩能改造完成后，可开行时速200km以上动车组列车，与甬台温、沪杭长客运专线相连形成省内环状快速客运网络。由此，将实现我省铁路快速客运网络的较有效覆盖以及以省会杭州为中心的至省内各地市2～3h交通圈、至长江三角洲主要城市2h交通圈，对区位条件改善、空间格局优化将发挥着重要作用。

“十二五”建设重点：保障“十一五”已开工的沪杭、杭甬、宁杭客运专线按计划建成通车，开工建设杭长、杭黄客运专线。

2. 依托客运专线构建城际快速客运服务系统

依托客运专线的建成使用，构建主要服务于地区城际和沿线城镇的快速客运系统。加强沿线城市部门与铁路部门的合作，采取合适的组织模式和运营模式，共用既有资源，增强为地方经济和城镇化发展服务的功能，充分发挥已建设施的作用和提高经济效益。

3. 延伸城市轨道为城镇化连绵发展带提供交通服务

在已有客运专线通道上再增建城际轨道线，应充分考虑运量需求、投资效益、土地空间等因素。对于客运量发展前景较大的线路，在科学论证的基础上，可以在通道和车站衔接处进行规划预留，具体项目规划建设应视客运专线平稳运行后的实际情况再行决策。对于杭甬等城镇化连绵发展带，应考虑两端城市轨道延伸及连接，提供与中心城市以及沿线城镇间的交通服务。

4. 依托干线改善，积极发展快速货运

根据高等级基础设施的不断建成投入使用创造出的有利条件，积极发展货物快运，提高货运送达速度和服务质量。一是继续发展和健全公路货物快运系统；二是充分利用铁路客运专线建成使用后释放出来的铁路货运能力和既有铁路线的扩能改造提升，对能力和运

送速度保障的提高，进一步发展铁路快速货运，为集装箱以及较大批量的货物提供有效的快运服务。

（四）加强枢纽站场布局规划与建设，完善站运配套和交通衔接

枢纽站场是交通运输系统的组成，与交通线网具有同等重要的作用，担负着运输组织、客货流集散与中转的重要功能，同时也是各种交通衔接的"汇点"，实现一体化无缝衔接的关键。目前存在的普遍问题是枢纽站场布局规划不尽合理，建设发展滞后，缺少大能力、快速便捷的城市集疏运系统相衔接，这已成为发展的薄弱环节，极大地影响了效率效益以及服务质量。由于枢纽站场的布局建设涉及的不仅有交通本身的线网格局和运输组织，而且更涉及城市的空间布局规划和土地使用规划以及城市交通的衔接等。根据目前的实际状况，"十二五"将重点做好以下几方面工作：

1. 加强与城市空间发展相融合，统筹规划枢纽站场布局

枢纽站场主要是为城市服务、为人服务，其选址布局不仅要考虑对外通道网络形态格局以及运输组织要求，还要考虑城市空间发展格局、土地利用总体规划、客货流分布、城市交通衔接，以及单个枢纽站场的规模、多个枢纽站场的分工与组织、不同运输方式枢纽站场的衔接等，因此，应综合各种因素，科学研究、统筹规划。货运枢纽站场应与物流运营组织相结合，与物流基地、物流园区的发展统筹规划建设。"十二五"初期各主要城市应完成对各种运输方式的枢纽站场及物流园区布局规划的梳理与项目整合，编制全市枢纽站场及物流园区总体布局规划，并以此作为立项审批的规划依据，指导各类枢纽站场及物流园区的建设规划编制与实施。重点加强和完善杭州、宁波、温州、金华—义乌四大枢纽城市的运输枢纽站场及物流园区布局规划与建设，保障已开工的杭州、宁波铁路枢纽项目按计划完成，研究规划建设集多种运输方式一体、无缝衔接、换乘便捷的综合运输枢纽；积极推进嘉兴、湖州、瞿州、台州等次枢纽城市的运输枢纽站场及物流园区的总体规划编制及相关项目建设。

2. 加大主要城市枢纽站场建设投资力度和加强相关衔接交通的同步建设

应将城市公用型枢纽站场作为基础设施的重要组成部分看待，加大政府投资、引导社会资金参与、加快建设。要克服体制障碍，促进集两种及两种以上运输方式于一体的综合运输枢纽站场的建设发展；要加强与枢纽站场衔接的城市交通（轨道、地面公交、出租车以及社会车辆停车场）的一体化规划、设计和同步建设；主要机场要进一步加强市区交通（包括核心城市的轨道交通）的便捷无缝衔接以及服务于区域的交通设施配置。"十二五"重点加快连接杭州机场、宁波机场的轨道交通建设；研究规划建设金华—义乌城市轨道交通线。

（五）加大城乡一体化交通投入，推进基本交通服务均等化

紧密围绕建设和谐社会和全面小康，贯彻落实统筹城乡、以城带乡、加快城乡一体化

的发展方针，进一步加大城乡一体化的交通投入，完善农村路网，改善质量，便捷出行，紧密城乡连接；同时，增强城乡、镇(乡)村公共交通服务，保障基本出行。

1. 围绕中心镇发展规划的实施，重点改善中心镇对外交通

要将城镇化发展上升至战略高度，立足中心镇培育和未来发展，较高起点和较大力度加快中心镇对外公路的改扩建和新建，发挥中心镇在统筹城乡的节点作用，提高在城镇体系建设发展中的承载能力。

(1) 镇区人口已达5万以上的规划中心镇，至县城或中心城市的公路应按高速公路等级或一条一级公路、一条二级公路进行规划建设。

(2) 镇区人口已达3万以上的规划中心镇，至县城或中心城市的公路应按一级公路标准进行规划建设。

(3) 其他中心镇，至县城或中心城市的公路应达二级公路以上标准。

2. 进一步改善农村公路质量和加强农村地区客运站场布局建设

为了适应农村地区社会经济发展和人们生活水平不断迈向小康、汽车保有量与道路交通量快速上升对道路质量的要求，在进一步提高通达深度、推进农村公路连片成网的同时，将安排一定比例的资金对现有的农村公路进行质量改造，提高技术等级。到2015年，通行政村公路基本全部达到等级路标准，基本全部实现油路(或水泥路)化。

同时，各级政府要加大对农村客运站场建设的支持，采取多元化投资、综合运营等措施加快布局建设。到2015年基本全部建成各乡镇等级客运站以及50%以上的行政村简易站。

3. 理顺关系，加大公共财政对城乡及农村公共客运交通发展的支持

将农村公共客运列为普遍服务，政府承担发展责任。“十二五”要进一步加大政策和公共财政支持，积极推广已取得的改革经验，理顺管理体制和责任机制，统筹城乡公交、班线客运、乡村公交发展，推进公交化运营，切实保障和改善农村地区居民基本交通服务均等化的权利。

“十二五”建设重点：加强中心镇对外通路建设，推广城乡客运公交化。

(六) 加强一体化综合运输服务系统建设，提高运输效率和服务质量

运输和服务系统是交通运输发挥功用和效率效益产出的系统，是各种运输方式以及综合运输体系服务水平和效率的体现，其既与基础设施网络结构有关，也与运输市场体制和运输组织模式有关。目前是各种运输方式单一的运输效率相对较高，联合运输效率低、一体化服务水平低、便捷化程度低。在交通基础设施取得较大发展的基础上，“十二五”应重视运输和运输服务系统的建设，大力推进一体化综合运输服务系统的构建，减少运输中间环节障碍，提高全系统效率和运输服务品质。

1. 完善客运服务体系，促进各种运输方式客运系统紧密衔接和一体化联程运输的开展

一是充分利用客运专线和城际铁路的建设发展，加强与铁路部门的合作，建立符合城际交通需求特点的城际旅客运输系统，保障运力、频次、发车时间满足需要。二是加强城市交通、城乡交通、客运班车与城际列车的衔接。三是依托城际铁路、高速公路客运拓展航空旅客运输服务。四是积极推进省内各种运输方式联网售票，创新运输组织模式，逐步开展和扩大联程运输。

2. 构建货物运输大市场，积极推进一体化综合运输服务系统的建设

一是对接国家层面对大运输市场制度、机制、标准化、保障体系的建设和要求，积极推进我省相关方面的建设，构建全国统一的大运输市场。二是根据我省目前运输系统实际状况，以构建大物流运输链对各要素的要求为基础，进一步加强和完善在市场制度方面、规则方面、监管方面、法律法规以及政策方面的建设，积极培育大型运输企业、物流企业、货运代理业，消除薄弱环节和障碍，创新运输组织模式，提高运输组织化水平，促进多式联运以及一体化综合运输服务的发展，满足人们“一站式”便捷服务的要求，提高系统效率和节约运输资源。三是围绕我省“一核三带三圈十四区”的经济和产业空间布局发展规划，加强物流系统构建；根据全省物流发展规划，完善各种运输方式的相关线路及设施配套建设，以及提高一体化衔接。

“十二五”重点以推进完善港口大宗货物、集装箱联运制度和平台建设为主要切入点，在提高各种运输方式集疏运能力的同时，加快完善相关制度、运营规则、保障体系等建设，以及加强相关设施配套与衔接，促进海运企业以及港口与铁路、公路、内河等运输企业加强联运合作，稳定、高效开展海陆联运、海河联运、海进江联运；积极支持大型运输企业拓展运营网络和运输领域，开展水路干支、海陆直达运输，以及内陆无水港建设等。

3. 加强信息化、智能化建设，为一体化综合运输服务系统的建设发展提供技术基础支撑

信息化、智能化是交通运输现代化的必由之路，是提高效率和服务水平的重要手段，是管理创新、运输组织创新、建设一体化综合运输服务系统的重要支撑。“十二五”应根据转变发展方式的要求，大力发挥信息化、智能化对交通运输生产力和服务水平提高的作用，以信息化、智能化促进交通运输现代化以及一体化综合运输服务系统的建立。一要加大信息化投入，完善平台建设，在继续完善交通运输各行业部门的各类信息平台和系统建设的同时，统筹规划设计整个交通运输大行业的信息平台与信息系统建设，并加大政府投入和引导，整合相关资源，提高信息化推广使用以及信息一体化的硬件基础。二要大力推进信息共享制度和机制建设，要立足于大网络、大平台，打破部门分割，积极推进整个交通运输大行业的信息共享制度与机制的建设，提高交通运输信息网络化、社会化服务水平，重点推进跨部门、跨运输方式的货物运输信息跟踪处理系统的建设和完善，促进大物流以及“一站式”全程联运服务、多式联运等运输模式的广泛开展。

六、保障措施

1. 统一综合运输体系发展思想和目标，完善规划和建设实施机制

研究和科学编制我省交通运输发展战略和综合运输体系中长期建设发展规划，以指导各专项交通规划和五年建设发展规划按照协调发展、结构优化的统一发展目标进行编制。要加强综合运输规划对全省交通运输发展的指导作用，作为主要交通项目立项审批、统筹协调的依据，以及沟通城市交通线路衔接、枢纽站场布局的重要规划文件。要建立部门间有效的沟通、协调机制，加强项目前期工作，合理安排相关项目的建设时序以及一体化项目的对接与联合建设。要根据新的发展形势和实际情况，及时研究新问题和提出规划调整修改建议，按程序报批后才能执行。

2. 加强投融资渠道与平台建设

要进一步发挥既有投融资渠道的筹资功能，提高省级政府、地方政府财政资金对交通的投资比例以及争取国家专项资金、国债的更多支持；要进一步加强和完善融资平台建设，适当增加投资主体，提高负债偿债能力，加大政策和项目投资运营机制改革的力度，吸引社会资金积极投资交通基础设施项目；要加强公司化股份制改造，组织一批优质项目从股票市场、债券市场融资。

3. 进一步加强交通资源集约节约利用的制度和机制建设

要进一步完善资源节约、集约利用的机制，鼓励资源共享共用，避免重复建设或能力闲置，提高资源利用效率；要充分利用主体功能区规划提供的基础性规划平台，加强与各经济发展规划、城镇体系建设规划的协调衔接，优化交通网络布局；要通过通道设施和线位集约优化布局、枢纽站场立体化建设以及设计理念创新等，最大程度地节约土地资源；要合理开发利用岸线资源，深水深用、浅水浅用，以及根据水资源综合开发利用积极建设发展内河航道。

加强国土、环保部门的指导，按照国家主体功能区规划提出的优化结构和协调开发的原则，在坚持最严格的耕地保护制度和厉行节约土地的基础上，根据国家相关的土地政策，加强统筹，平衡交通基础设施建设用地，加大占补平衡力度，保障交通重点项目的及时开工建设。

4. 加强政府交通投资资金滚动发展的机制建设

研究探讨既有合资铁路项目的股权置换，集中提高省内主要项目的股权比例，增强经营决策权和收益分配权，保障投资收益，同时为市场化退出创造条件，实现投资收益和退出资金滚动投资发展。

5. 研究建立枢纽站场联合建设基金

为了更好地实现枢纽站场的各种运输方式以及与城市交通的一体化衔接，除了需要坚

持统筹布局规划、同步设计、建设协调组织以外，还需解决各种运输方式在立项、建设时间的不同步问题，为此，应建立相应的基金对尚未能同步建设的其他运输方式所需的征地拆迁、共用基础设施以及各种接口预留等提供资金支持。

6. 加大技术投入

研究制定促进信息化和先进技术推广使用的相关政策，加快交通运输技术装备的升级换代，提高行业整体技术水平和安全保障性。

国家发改委综合运输研究所
浙江省发展和改革委员会　课题组

（主要执笔人：罗仁坚）